결혼과 성의 이해

김희수

박영story

서문

우리는 가정의 울타리에서 태어나, 인생의 중요한 순간들을 대부분 가족들과 함께 맞이하고, 가족의 애도 속에 이 세상을 떠나간다. 이렇게 우리의 삶에 대단히 중요한 비중을 차지하는 가정은 결혼이라는 의사결정에 의해 탄생한다. 전통사회에서는 일정한 연령이 되면 부모의 결정에 순종하는 방식으로 결혼을 하게 되었고, 결혼생활에 대한 교육을 가족 내에서 성장 과정을 통해 받아왔었다.

그러나 시대의 변화에 따라 현대사회에서는 결혼은 당연히 받아들여야 하는 의무가 아니라, 자신의 가치관에 따라 결혼 여부와 시기, 대상까지도 스스로 선택하는 문제가 되었다. 동시에 가족 내 결혼생활 교육의 기능도 다분히 약화되고 있어서, 결혼생활 교육이 제대로 이루어지지 않은 채 결혼이 성립되어 결혼생활의 불안정성이나 이로 인해 파생되는 가족문제들이 심각한 사회적 문제로 거론되고 있다. 그러므로 결혼을 앞둔 젊은 세대에게 결혼과 가정에서 나타날 수 있는 문제에 대한 정보를 제공하고, 지혜롭게 대처할 수 있는 준비교육이 반드시 필요하다고 할 수 있다.

결혼생활의 적응을 위해서는 결혼 전 과정에서부터 결혼 이후에 이르기까지 여러 영역에 대한 지식과 준비교육이 필요하며, 이 책은 성인 초기 연령대의 결혼을 계획하고 있는 예비부부나, 결혼에 대해 심각하게 고민해보고 싶은 사람들을 대상으로 집필하였다. 이 책은 결혼생활에 필요한 정보를 제공하고 적응능력을 향상시키는 것을 목적으로 하기 때문에, 두 사람이 하나의 가족을 형성하고 적응해나가는 과정을 4영역으로 나누어 기술하였다.

먼저 1부 사랑의 기술에서는 사랑의 의미, 이성교제와 배우자 선택, 성행동과 동거, 연애와 헤어짐으로 구성하였다. 결혼 이전 단계에 있는 성인 초기 사람들에게 사랑은 어떠한 의미가 있으며, 이성교제와 배우자 선택에서의 특징은 무엇인지, 청년기 성행동의 특징과 결혼 이전 동거의 양상, 연애와 이별에 대한 과정을 남녀 성차나 개인차의 이론들을 소개하였다.

2부 아름다운 성에서는 남녀의 성에 대한 인식 차이, 생식기관의 특성, 건강한 성생활을 위해 알아야 할 지식들, 성기능장애의 원인과 치료법, 성범죄의 특징과 예방법을 소개하였다. 성과 관련된 정보를 습득하면서 상대방을 이해하고 자신에게 만족스러운 성생활을 영위해나가는 것은 결혼생활을 유지하는 데 매우 중요하다.

3부 행복한 결혼생활에서는 결혼의 의미, 결혼생활 계획하기, 부부갈등과 건강한 의사소통 기술에 대해 소개하였다. 결혼에 대한 태도 변화를 이해하고, 결혼에 대한 의미를 상대방과 공유하면서, 결혼생활을 계획하는 것은 결혼생활의 밑그림을 그리는 중요한 과정이다. 부부역할과 결혼주기에 따른 삶의 모습을 이해하고, 부부갈등을 해결하기 위한 의사소통 기술을 습득하고 실천하는 것도 결혼생활을 유지하는 데 매우 중요한 측면이다.

4부 원만한 가족생활에서는 가족의 의미와 가족관계, 다양한 가족유형, 가족의 해체와 새로운 가족의 구성을 소개하였다. 가족의 의미, 가족법, 가족관계를 이해하고, 존재하고 있는 다양한 가족유형 중 자신에게 맞는 유형을 선택하는 것도 결혼을 유지하는 데 중요하다. 결혼생활을 유지하지 못하고, 별거와 이혼을 선택하는 가정도 급속히 증가하였으며, 재혼으로 새로운 가족을 구성하는 사람도 늘고 있다. 가족의 해체와 새로운 가족 구성이 자신에게 가장 만족스러운 선택인지를 생각해볼 수 있는 장이다.

이 책을 통해 성인 초기 연령대의 결혼을 계획하고 있는 예비부부나, 결혼에 대해 심각하게 고민해보고 싶은 사람들이 결혼에 대해서 아주 구체적이고 현실적이며, 심도 있게 이해해볼 수 있는 기회를 얻기를 바란다. 끝으로 이 책을 쓸 때 애정으로 자료 수집과 교정까지 도움을 준 이기쁨, 전석경, 이재복, 하수연 선생님에게 감사를 드린다. 끝으로 이 책이 나오기까지 오랜 시간 기다려주시고 격려해주신 피와이메이트의 노현 대표님과 편집부 이아름 선생님 이하 모든 직원 분들께 감사를 전하고 싶다.

2022년 8월

김희수

목 차

제1부

사랑의 기술

01 사랑의 의미

02 이성교제와 배우자 선택

03 성행동과 동거

04 연애와 헤어짐

01 사랑의 의미

1 아름다운 사랑과 성

사랑은 심오한 정서적 경험이다. 누군가에게 사랑을 느낄 때, 누군가를 사랑하고 있을 때 세상은 참으로 달라 보인다. 계절의 바뀜마저 사랑의 느낌과 더불어 생생하게 다가온다. 햇빛에 반짝이는 나뭇잎, 떨어지는 빗소리, 파란 하늘과 별들이 더욱 아름답게 느껴진다. 사랑을 할 때는 입술이 마르고, 가슴이 뛰고, 얼굴이 상기되며, 때로는 위가 콕콕 쑤시는 듯한 느낌도 받게 된다. 게다가 사랑하는 상대에 대한 환상의 여파나 그 상대를 향해 돌진하고자 하는 열망이 엄청나다. 심지어는 사랑하는 상대를 제외한 모든 것에 대한 흥미를 잃게 되기도 한다. 사랑의 느낌이 깊어질수록 강한 열정이 솟아오르며, 열정은 성적인 것으로 모아진다. 이렇게 사랑하는 이에 의해서 겪게 되는 특별한 느낌은 단순히 좋아하는 감정과 매우 다르다(최혜경 · 신수진 · 강진경, 2004).

인류학자 헬렌 피셔(H. Fisher, 2005)는 사랑에 빠졌을 때 뇌에서 도파민이 하는 역할을 잘 설명하고 있다. 피셔의 연구에서는 현재 사랑을 하고 있는 피실험자 20명과 최근에 이별을 겪은 피실험자 20명을 모아 연인의 사진 한 장과 지인의 사진 한 장을 소지하고 MRI 안에 들어가게 하였다. 그 안에서 연구팀은 피실험자들에게 처음 30초 동안은 연인의 사진을 보게 하고 잠시 주의를 환기시켰다가, 다음 30초 동안은 지인의 사진을 보는 과정을 12분 동안 반복하였다. 연구진은 이 실험의 결과로 사랑에 빠진 뇌의 사진을 얻을 수 있었다.

그림 1-1 • 영국 런던대학 신경미학 세미르 제키 박사팀의 사랑에 빠진 사람의 뇌 스캔 이미지

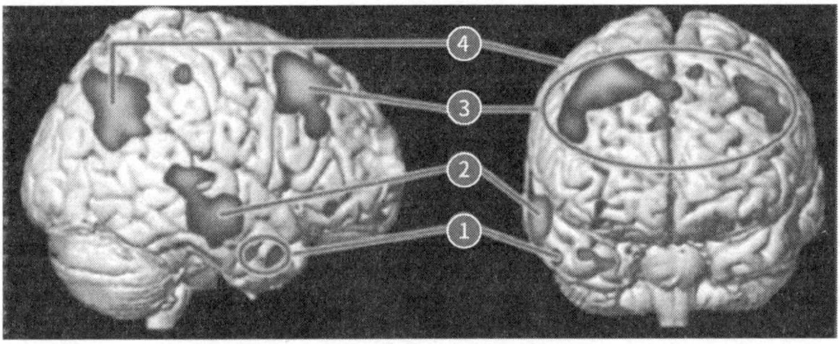

출처: Dailymail UK, 2012.11.10.

① 편도체(The Amygdala): 두려움 조절 부위
② 중간측두피질(Mid temporal cortex): 부정적 감정 조절 부위
③ 전두엽(Frontal Lobe): 판단력 관여 부위
④ 후측대상회(Posterior Cingulate): 감정 조절 부위

이들의 뇌 사진에서는 오른쪽 북측 피개 영역이 활성화되는 모습을 볼 수 있었는데, 이 부위는 도파민 분비세포가 바닥 핵을 비롯한 뇌의 보상 및 동기 유발시스템으로 도파민을 공급하는 역할을 하는 것으로 밝혀졌다. 이런 현상은 지인의 사진이 아닌 애인의 사진을 볼 때만 나타났다. 이 실험에서 도파민의 이동경로와 밀접한 관계가 있는 전전두엽의 일부분에서도 활성도가 높아지는 모습을 볼 수 있었는데, 반대로 공포와 관련이 있는 측두엽 편도는 일시적으로 기능을 하지 않았다. 도파민 분비량이 많아지면 사람에 대한 이끌림 현상이 두드러지고, 적어지면 우울증이나 ADHD, 흥분추구, 위험행동 등이 나타난다.

사랑에 빠져 누군가와 정열을 불태워본 경이로운 경험을 해본 사람들은 이처럼 놀랍기 그지없고 황홀한 축복이 영원하지 않다는 사실도 또한 경험하였을 것이다. 그러면 사랑에 빠진 사람은 더 깊은 사랑과 헌신의 과정으로 들어

갈지, 아니면 이별을 할지 결정하게 된다. 신경과학자들은 사랑이 시작된 후 6개월에서 2년 사이에 뇌가 사랑에 대한 반응의 고삐를 늦추고 활기를 주었던 화학물질들과 페닐에틸아민 같은 신경전달물질의 생산을 줄이는 것을 밝혀냈다. 이렇게 화학물질 분비량을 줄이는 일은 인체의 타고난 지혜라고 설명할 수 있다. 욕망에 불타는 상태를 영원히 유지하다가는 결국 모든 에너지를 소진하고 사망에 이르게 될 것이기 때문이다. 사랑의 화학물질이 잦아드는 이 시기가 되면 이별이나 이혼 사례가 많이 나타나게 된다. 사람들은 이렇게 열정이나 행복감이 없는 상태를 사랑의 끝으로 오해하기 때문이다. 한때 자신을 열중하게 했던 화학물질들이 줄어들면서 다른 섹스 상대를 찾아 나서거나 사랑의 도취감을 얻기 위해 알코올이나 해로운 약물에 의지하는 이들도 있다. 하지만 호르몬의 변화로 인해 나타나는 현상을 미리 이해한다면 권태기를 예상하고 신뢰와 헌신의 단계로 넘어가 어쩌면 진정한 의미에서의 사랑을 시작할 수도 있다(김승환 역, 2008).

'특정한 사람'에 대한 깊은 애착과 그를 갈구하는 억제할 길 없는 격정을 표현하고 있는 한숨, 열정, 타오르는 불길, 다정함, 감미로움, 폭풍 같은 분노 등은 문자 그대로 문학 자료, 특히 시 속에서 보다 강하게 드러난다. 그것은 실로 마음 깊은 곳으로부터 솟아나는 사랑이다. 그로 인해 사랑에 빠진 인간은 성애(sexual love)에 눈뜨고 그 포로가 될 수도 있을 것이다. 하지만 마음으로부터 솟아나는 사랑이 배양되기 위해서, 성애가 반드시 필요한 것은 아니다. 다만 깊은 사랑은 성애를 움직이고, 성애를 뭔가 고귀하면서도 인간의 척도에 부합되는 것으로 만들어준다(이선희 역, 1996).

여기서 성이란 무엇인가? 성은 흔히 남녀 간의 성관계나 성별 구분의 의미를 갖는다. 그러나 한자 性은 心(마음)과 生(몸)이 결합된 형성문자로 전체적인 인간 그 자체를 뜻하고 있다. 이는 성이라는 단어의 의미가 인간의 성행동이나 성적인 쾌락만이 아닌 정신과 육체를 통합한 사람의 전인격에 해당한다는 뜻이다. 성서(창세기 2:24)에서 "둘이 한 몸을 이룬다"라는 정신적 연합과 육체적인 연합을 포함하고 있다. 여기서 정신적인 연합이란 두 사람이 가지고 있는 희로애락을 함께 나누어서 공허함과 외로움을 채워주는 연합이고, 육체적인 연합이란 남녀가 성생활을 통해 이루는 연합을 말한다. 인간은 일정한 시기에 이르면 이성을 만나 결혼이라는 제도를 통해 생명의 신비를 창조하게 된다. 성에 대한 억압에서 벗어나기 위해서는 성에 대한 올바른 지식을 갖는 것이 중요하고, 올바른 지식은 왜곡된 성의 유혹으로부터 자신을 보호할 수 있다. 그러므로 성을 금기시할 것이 아니라 바른 성교육을 실시하고 자연스럽게 공개하여 논의 대상이 될 수 있는 분위기를 조성하며 청년들이 성에 대한 올바른 가치관과 정체성을 확립할 수 있도록 해야 한다. 그리고 건전한 성생활을 가르쳐줄 수 있어야 한다(안빈 외, 2002).

성은 인간이 누릴 수 있는 멋진 선물이다. 인간은 성을 통해 즐거움과 행복을 느끼며 가족을 형성한다. 성은 가장 본질적인 인간의 욕구이지만, 지금까지 제대로 다루어지지 못하고 있다. 따라서 성은 두려움과 죄의식, 혼란의 원천이기도 하다. 성은 한편으로는 매력적인 주제이기도 하다. 과학적으로나 사회적으로 성은 아직 탐구할 만한 부분이 많이 남아 있고, 그 미묘함에 대해 열린 마음으로 수용해야 할 부분도 많다. 인간에게 주어진 선물인 성을 제대로 누리기 위해서는 좀 더 솔직하고 적극적으로 이야기하고 다양한 관점을 이해할 필요가 있다. 그럼으로써 우리는 다음과 같은 몇 가지 변화된 지식과 태도를 지니게 된다. 첫째, 자신과 다른 사람의 몸에서 일어나는 변화를 알게 되고 이로부터 비롯되는 혼란과 불안이 줄어들게 된다. 때때로 우리는 자신이 경험하는 몸의 변화와 행동이 정상인지 아닌지 불안한 경우가 있다. 신체 변화와 성행위의 다양성을 올바르게 안다면 그러한 변화를 자연스럽게 받아들일 수 있는 자신감을 갖게 될 것이다. 둘째, 이성을 잘 이해하고 조화로운 인간관계를 확대할 수 있다. 이성에 대한 올바른 지식을 지님으로써 왜곡된 이성관을 바로잡고 배우자 선택이나 부모 역할에 실질적인 도움을 받을 수 있다. 셋째, 성에 대한 올바른 용어 사용으로 성의 부정적인 측면을 바로잡을 수 있다. 지금까지 성과 관련된 신체나 행위에 대한 용어는 비공식적인 농담 등에서 주로 은어나 비속어로 사용되어왔기 때문에 부정적인 의미를 지니는 경우가 많았다. 이는 성에 대한 활발한 논의를 저해하는 이유가 되기도 했다. 넷째, 성과 관련된 사회문제를 올바르게 이해하는 기회를 제공한다. 성폭력, 낙태, 성매매와 같이 성과 관련된 사회문제는 그 사회의 규범과 개방성, 정치사회적 분위기가 복잡하게 얽힌 경우가 많다. 성에 대한 풍부한 지식은 이러한 사회문제를 다각적인 시각으로 볼 수 있도록 관점을 넓혀주는 역할을 할 것이다(이기숙 외, 2010).

결론적으로 사랑과 성은 인간에게 매우 강력한 영향력을 미치는 요소이다. 사람들은 사랑을 갈망하고, 행복한 사랑의 이야기, 불행한 사랑의 이야기를 펼쳐놓는 무수한 영화를 보며, 사랑을 노래한 수백 가지 노래에 귀를 기울인다. 그러나 사랑에 대해서 배워야 할 것이 있다고 생각하는 사람은 별로 없다. 대부분의 사람은 사랑의 문제를 '사랑을 할 수 있는' 능력의 문제가 아니라, '사랑받는' 문제로 생각하는 경향이 있다. 즉, 사랑의 문제는 어떻게 하면 사랑을 받을 수 있는가, 어떻게 하면 사랑스러워지는가 하는 문제라고 생각하는 것이다. 그렇다면 이러한 목적을 달성하는 데는 몇 가지 방법이 있다. 남성이 특히 애용하는 방법으로는 성공을 통해 사회적 한계가 허용하는 한 권력을 장악하고 돈을 모으는 것이다. 그리고 여성이 애용하는 방법은 몸을 가꾸고 치장하는 등 매력을 갖추는 것이다. 남녀가 공통으로 사용하는 방법은 유쾌한 태도와 흥미 있는 대화술을 익히고 유능하고 겸손하며 원만하게 처신하는 것이다. 사랑을 받기 위한 방법은 '벗을 얻고 사람들에게 영향력을 갖기 위해' 우리가 사용하는 방법과 유사하다. 사실상 우리 문화권 대부분의 사람이 사랑스럽다고 말하는 경우, 그 의미는 본질적으로는 인기와 성적 매력이 뒤섞여 있다(황문수 역, 2004).

뒷장에서 자세히 설명하겠지만, 각자 자신이 사랑이라고 생각하는 것이 사랑이며, 사랑은 감정만이 아니라 감각적 인식이 내포되어 있다. Sternberg(1988)는 사랑을 친밀감, 열정, 약속/책임감의 세 가지 요소로 결정된다고 했고, 김중술(2007)은 여기에 관용과 용서를 추가했다. 인간은 원래 부족한 점이 많은 존재인 만큼 그 결함을 관용으로 용서하지 않으면 사랑하기가 어렵다. 사랑하기 때문에 용서할 수 있고, 용서를 통해서 사랑이 깊어지게 된다. 사랑과 우정은 수용, 신뢰, 존중 같은 면에서 유사하나 헤어지게 만드는 요인인 양가감정, 갈등, 상호비방, 심적 고통을 유발할 잠재성 등이 우정보다 사랑에 더 많다. 역시 이것에 대한 해결방법도 서로 존중하고 이해하는 것이 가장 중요하며, 그러면 용서도 가능해진다. 그러나 한 가지 용서의 대상이 될 수 없는 것은 폭력이다. 폭력에는 치료방법이 없으며, 가장 좋은 방법은 헤어지는 것뿐이다. 폭력은 사랑을 죽이는 독약이다(김중술, 2007).

2 사랑의 시작

일본학자 무무(木木, 2012)는 사랑은 태어나면서 저절로 생기는 것이 아니고, 자라면서 부모로부터 배우고 주고받으며, 친구에게 배우고 경험하며, 세상으로부터 배우게 된다고 하였다. 또 어머니 아버지를 걱정하고 할아버지, 할머니를 보살펴드리고 아이들을 돌보며 배운다. 말로 사랑을 표현하는 방법을 배우고, 때로는 침묵으로 사랑을 전하는 방법을 배우며, 묵묵한 행동으로 사랑을 실천하고 따뜻한 손으로 사랑을 나누며 배운다. 그리고 사랑하며 사랑을 배우고, 사랑받으며 사랑을 배운다고 했다.

이렇게 사랑을 학습된(또는 획득된) 하나의 능력이라고 할 때, 그 기초는 애착관계에서부터 시작된다고 하겠다. B. Newman과 P. Newman(1987)은 애착을 한 사람이 다른 사람과 특수하고 긍정적인 정서적 유대를 형성하는 것이라고 설명한다. 유아는 세상에 태어나면서부터 주로 생리적, 신체적 욕구를 충족함으로써 부모와 긍정적 유대를 형성하는데, 이와 같은 애착관계는 부모뿐만 아니라 그를 돌봐주고 애정을 보이는 사람이면 누구에게나 형성될 수 있다. 어머니의 젖을 빪으로써 아기는 성장에 필요한 비타민, 무기물 및 항체를 공급받을 뿐만 아니라, 어머니에게는 자궁의 수축을 자극하여 산후 처치물을 처리하게 하고 출혈을 방지하며 산후통을 예방하는 등의 기능을 한다. 이렇게 서로 주고받음으로써 유아와 어머니 사이에는 평생 지속되는 애정의 유대가 형성되기 시작한다. 다시 말하면, 유아와 어머니 사이에는 생물학적으로 사랑을 기초로 한 상호의존 관계가 형성되도록 만들어져 있는 것이다(김중술, 2007).

애착이란 주 대상과의 강한 정서적인 유대 관계를 일컫는 용어로, Bowlby(1988)의 애착이론에서 발전되었다. Bowlby(1988)는 초기 주 양육자로부터 형성된 안정애착은 개인이 성장하면서 타인과 신뢰할 수 있는 관계를 맺는 데 주된 영향을 미친다고 하였다. Hazan과 Shaver(1994)는 유아 및 아동기에 양육자와의 관계에서 애착유형(Bowlby, 1988)이 성인에게도 비슷하게 나타나는 것을 발견하고 성인을 대상으로 애착유형을 확장시켰다. Hazan과 Shaver(1994)는 성인 역시 타인과 친밀한 관계를 형성하고 유지하고 싶은 개인적 성향이 대인관계를 형성하고 유지하는 데 영향을 미친다고 하였다. 성인의 애착유형을 크게 2가지로 나누어 이해할 수 있는데, Brennan, Clark, Shaver(1998)는 타인과 애착관계를 형성할 시, 타인에 대한 거부와 거절에 대한 두려움으로 기인하는 불안을 애착불안, 타인과의 관계에서 자신을 개방하고 표현하는 것에 대한 불편함을 애착회피로 설명하며, 애착불안과 애착회피가 낮을 경우 안정된 애착으로 보았다. 즉, 유아기의 애착형성은 성인의 사랑에도 주요한 요인이 된다고 하겠다.

사랑의 문제로 고통을 받는 사람을 대상으로 연구한 Tennov(1979)는 이들의 사랑하는 방식이 지나치게 비이성적이라는 공통점을 발견하였다. 그는 이렇게 타인에게 비이성적이고 강렬하게 집착하는 병적인 사랑을 강박적 사랑(obsessional love)라고 불렀다. 아울러 강박적 사랑은 다음과 같은 6가지 특성을 지닌다고 보고한다.

첫째, 사랑하는 사람에게 지나치게 강박적으로 집착한다.

둘째, 사랑하는 사람도 자신과 마찬가지로 똑같이 강렬한 사랑을 보여주어야 한다는 매우 강한 기대를 품는다.

셋째, 사랑하는 사람의 행동을 왜곡하여 해석하고 따라서 극단적 감정변화를 나타낸다.

넷째, 사랑하는 사람이 사랑을 보여주지 않으면 심한 불안과 우울에 빠진다.

다섯째, 사랑하는 사람을 비현실적으로 이상화하고 과대평가하며 그 사람의 결점을 보지 않으려 한다.

여섯째, 사랑하는 사람의 관심과 사랑을 얻기 위해 무모한 행동을 한다.

Tennov(1979)의 연구 자료에 따르면, 이러한 강박적 사랑은 인생의 여러 시점에서 나타날 수 있고 또한 여러 수준의 강도로 나타날 수 있다. 이러한 감정은 처음에 단순한 호감에서 시작하여 심각한 강도로 발전하는데, 대부분의 경우 시간이 흐르면 결국 낮은 수준으로 떨어지는 것이 일반적이었다(권석만, 2014).

3 사랑이 주는 변화: 낭만적 사랑의 특징

사랑을 하게 되면, 파트너와 자기 자신의 새로운 모습을 인식하고 인간관계를 통하여 섬김을 배우며, 이성과 함께 기쁨과 즐거움을 주고받으며 격려하는 과정을 통해 관계 형성의 기술과 의사소통의 기술을 배우게 된다. 또한 이성친구와 교제하는 동안에 서로가 사랑의 기쁨을 느끼면서 서로의 인격을 존중하고 삶의 의미를 찾게 된다. 또한 이성교제는 데이트 약속을 기다리는 설레는 마음에서 생활에 흥미를 부여해주기 때문에, 자신의 삶을 성숙하게 만드는 기회가 된다(안빈 외, 2002).

그래서 사랑을 하게 되면 사람이 변하는 측면이 있다. 흔히 나약하게 변해서 아픔을 많이 느끼게 되기도 한다. 사랑을 열병이라고 하기도 하고 누구나 한 번씩 치르는 홍역이라고 하기도 하는 이유가 여기에 있다. 특히 낭만적 사랑은 신경증적인 병적상태라고 보는 사람도 있다.

1) 과민성

사랑을 하게 되면 매우 예민해진다. 사랑하는 사람의 반응에 예민하게 촉각을 곤두세우게 된다. 사랑하는 사람의 말 한마디, 눈빛 하나, 몸짓 하나에도 주의를 기울이고 그 의미를 찾으려고 한다. 사랑하는 사람의 기분과 감정에 대해서도 주의 깊게 살피게 된다. 특히 사랑하는 사람의 행동 하나하나가 과연 나를 좋아한다는 표현인지, 아니면 나를 거부하는 표현인지에 대해서 촉각을 곤두세우게 된다.

2) 감정의 동요

사랑을 하게 되면 감정동요가 심해진다. 평소보다 감정의 변화가 심해진다. 다양한 감정을 경험할 뿐만 아니라, 감정의 강도와 감정변화의 진폭이 커진다. 또한 감정이 수시로 변화하기 때문에 매우 불안정한 감정 상태가 된다. 이러한 변화는 증가된 예민성의 결과이기도 하다. 상대의 반응에 예민해지면서 상대의 반응에 따라 감정이 변하기 때문이다. 상대가 나를 사랑하는 듯한 반응을 보일 때는 날아갈 것 같은 기쁨과 행복에 젖지만, 상대가 나를 멀리하는 듯한 행동을 보이면 갑자기 절망감과 불안에 휩싸이게 된다.

3) 거부의 두려움

사랑이 고통스러운 심리적 이유 중의 하나는 거부에 대한 두려움 때문이다. 사랑을 하게 되면 사랑하는 사람으로부터 거부당할 것에 대한 과도한 두려움이 생긴다. 특히 서로 사랑의 마음을 확인해가는 탐색적 애정 교환 단계에서 이러한 두려움이 가장 심하다. 그토록 상대방을 좋아하고 사랑하면서도, 사랑을 고백하기가 어렵고 힘든 이유가 여기에 있다. 상대방이 나의 사랑을 받아들이지 않을까 봐 두렵기 때문이다. 그래서 자신의 마음을 솔직하게 내보이지 못하고 대신에 매우 모호하고 우회적인 방식으로 사랑을 은밀히 표현한다. 설혹 상대방이 나의 사랑을 거부하더라도 내가 받을 상처를 줄이기 위해서이다.

4) 열등감의 확대

사랑을 하게 되면 자신의 열등감이 확대된다. '그대 앞에서만 서면 왜 나는 작아지는가?'라는 유행가 가사가 있듯이, 사랑을 하게 되면 자신이 작고 초라하게 느껴진다. 평소에 작게 느껴지던 자신의 결점이 크게만 느껴지는 반면, 자신의 장점은 작게만 느껴진다. 또한 사랑을 하게 되면 평소에 잠복해 있던 열등감이 의식의 전면에 떠오르게 된다. 사랑을 해봐야 자신의 진정한 모습을 알 수 있다고 한다. 평소에 잠재되어 있던 열등감, 콤플렉스, 무의식적 갈등과 같이 자신의 숨겨진 면들이 부각되기 때문이다. 이렇게 자신이 작게 느껴지는 이유는 상대방이 커 보이기 때문이다. 사랑을 하게 되면 상대방에 대해서 과대평가하고 이상화하는 경향이 생겨난다. '사랑을 하면 눈이 먼다'라는 말이 있듯이, 상대방의 단점과 결점은 보이지 않는다. 대신 상대방의 장점은 실제 이상으로 커다랗게 느껴진다. 따라서 사랑하는 사람 앞에서 흔히 자신감을 잃고 위축된다. 천하의 영웅호걸도 사랑하는 사람 앞에서 겁쟁이가 되는 이유가 여기에 있다.

5) 의심

사랑을 하게 되면 의심이 많아진다. 상대방의 사랑에 대해서 자꾸만 의심과 회의가 생겨난다. 과연 그 사람이 정말 나를 사랑하고 있는가? 과연 나만을 사랑하고 있는가? 다른 사람과 사귀고 있지는 않은가? 나를 속이고 있는 것은 아닌가? 이런 의문과 의심이 연기처럼 피어오른다. 상대방의 모호한 말 한마디에 근거하여 여러 가지 피해의식적 공상과 의심을 하게 될 때도 있다. 이런 경우에는 흔히 최악의 상황을 상상하며 의심하게 된다. 따라서 상대방의 사랑을 자꾸 확인하려 한다. 좀 더 분명한 방법으로 상대방의 사랑을 확인하고 싶어진다. 그러나 사랑에 대해서 아무리 확실이 확인을 해도 사랑의 의심은 쉽게 잠재워지지 않는다. 이러한 의심은 사랑의 위험한 함정 중 하나이다. 의심하는 마음으로 상대방을 보면, 상대방의 언행에서 의심스러운 점들을 발견하게 된다. 이렇듯이 의심은 오해를 낳고 오해는 확신으로 변한다. 이러한 현상이 극단적으로 나타난 불행한 경우가 배우자의 불륜에 대한 망상적 확신을 갖게 되는 의처증과 의부증이다.

6) 질투

사랑하게 되면 질투가 심해진다. '질투는 사랑의 자매이다. 악마가 천사의 형제이듯이'라는 명구가 있듯이, 사랑을 하게 되면 사랑의 잠재적 경쟁상대에 대해서 질투를 느끼게 된다. 사랑하는 사람에게 호의적으로 접근하는 모든 사람에 대해서는 적개심을 느끼게 된다. 또 사랑하는 사람이 관심을 보이거나 호의적으로 평가하는 사람에 대해서 질투를 느끼게 되고 그 사람을 은근히 깎아내리고 싶어진다. 이러한 질투 감정은 의심과 짝을 이루어 서로를 증폭시키기도 한다. 대부분의 사회에서 질투나 시기는 금기시하는 감정이기 때문에, 질투를 느끼면서도 그것을 표현하기는 어렵다. '질투는 영혼의 황달'이라는 말이 있듯이, 질투는 강렬한 불쾌감정이지만 표출하기가 어렵기 때문에 그만큼 해소하기 어려운 마음의 고통이 된다. 따라서 질투는 간접적이며 우회적으로 표현되는 경우가 많다. 질투하는 마음을 드러내지 않은 채, 은근히 냉소적인 태도를 보이거나, 사소한 일에도 짜증과 화를 내는 등 다양한 방법으로 표출된다. 따라서 상대방에게 오해를 불러일으켜 사랑의 관계에 위기를 초래할 수 있다.

7) 외로움과 불완전감

사랑을 하게 되면 고독을 알게 된다고 한다. 사랑을 알기 전에는 혼자서도 잘 지내던 사람이 사랑을 하게 되면 혼자 있을 때, 외로움을 느끼게 된다. 사랑하는 사람과 떨어져 있게 되면 무언가 부족하고 불완전한 느낌에 휩싸이게 된다. 그래서 사랑하는 사람과 늘 함께 있고 싶어 하며 헤어질 때마다 몹시 아쉽게 느껴진다. 헤어지고 나서 혼자 있게 되면 마음이 안정되지 않고 허전해지며 다시 만날 때를 손꼽아 기다리게 된다. 이렇듯 사랑을 하게 되면 혼자 있는 상태가 힘들게 느껴진다. 혼자 있음은 사랑하는 사람과 떨어져 있음을 의미하기 때문이다. 더구나 상황적 이유로 사랑하는 사람과 오래도록 헤어져 지내야 하거나 실연을 통해 이별하게 되는 경우에 이러한 외로움과 불완전감은 더욱 커진다(권석만, 2014).

낭만적 사랑에는 여러 가지 함정이 숨어 있다. 이러한 심리적 함정은 낭만적 사랑을 하는 사람에게 여러 가지 고통과 갈등을 안겨준다. 그뿐만 아니라 서로에 대한 오해와 갈등을 낳게 하며 사랑의 관계에 위기를 초래할 수 있다. 이러한 갈등과 오해를 잘 해결하지 못하고 오히려 악화되면 사랑의 관계는 불행한 종말을 맞게 된다. 물론 낭만적 사랑을 하는 모든 사람이 이러한 심리적 함정에 빠지는 것은 아니다. 그러나 이러한 심리적 함정에 빠져 자기 자신과 상대방을 모두 고통스럽고 불행하게 만드는 사람들이 의외로 많다.

4 사랑의 유형

사랑은 그 시대와 그 지역의 기호와 사고방식에 따라 다르게 표현된다. 그리고 사랑이란 반드시 이성 간에 이루어지는 것만을 이야기하지도 않는다. 여기서는 대표적인 사랑의 유형에 대한 이론을 소개하고자 한다.

1) Lee(1977)의 사랑의 스타일: 사랑의 색채분석

Lee(1970, 1973, 1976, 1976a, 1977, 1988)는 사랑의 유형은 고정된 것이 아니라 일생을 통해 변화할 수 있다는 사실을 강조하였다. 또한 사랑은 자연스럽게 발생하는 것이 아니라 학습되는 것으로써, 사랑에 대한 생각은 역사적으로 변화해왔고, 한 개인의 일생을 통해서도 변화가 가능한 것이라고 하였다. 그는 사랑의 다양한 이데올로기를 여러 유형으로 분류하고, 이를 색(color)에 비유하였다. 어떤 사람은 색에 대해 특별한 선호가 없을 수도 있다. 또 어떤 사람은 동시에 여러 색을 선호할 수도 있고, 어제 선호했던 색과 오늘 선호하는 색이 다를 수도 있다. 따라서 사랑을 연구하는 데 중요한 문제는 '얼마나' 상대방을 사랑하느냐보다는 상대방과 '어떤 유형'의 사랑을 나누느냐가 더 중요한 문제이다. 유형으로 분류하는 것은 관계의 특성이지 관계의 주체인 사람이 아니다. 따라서 한 사람이 두세 명과 동시에 서로 다른 유형의 사랑을 나눌 수도 있다. 색에 빨강, 노랑, 파랑의 기본 삼원색이 있듯이 사랑의 유형에도 세 가지의 기본색이 있다. 세 기본 유형은 에로스(Eros)-낭만적 사랑, 루더스(Ludus)-유희적 사랑, 스토르게(Storge)-우애적 사랑이다. 색의 기본색이 주황, 초록, 보라의 이차색을 만들어내듯 사랑에도 이차색이 있다. 이차색 속에는 기본색의 특성이 녹아 있으나 그 나름대로의 독특한 증후와 특성도 나타낸다. 사랑의 세 가지 이차색은 마니아(Mania)-소유적 사랑, 프래그마(Pragma)-논리적 사랑, 아가페(Agape)-이타적 사랑이다(최혜경 · 신수진 · 강진경, 2004).

그림 1-2 • 사랑의 기본색+이차색 도형

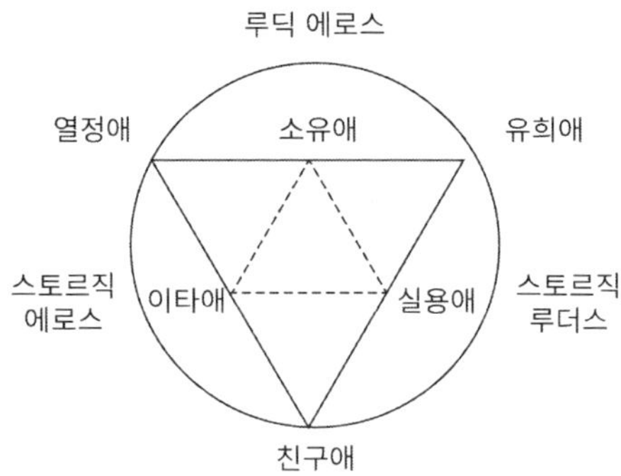

출처: Sternberg, 1986

① 사랑의 기본색

㉠ 에로스(Eros: 낭만적 사랑, 육체적 사랑)

그리스 신화에서 에로스의 화살에 맞은 사람을 처음 보게 되는 상대는 '한눈에 반한 사랑'을 하게 된다. 에로스의 사랑을 하는 사람은 첫눈에 상대방에게 전류에 감전된 것처럼 반해 열정이 솟아난다. 이러한 사랑을 하는 사람들은 사랑을 위하여 위험을 감수할 준비가 되어 있다. 에로스는 상대의 육체적 매력에 강한 자극을 받아 성적으로 흥분하게 되는 감정이기도 하다. 때문에 에로스의 사랑은 쉽게 사라질 것이라고 생각할 수도 있지만, 오랜 세월을 함께 지낸 부부 중에도 처음에 에로스에서 시작한 경우가 많다. 단, 이들의 사랑은 시간이 지나면서 에로스와 동료애가 혼합된 것이라고 볼 수 있다.

㉡ 스토르게(Storge: 우애적 사랑)

소꿉친구 사이에서 세월과 함께 천천히 무르익는 사랑으로 '열정 없는 사랑'이다. 이러한 친구 같은 사랑은 농경시대에서는 이상적으로 보였을지 모르나 급변하는 현대사회에서는 발전되기 어려운 종류의 사랑이다. 열정적인 사랑을 선호하는 사람에게 스토르게 사랑은 사랑이 아닌 우정이나 애정으로 보일 수 있다. 스토르게 사랑을 하는 사람들은 서로 사랑한다는 말을 하는 것조차 쑥스러우며, 상대가 '사랑하냐?'라고 묻는다면 '그런 것을 왜 묻냐?' 하고 응대할 수 있다. 스토르게 사랑을 하는 사람은 이상적인 육체적 매력을 따지지도 않을뿐더러 의식적으로 사랑할 상대를 찾지도 않는다.

ⓒ 루더스(Ludus: 유희적 사랑)

루더스란 라틴어로 '놀이'나 '게임'을 의미하는 말로 루더스의 사랑은 영국의 서사시 돈주앙(Don Juan)처럼 많은 상대와 사랑을 하지만 한 사람에게 정착하지 않는 유형이다. 이러한 사랑을 하는 사람들은 사랑을 유희로 생각하며, 많은 사랑의 경험을 수집하기를 즐긴다. 또한 동시에 여러 상대를 사랑하는 것에 조금도 갈등이나 모순을 느끼지 않는다. 루더스의 사랑을 하는 사람은 상대가 자신에게 너무 몰입하는 것을 부담스러워하며 재미를 망친다고 생각한다. 성은 헌신의 표현이 아니라 재미를 위한 것이며, 사랑이 인생에서 가장 중요한 것도 아니다. 이들에게는 사랑의 결과로 결혼을 기대하지 않는 것이 좋다.

② 사랑의 이차색

㉠ 마니아(Mania: 소유적 사랑)

어원은 테이아 마니아(theia mania, 신으로부터 내려온 광기)로 에로스와 루더스의 특이한 결합 유형이다. 마니아의 사랑을 하는 사람은 대개 어린 시절을 불행했다고 기억하며, 외로움을 잘 타고 사랑할 필요는 느끼면서도 사랑하기를 두려워한다. 자신이 어떤 유형을 좋아하는지 확신이 없으며, 사랑하는 상대에게 강박적으로 집착하며 질투가 강하고 소유적이다. 때로는 자신만이 너무 사랑하는 것이 아닌가 하는 불안으로 머뭇거리기도 한다. 사랑의 상대와 친구가 될 수 없다면 광적인 사랑, 중독된 사랑이라고 할 수 있다. 마니아의 사랑을 하는 사람은 관계를 조종하기를 원하므로 약한(사랑받는) 입장보다 강한(사랑하는) 입장이 되기를 늘 원한다. 마니아 사랑의 사이클에서 벗어나지 못하는 사람은 그 자신이 사랑에 대한 절실한 욕구가 있기 때문에, 이러한 근원적 문제에 대한 해결 없이는 지속적으로 마니아의 사랑에 빠질 수 있다.

ⓛ 프래그마(Pragma: 실용적 사랑)

마니아의 사랑과는 매우 다르게 실용적인 사랑으로 루더스와 스토르게의 혼합이다. 사랑의 대상을 찾는 것이 마치 '쇼핑 목록'처럼 의식적으로 각 개인의 여러 측면(정치, 종교, 취미 등)을 신중히 고려하고 자신에게 잘 어울리는 상대를 고르는 식이다. 적당하다고 판단된 상대는 몇 가지 활동을 함께 하며 상대도 자신을 적절한 대상으로 평가하도록 한다. 상대를 제대로 알기 전까지는 미래에 대한 약속을 하기 꺼리며 과도한 감정의 노출을 주의한다. 중매결혼은 프래그마 사랑의 대표적인 예이다. 다른 사랑의 유형과는 달리 프래그마의 사랑을 하는 사람은 자신의 사랑과 선택에 대하여 친구나 부모와 상의하기도 한다.

ⓒ 아가페(Agape: 이타적 사랑)

기독교 이데올로기이기도 한 아가페의 사랑은 에로스와 스토르게의 혼합으로 조건 없이 베풀어주는 자기희생적인 천사의 사랑이다. 아가페의 사랑을 하는 사람은 상대에게 사랑의 감정을 느끼지 않더라도 사랑의 의무가 있다고 생각하며 가슴보다 머리에 의해 인도된다. 사랑하는 상대에 대해 애정을 다해 보살펴야 한다는 강한 의무감을 가지나, 상대는 사랑이 필요한 많은 사람 중 한 명에 불과하다는 사실로 인해 갈등을 가질 수 있다. 우리 사회에서 아가페의 사랑을 가장 잘 실천하는 이들은 독신이거나 사랑하는 이성이 없다는 사실은 이와 관련이 깊다(이기숙 외, 2010).

Lasswell과 Lobsenz(1980)나 Lee(1976)의 저서에서 분류한 사랑의 종류에는 좋은 친구로서의 사랑, 논리적 사랑, 낭만적 사랑, 이타적 사랑, 유희적 사랑, 소유적 사랑이 있다. 먼저, 좋은 친구로서의 사랑은 함께 가까이 지내다 보니 서로 편하고, 좋고, 취미도 비슷하고, 말을 하지 않아도 통하고, 서로 감추는 것 없이 털어놓을 수 있는, 그래서 그들은 친구이자 서로 사랑하는 애인인 것이다. 이들의 사랑은 화끈하게 뜨겁고 낭만적이지는 않지만 온돌처럼 은근히, 그리고 사려 깊고 정답게, 서로를 진심으로 위한다.

논리적 사랑을 하는 사람들은 현명하게 사랑을 하려는 사람들이다. "나는 내가 생각하는 남편과 아버지(혹은 아내와 어머니)의 조건을 만족시키지 못하는 사람하고는 결코 연애를 하지 않을 것이다"라는 것이 이런 사랑을 하는 사람들의 전형적인 태도이다. 그뿐만 아니라 그들은 매우 현실적이기도 해서, 자신이 어떤 유형의 상대를 좋아하며 필요로 하는지도 대개 정확히 알고 있다. 그러므로 그러한 조건을 가장 많이 (전부는 아니라도) 만족시키는 사람이 나타날 때까지 참고 기다린다. 그들은 원하는 바가 이루어지지 않을 경우에 대비해 가능한 대안적 방법까지도 충분히 생각해놓고 있다.

만나자마자 마치 강한 전류에 감전된 것처럼 금방 사랑의 불꽃이 일기 시작했다는 표현이 바로 낭만적 사랑의 특징이다. 이것은 어떻게 보면 애인에 대한 사랑이라기보다 사랑 자체에 대한 사랑이라고 말할 수도 있다. 이런 사랑을 하는 사람들은 첫눈에 황홀한 사랑에 빠지며, 일단 사랑에 빠지면 한순간의 이별도 견딜 수 없게 된다. 성춘향과 이몽룡의 사랑이 그렇고, 로미오와 줄리엣의 사랑이 그렇다. 낭만적 사랑에 빠지면 우선 온몸과 마음으로 두 사람이 하나가 되기를 원하며, 특히 이 같은 사랑에서는 상대의 외모가 가장 중요한 요인이 된다. 사랑한다는 것은 상대방을 완전히 소유하는 동시에 상대방에게 자신이 '소유 당하는' 것이라고 생각할 때, 거기에는 흥분과 깊은 절망, 헌신과 불같은 질투의 두 극단이 존재하게 되며, 이 같은 사랑을 하는 사람은 한시도 편안한 마음을 가질 수 없다. 사랑의 초기에 그들은 너무나 흥분된 나머지 잠을 잘 자지도 먹지도 못하며, 생각마저도 제대로 할 수 없게 된다. 그들은 완전히 사랑의 노예가 되어 상대방의 사랑을 확인하는 일로 모든 시간과 정력을 소모할 뿐만 아니라, 버림받지나 않을까 하는 불안으로 항상 마음 졸이며 산다.

사랑 연구의 대가인 존 리(J. Lee, 1975)는 소유적 사랑의 대표적인 예로 서머셋 몸(Somerset Maugham)의 소설 『인간의 굴레(Of Human Bondage)』에 나오는 주인공 필립을 든다. 필립은 예쁘지도 않고 이기적이며 늘 불평만 하는 마음에 드는 곳이라곤 단 한 군데도 없는 마일드레드와 소유적 사랑에 빠졌고, 그 때문에 자신을 경멸하면서도 거기서 벗어나지 못한다. 그는 상대방에 심하게 중독된 희생자에 불과한 것이다.

이타적 사랑이란 아무 조건 없이 좋아하고 돌봐주며, 용서하고 베푸는 자기희생적 사랑이다. 이것을 다른 말로는 아가페적 사랑이라고 하며, 기독교 신앙에서 말하는 무조건적 사랑이나 불교에서 설파하는 관음보살의 대자대비(大慈大悲)적 사랑이 이에 속한다. 즉 사랑이란 그것을 필요로 하는 사람에게 베풀어주어야 할 의무와 같은 행위이며, 그것은 가슴보다는 머리로, 감정보다는 의지로 행해지는 것이라고 말한다. 진정한 사랑이란 받는 것이 아니라 주는 것이며, 자기 자신보다는 사랑하는 사람의 행복과 번영을 더 생각하며, 상대방의 희망과 목표를 성취할 수 있도록 하기 위해 자신의 희망이나 목표는 유예하거나 포기하는 것이다. 이런 사랑을 하는 사람들은 상대방을 사랑한다 하더라도 만일 그가 나 아닌 다른 사람을 더 사랑한다면 자신은 기꺼이 물러날 수도 있다고 생각한다.

유희적 사랑을 하는 사람에게 사랑이란 즐기기 위한 도전이며, 이기기 위한 시합이다. 그 시합에 경험이 많아질수록 재주도 더욱 숙련되고, 시합을 재미있게 하기 위해 다양한 전략과 전술을 개발하게 된다. “이기고 지는 것이 문제가 아니라, 시합을 어떻게 하느냐”가 문제이며, 사랑을 하되 시합처럼 재미있고 정당하게 해야 하며, 너무 친밀해지지 말아야 한다는 것이다. 유희적 애인에게 사랑의 약속 같은 것은 서로 간에 금기사항이며, 동시에 두 사람 혹은 그보다 더 많은 애인과 사랑을 나누는 것이 보통이다. 그들은 여러 형태의 외모를 골고루 좋아하여 이 사람에게서 저 사람으로 쉽게 옮겨가며, 어느 사람과도 심각한 사랑에 빠지거나 특별히 흥분하지 않는다. 때로는 현재 하고 있는 사랑을 더 재미(스릴)있게 하기 위해, 실제로는 없는 다른 애인을 거짓으로 꾸며냄으로써 현재 사귀고 있는 애인의 희망을 좌절시키기도 한다.

Hatfield와 Walster(1978)에 의하면 낭만적 사랑은 “서로가 하나가 되기를 강렬하게 원하는 상태이며 생리적인 흥분을 깊이 느끼는 상태”로 정의된다. 낭만적인 사랑은 행복한 자아 상태의 한계를 초월한 경지이며, 자신이 살아 있음을 놀랍도록 생생하게 느끼도록 해주기 때문에 상당히 매력적이다. 사랑하는 이로 인해 겪게 되는 특별한 느낌 또한 낭만적인 사랑과 연관된다. 이러한 현상은 연령대나 성별, 인종, 민족, 지능을 막론하고 누구든지 경험한다.

또 우애적 사랑을 "우리의 생이 깊게 조화된 사람에게 느끼는 애정"으로 정의하였다. 한 사람을 향한 몰두나 집중이 점차 줄어들고, 관계가 따분해지거나 미지근해지는 것과 동시에 사람의 관심은 주변 세계(예: 직업, 친구, 놀이 등)로 분산되게 된다. 이 순간 낭만적인 사랑은 우애적인 사랑으로 전환될 수 있다. 우애적인 사랑 속에서 대부분의 사람은 안정감을 느끼고 상호 이해하고 수용하며, 상대방의 행동을 예측할 수 있는 것에 대해 편안함을 느끼고 만족스러워한다. 반면, 생생하게 살아 있음을 느끼는 "흥분"은 거의 느끼지 못한다. 우애적 사랑의 속성은 편안함이지만 이런 이유로 어떤 사람들은 지루함을 느끼기도 한다. 이때 필요한 것은 우애적 관계의 미덕을 견고하게 유지하면서 주기적으로 열정을 되살리도록 도모하는 것이다. 판에 박힌 일상생활을 변화시키고, 서로 흥분되는 상황을 만들어가며, 낭만적인 시간을 계획해봄으로써 사랑만이 지닌 독특한 느낌을 되살려볼 수 있을 것이다(최혜경 · 신수진 · 강진경, 2004).

여기에서 한 가지 유의해야 할 점은 사랑을 하는 사람들이 어느 한 가지 애정형에만 국한된 것은 아니라는 사실이다. 또한 어느 특정형의 사랑을 하는 사람들이라 하더라도 그들의 성격이나 성장배경은 각양각색이다. 앞에서 기술한 사랑의 종류에 대한 설명은 가장 전형적인 경우를 말하는 것으로서, 어느 한 사랑 유형에만 해당하는 경우는 극히 드물며 두 가지 혹은 그 이상 여러 종류의 성질이 혼합된 사랑을 하는 것이 보통이다(김중술, 2007).

2) Sternberg의 사랑의 유형

Sternberg(1986)는 사랑의 삼각이론을 발표하였다. 그는 낭만적 사랑과 우정, 단순히 좋아하는 마음, 매혹, 그 밖의 다른 여러 형태 사랑 간의 차이를 밝히고자 여러 친밀한 관계를 분석하였고, 그 결과 사랑은 세 가지 요소, 즉 친밀감(intimacy), 열정(passion), 언약/헌신(commitment)으로 구성된다고 결론지었다.

그림 1-3 • 사랑의 세 가지 요소

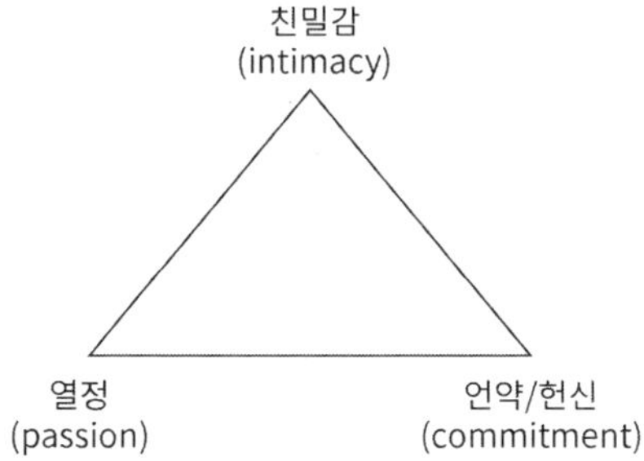

이러한 세 가지 사랑의 요소들은 서로 다른 속성을 가지고 있다. 예를 들어, 친밀감과 언약/헌신은 가까운 관계에서는 비교적 안정적인 반면, 열정은 비교적 불안정적인 경향을 지니며 변화를 예측하기 힘들다. 친밀감은 어느 정도 의식적으로 통제할 수 있고, 결심이나 언약/헌신은 의식적인 통제능력이 더 높게 나타나지만, 열정은 처음 본 사람이나 가깝게 지내는 관계에서도 의식을 조절하거나 통제하기가 어렵다. 그리고 이러한 사랑의 세 가지 요소들의 중요성은 관계의 기간에 따라서도 각기 다르게 나타난다.

예를 들어, 단기적인 관계에서는 주로 열정이 중요한 역할을 하고, 친밀감은 중간 정도의 역할을, 언약과 헌신은 거의 역할을 하지 못한다. 반면에 장기적인 관계에서는 친밀감과 언약/헌신이 비교적 중요한 역할을 하고, 열정은 시간이 흐름에 따라 그 역할이 줄어들게 된다.

또한 이러한 사랑의 세 가지 요소들은 심리적, 생리적인 경향에서도 각기 다른 속성을 지닌다. 예를 들어, 열정은 심리적, 생리적 요인에 크게 영향을 받고 있지만, 언약/헌신은 거의 영향을 받지 않으며, 친밀감은 가끔씩 영향을 받게 된다. 결국 사랑의 세 가지 요소들은 서로 다른 속성을 가지고 있으며, 관계에 따라서 서로 다른 기능을 한다는 것을 알 수 있다.

표 1-1 • 사랑의 여덟 가지 유형

	사랑의 형태	친교	열정	언약
1	비사랑	×	×	×
2	우정	○	×	×
3	열정적 사랑(짝사랑)	×	○	×
4	공허한 사랑	×	×	×
5	낭만적 사랑	○	○	×
6	어리석은 사랑 (허구적 사랑)	×	○	○
7	우애적 사랑 (동료적 사랑)	○	×	○
8	완성된 사랑	○	○	○

출처: Sternberg, 1986

이상에서 살펴본 사랑의 세 가지 구성요소를 기초로 가능한 모든 조합을 시도해보면, [표 1-1]과 같이 사랑은 비사랑, 우정, 열정적 사랑, 공허한 사랑, 낭만적 사랑, 어리석은 사랑, 우애적 사랑, 완성된 사랑의 8가지 유형으로 분류될 수 있다(Sternberg, 1986).

본래 사랑은 특정한 사람과의 관계는 아니다. 사랑은 한 사람과 사랑의 한 '대상'과의 관계가 아니라 세계 전체와의 관계를 결정하는 '태도', 곧 '성격의 방향'이다. 어떤 사람이 다른 한 사람만을 사랑하고 나머지 동포에게는 무관심하다면, 그의 사랑은 사랑이 아니라 공생적 애착이거나 확대된 이기주의이다. 그럼에도 대부분의 사람은 사랑은 능력에 의해서가 아니라 대상에 의해서 성립된다고 믿고 있다. 그들은 심지어 그들의 '사랑을 받는' 사람을 제외하고는 어느 누구도 사랑하지 않는 것이 그들의 사랑의 강렬함을 입증하는 길이라고 믿고 있다.

이것은 위에서 이미 말한 바와 동일한 오류이다. 사랑은 활동이며 영혼의 힘임을 알지 못하기 때문에 사람들은 단지 올바른 대상을 찾아내는 것만이 필요하며, 그렇게 되면 그 밖의 일은 모두 저절로 될 것이라고 믿는다. 이 태도는 그림을 그리고 싶어 하면서도 기술은 배우지 않고, 올바른 대상만을 고르면서 대상만 찾아내면 아름답게 그릴 수 있다고 주장하는 사람의 태도에 비유할 수 있다.

만일 내가 참으로 한 사람을 사랑한다면, 나는 모든 사람을 사랑하고 세계를 사랑하며 삶을 사랑하게 된다. 만일 내가 어떤 사람에게 '나는 당신을 사랑한다'라고 말할 수 있다면 '나는 당신을 통해 모든 사람을 사랑하고 당신을 통해 세계를 사랑하고 당신을 통해 나 자신도 사랑한다'라고 말할 수 있어야 한다. 그러나 사랑은 한 사람이 아니라 모든 사람과 관계하는 성격의 방향이라고 말하는 것은, 사랑받는 대상에 따라 달라지는 여러 가지 사랑의 형태 사이에 차이가 없다는 것을 의미하지는 않는다(Fromm, 1989).

전쟁의 부산물인 인터넷은 이제 우리 생활의 일부가 되어 사회적 연결망을 넓히고 가상 문명의 도래를 이끌고 있다. 예전에는 면 대 면의 상호작용을 통해 유지되는 낭만적 관계가 이제는 인터넷을 통해 온라인상에서 새로운 인간관계의 장르가 창출되고 있으며, 이를 통해 미래의 배우자 선택과 성적 욕구를 충족시킬 수 있게 되었다. CMR(Computer Mediated Relationship)이란 용어는 말 그대로 컴퓨터가 개입된 인간관계를 의미하는 것으로, 사이버공간에서는 문자를 통해 마음을 전달하고 서로 호감을 갖게 되어 사랑을 시작하기도 한다. 컴퓨터가 개입된 낭만적 관계에서는, 상대방의 얼굴을 볼 수 없으므로 신체적 매력을 덜 강조하며 오히려 가치관이나 태도, 유사성 등을 더 중요시한다. 즉, CMR에서는 부담 없이 여러 이야기를 하게 되므로 빠른 시간 내에 자기노출을 많이 하게 되는 경향이 있고, 따라서 금방 상대의 관심을 파악하고 대화의 화제가 사적인 내용으로 옮겨지므로 강한 친밀감이 발생하게 된다.

한편 많은 동성애자들은 사춘기 혹은 그 이전에 자신의 성적 선호가 다른 사람과 다르다는 것을 알지만, 대부분은 그 사실을 쉽게 수용하지 못하거나 주위 사람들 때문에 숨기는 경우가 허다하다. 특히 부모는 자식이 동성애자임을 알았을 때 분노, 죄책감, 수치심에 시달린다. 그렇기 때문에 이들 동성애자는 사회에서 소외된 채 자기들만을 공간을 확보하려고 노력하고 있다. 그러나 대중의 고정관념을 효과적으로 없애기 위해서는 소수 집단으로서의 권리 찾기가 절대적으로 필요하다. 최근 이들을 위해 증가하고 있는 상담, 친목, 종교 단체 등 지원체계는 무엇보다 동성애에 대한 편견을 없애려는 데 주력하고 있다. 개인의 성적 선호는 음식이나 옷에 대한 선호와 다를 바 없다. 변화에는 시간이 필요하다. 그동안 주어지는 갈등과 혼란은 다양성을 수용할 수 있는 그 사회의 성숙과 개방성에 달려있다. 성적 선호도가 생리학, 성격, 가족, 문화 등과 복잡하게 얽힌 상황이라면 자신과 다르다는 사실로 '비정상'이라고 간단하게 규정할 수는 없을 것이다(이기숙 외, 2010).

5 청년기의 사랑

아동기 때 부모와 안정적인 애착관계를 형성하여 긍정적인 자아개념이 형성되면, 내적 작동 모델이라는 기제를 통해 성인기의 친밀한 대인관계 속에서도 안정적인 관계특성을 형성하고 유지하는 데 영향을 줄 가능성이 높다. 또한 커플의 긍정적 자아개념과 안정적 애착특성은 성인기 때 친밀한 관계에 대한 열정이나 이타적 태도 및 관계에서의 신뢰감과 만족도를 높이는 데 긍정적인 영향을 미칠 수 있다(강진경 · 정태연, 2001).

낭만애착 유형은 전체적으로 안정형 낭만애착으로 분류되는 대학생이 가장 많았으며, 두려움형, 거부-몰두형 순으로 나타났다. 사랑 유형은 전체적으로 열정애로 분류되는 대학생이 가장 많았으며, 다음으로 친구애, 헌신애, 실용애, 소유애, 유희애 순으로 나타나 열정애, 친구애와 헌신애가 전체의 약 69%를 차지하였다. 대학생들은 제약이 많았던 청소년기를 벗어나 자유로운 이성 관계를 형성할 수 있게 되면서 이성에 대한 탐색적인 성향을 갖거나 아예 이성 관계를 맺는 것 자체에 대해 두려워하는 시기적 특성을 반영하고 있다. 또 친구애가 많은 분포를 보이는 이유도 대학생활에서 많은 시간과 활동을 공유하며, 친구로서 알아가는 과정 속에서 사랑이 싹트는 것으로 설명할 수 있겠다(주은지, 2010).

학년과 연령대가 높을수록 모두 실용적 사랑이 높게 나온 것은 시대와 사회의 변화에 따라 사랑의 유형도 변하고 있음을 보여준다고 할 수 있다. 실용적 사랑은 실용성과 현실성에 중점을 두고 있는 사랑으로서 자신의 시간이나 감정을 낭비하는 관계를 맺지 않으려고 하며, 서로의 교환가치가 있을 때 그들의 관계가 지속되는 사랑이다. 사랑은 더 이상 운명이 아니라 연인들이 차근차근 커플로서의 정체성을 키워나가는 지속적인 과정으로 보고, 열정을 추구하면서도 적당한 거리를 지킬 수 있는 유동적인 사랑의 형태를 중시한다.

또한, 무한 가능성의 시대를 살고 있는 요즘 연인들은 더 이상 내게 맞는 사람이 단 한 사람일 거라고 믿지도 않으며, 실용적인 파트너 테스트만이 사랑의 존재와 비존재를 결정한다고 하였다. 하지만 사랑을 보다 현실적으로 바라본다고 하여 요즘 젊은이들에게 낭만적 사랑이 사라진 것이 아니라고 할 수 있다. 그들은 낭만과 실용을 통합시킬 수 있는 재능을 가지고 있으며, 낭만적 감정이 있을 경우만 사랑의 관계가 가능하다. 그리고 유연한 자세로 사랑이 지속가능하다고 할 수 있다.

여학생과 남학생의 동료적 사랑이 높게 나타난 것은 동료적 사랑의 특성이 애정 어린 동료애, 형제애, 자매애 혹은 우정 같은 사랑이고, 깊고 특별한 우정이되 감정의 표출이 배제된 형태로 나타나는 사랑으로서 상대방에 대한 요구가 과도하지 않으며 상호보완적이고 서로 성장하려는 지향성을 갖는다고 볼 수 있다.

결론적으로 대학생들의 이성교제는 결혼을 전제로 한 만남이라기보다는 다양한 활동을 하는 가운데 자연스러운 만남으로 우연히 뜻이 통하는 이성을 만나기 때문에 동료적 사랑이 높은 것이라고 볼 수 있다(유연희, 2015).

6 성숙한 사랑

Warren(1992)에서 제시한 '배우자를 선택하는 데 있어서 고려할 점'을 보면 결혼을 결정하기 전에 열정적인 사랑이 무르익도록 하라고 한다. 그리고 그 열정적인 사랑은 성숙한 사랑으로 바뀌어가야 한다. 결혼을 위한 사랑은 배우자 선택에서 다음과 같은 특성을 보인다.

① 연인의 행복을 위해 이타적으로 헌신하는 것을 포함한다.

② 당신의 상대자가 즐기는 것을 당신도 즐길 수 있어야 한다.

③ 서로를 깊이 사랑하는 사람은 그들의 관계에 있어서 세 가지를 발전시켜나가는 것이 가치 있다고 인정한다. 즉 한 가지는 자신을 위해, 또 한 가지는 상대방을 위해, 남은 한 가지는 그들 모두를 위해.

④ 진정한 사랑은 당신의 상대자와 진실하고 참된 자아를 나눌 수 있는 자유를 부여해준다.

⑤ 순수한 사랑은 파트너와 자신의 진정한 자아를 공유할 자유를 제공한다.

⑥ 사랑은 신뢰를 요구한다. 그리고 그 사랑은 믿을 만한 가치가 있는 것이어야 한다.

⑦ 서로를 사랑하는 사람들은 꿈을 함께 나누며 그 꿈에 이르기 위해 계획을 세운다.

(안빈 외, 2002, 재인용)

"사랑은 세상에 하나뿐인 예술품이다. 혹은 아름다운 음악이고, 멋진 문학 작품이고, 사람을 황홀하게 만드는 신비로운 그림이다. 예술품을 감상하듯 두 사람이 서로를 있는 그대로 느끼고 받아들여야 한다. 함부로 손을 대서는 안 된다. 어느 누가 자신에게 조각칼을 들이대는 사람을 사랑하겠는가(木木, 2012)."

성숙한 사랑에 또 중요한 요소는 정신 집중이다. 정신 집중은 우리 문화에서는 실행하기 더욱 어려운 일이다. 우리 문화에서는 모든 일이 정신 집중의 능력과 어긋나는 작용을 하는 것 같기 때문이다. 정신 집중을 배우는 가장 중요한 단계는 독서, 라디오 청취, 흡연이나 음주 없이 홀로 있는 것을 배우는 것이다. 사실상 정신을 집중시킬 수 있다는 것은 홀로 있을 수 있다는 것을 의미한다. 그리고 이러한 능력은 사랑의 능력의 불가결한 조건이다. 내가 자립할 수 없기 때문에 다른 사람에게 집착한다면, 그 또는 그녀는 생명을 구조하는 사람일 수는 있지만 그 관계는 사랑의 관계가 아니다.

역설적으로 말하면 홀로 있을 수 있는 능력은 사랑을 할 수 있는 능력의 조건이 된다. 홀로 있으려고 해본 사람은 누구든 이것이 얼마나 어려운 일인가를 알게 될 것이다. 그는 침착하지 못하고 조바심을 느끼며, 심지어 상당한 불안까지도 느끼기 시작할 것이다. 이러한 훈련은 가치 없고 어리석으며 너무 많은 시간을 빼앗는다는 등의 이유를 들어 그는 훈련을 계속하기 싫은 자신의 마음을 합리화하기 쉽다. 또한 그는 자신의 마음을 사로잡는 온갖 상념이 마음속에 떠오르는 것을 관찰할 것이다. 그는 마음을 비우기보다는 오히려 그날 이후의 계획을 생각하거나 처리해야 할 어려운 업무를 생각하고, 저녁에는 어디에 갈까 생각하며 마음을 흡족하게 할 여러 가지 일을 생각할 것이다.

정신을 집중시킨다는 것은 전적으로 현재에, 지금 여기에 있다는 것, 따라서 지금 무엇인가 하고 있으면서 다음에 해야 할 일은 생각하지 않는다는 뜻이다. 말할 것도 없이 정신 집중은 서로 사랑하고 있는 거의 모든 사람이 실행해야 한다. 그들은 관습적으로 행해지고 있는 여러 가지 방식으로 도피하지 말고 서로 친밀하게 되는 법을 배워야 한다(Fromm, 1989).

성숙한 사람은 대인관계에 대한 욕구와 필요성을 느낄 줄 알며, 그것을 성취하기 위해 노력할 뿐만 아니라 때로는 그에 따르는 상당한 대가도 지불할 용의가 있다고 생각한다. 이런 사람들은 만족스러운 관계를 형성하기 위해 필요한 기술도 배우고 연마하며, 실패에 대한 두려움으로 관계 형성에 대한 시도를 쉽게 포기하지도 않으며, 힘들여 얻은 친밀한 관계에 희열하고 환호하며 거기에서 인생을 느낀다. 사랑을 느낄 때 그들의 인생은 그만큼 풍요롭고 충만하며, 자신의 존재를 확인하게 된다. 성숙한 사람들은 대인관계에서 생기는 갈등이나 불편함을 슬기롭게 해결하는 능력이 있다. 그들은 적당한 때와 장소에서 자기 자신의 불안이나 욕망, 공상 등을 다른 사람에게 드러내 보이기도 하고, 자신의 단점을 노출함으로써 사람들과 더 가까워짐을 경험하며, 상대방이 자신의 약점을 이용하여 자신을 위험에 빠뜨리거나 해롭게 할 것이라고 생각하지 않는다. 특히 그들은 상대방에게 자신의 감정을 솔직히 표현하고, 서로 비슷한 감정을 함께 나누며 확인하고, 그것을 즐길 줄 안다(김중술, 2007).

낭만적 사랑은 따뜻한 친밀감과 열정을 경험할 수 있는 심리적 경험이면서도 그 안에 위험한 측면이 존재한다. 그렇다면 어떻게 해야 건강한 사랑을 할 수 있을까? Sternberg(1988)는 우리가 타인과 친밀하게 지내는 방법을 학습함으로써 사랑하는 사람과 더욱 친밀하면서도 건강한 관계를 유지할 수 있다고 한다. 정리하면 다음과 같다.

① 독립감의 유지

독립감을 유지한다는 것이 친밀감과 반대되는 성격 특성은 아니다. 오히려 친밀감과 독립감은 상호 연결된 대인 기술로 독립감이 결여된 사람은 진정으로 친밀한 관계를 맺는 것이 불가능하다. 종종 상대에게 종속되어 자기정체감이 부족한 사람은 상대 없이는 생을 살아나갈 자신이 없으며, 상대가 떠나갈까 봐 자신의 분노나 불안, 두려움을 상대에게 나타내지 못한다. 독립감이 부족한 사람들은 진정으로 친밀한 관계를 맺는 것에도 두려움을 갖고 있다.

반면 독립적인 사람들은 친밀한 관계를 맺을 수 있다는 점에 대해 자신감을 갖고 있으며, 상대에게 고착되어 있지 않으므로 상대가 자신에게 귀 기울이지 않고 배려해주지 않는다면 그를 떠날 수 있는 용기가 있다. 관계를 시작, 유지, 종결하는 과정에서 각자의 독립감을 유지하면서도 깊은 생각을 나누는 친밀감에 대해서도 용감하다. 진정한 친밀감을 발전시키고 싶다면 먼저 '홀로서기'를 해야 한다. 각자 독립된 인간으로 독립된 사고와 감정을 갖고 있음을 인정하고, 그럼에도 불구하고 서로 가까워질 수 있다는 점에 기대와 용기를 가질 수 있다.

② 친밀감의 기술

㉠ 자신을 있는 그대로 받아들이기

친밀감과 독립감을 배우는 첫 단계는 자신을 있는 그대로 받아들이는 것이다. 인간은 신이 아니므로 완전한 존재가 아니다. 강점과 함께 단점을 가지고 있다. 인생의 다양성을 수용하고 즐거움을 발견하는 지혜가 필요하다.

㉡ 상대를 있는 그대로 받아들이기

상대에 대해 자신의 관점대로 고정시켜 허황된 기대를 가지고 있지는 않은가? 자기에게도 엄격하지만 상대에게는 더욱 엄격한 것은 아닌가? 상대가 내가 원하는 그런 사람이 아니라 지금 보이는 이 사람이라는 것을 깨닫는다면 친밀한 관계에 한걸음 가까이 간 것이다.

㉢ 자신에 대해 표현하기

더욱 친밀해지기 위해서는 자기노출이 필요하다. 더 정직하고 관대하며 인내하도록 노력해야 하며, 이성과 감정에 대해 표출할 수 있어야 한다. 사랑을 하다 보면 귀찮고 보기 싫고 불일치된 부정적인 면도 함께 있기 마련이다. 그러나 역설적으로 연인들은 자신의 분노와 짜증, 양가감정 등을 토로하기 시작할 때 다시 정열적인 사람의 감정을 느끼게 된다.

㉣ 상대의 반응을 잘 다루기

자신이 한 말에 상대가 어떻게 느낄지 곰곰이 생각해보고 상대의 반응에 대해 다시 반응해주는 것이 필요하다. 상대의 반응에 귀 기울여야 하며, 그의 느낌을 느끼려고 노력해보며, 조용히 기다려야 할 수도 있다. 상대의 반응에 관심을 갖는 태도를 지속적으로 갖는다면 진정한 친밀감의 순간이 올 것이다 (이기숙 외, 2010 재인용).

우리는 자기가 생각하는 사랑방식에 따라 행동하며, 상대방에게도 그렇게 해주기를 기대한다. 이런 기대는 그 사람이 생각하는 사랑의 의미에 따라 결정되며, 성장 과정에서 부모가 보여준 사랑의 방식에 따라 결정되기도 한다. 뜻밖에도 내가 생각하는 사랑의 의미와 상대방이 생각하는 그것이 다르고, 서로 기대하는 바도 다를 때가 많다. 이 차이가 너무 심하면 행복한 사랑을 이루기 어렵다. 행복한 사랑을 키우기 위해서 서로가 가지고 있는 사랑의 의미와 사랑에 대한 기대를 알 필요가 있고, 거기에 맞추어 내가 변화할 수 있는 범위를 결정하고 행동에 옮겨야 한다(김중술, 2007).

02 이성교제와 배우자 선택

1 이성교제

1) 이성교제의 기능

Winch(1958)는 이성교제의 기능 여섯 가지를 제시하였다(Olson & Defrain, 1994, 재인용). 첫째, 이성교제는 사춘기 소년, 소녀들이 성인기에 이르도록 하는 훈련을 돕는다. 사춘기가 지난 청년기에도 이성교제는 성인이 되는 훈련을 계속 담당한다. 사춘기에 사람들은 처음으로 이성과 사귀게 됨으로써 이성에 대해 눈을 뜨게 되고, 상대방의 입장을 존중하고 이해하게 된다. 결과적으로 사회에 진출하여 건전한 인간관계를 맺는 훈련을 하는 것이며, 나 자신이 어떠한 사람이라는 것을 더욱 알게 되는 것이다(김정옥 외, 1996). 둘째, 데이트는 하나의 사회활동이며, 그 자체로 중요한 레크리에이션 활동의 의미를 지닌다. 데이트는 그 자체로 하나의 즐거움이다. 셋째, 젊은이들로 하여금 성인기에 담당하게 될 인간관계의 기술을 발전시키고, 데이트를 함으로써 또래 젊은이들에게 자기의 위치와 위세를 확립시키는 역할을 한다. 넷째, 젊은이들이 자신의 부모에게 향했던 감정적인 지향을 또래 친구나 이성에게로 전환하게 하여 자율적인 성인이 되도록 만든다. 다섯째, 결혼을 위한 배우자를 선택하는 도구적인 역할을 한다(이기숙 외, 2010).

결국 이성교제의 기능은 인간이 이성교제를 함으로써 대인관계의 기술을 익히고 성인이 되게 하며, 배우자를 선택할 수 있게 한다. 그러나 이성교제의 기능이 한 번에 쉽게 습득되는 것은 아니고, 사람들은 이성교제를 통하여 오히려 불안정, 불만족, 열등감을 경험하게 될 수도 있다. 자신에게 맞지 않는 이성교제는 이러한 부정적인 기능을 활성화시키게 된다. 현대사회는 이성교제가 더욱 중요한 생애과제이므로, 자신에게 맞는 이성과 이성교제를 건강하는 것이 중요하다.

2) 이성교제의 어려움과 대처 방안

이성교제가 진행되는 과정은 항상 즐거움만 있는 것은 아니다. 데이트는 이성에 대한 이해의 폭을 넓혀가는 과정이지만, 이 과정에서 현실적인 어려움이 따르는 것도 사실이다. 또한 남성과 여성이라는 사회적 성역할에 따라 데이트의 준비와 진행과정에서도 남녀가 느끼는 어려움은 각각 다르다. 남성은 데이트를 어떻게 이끌어 갈 것인지, 대화는 어떻게 할 것인지에 대해서 어려움을 느끼는 반면, 여성은 원하지 않는 성적 행동에 대한 압력이 주된 어려움이라는 결과를 보인다. 이러한 어려움에 대처하는 하나의 방법은 자기 자신에 대한 신뢰감과 자신감을 회복하는 것일 수 있다. 좀 더 느긋한 마음 자세로 이성교제에 임하는 것이 필요하다. 특히 남성은 모든 것이 잘 되어야만 한다는 부담감에서 벗어나서 긴장을 풀고, 현실적인 기대 수준으로 느긋하게 의사소통을 시도하는 것이 필요하다(김정옥, 1996).

이성교제의 어려움을 이해했다면, 적절한 대처방안을 고민하는 것이 필요하다. 첫째, 부모가 이성교제에 대한 태도를 확립하고 자녀에게 전달해야 한다. 자녀의 독립성과 자유를 존중해야 하겠지만 어떠한 이성의 파트너와 사귀는지에 대해서 무관심할 수는 없다(유영주 외, 1996). 또한 사춘기나 대학생 시절에 부모의 이성교제에 대한 태도나 생각은 자녀에게 전달하기는 어려우므로 자녀가 성장할 때부터 바람직한 이성관에 대해서 이야기하고 부모의 생각도 자녀에게 전달하는 것이 좋다.

둘째, 데이트에 대한 올바른 행동규범을 마련해야 한다. 우리 사회에서는 이성교제에 대한 전통이 근대에 이르기까지 없었고, 어려서부터 이성교제에 대한 훈련이 잘 되어 있지 않아서 이성을 사귀는 방법이 일반적으로 서툴고 감정적으로 치우치기가 쉽다(유영주 외, 1996). 이성교제는 건전한 인격 대 인격의 만남이어야 하고 이성을 한층 더 심층적으로 이해하고 대인관계의 기술을 배우는 기회로 생각한다면 본인의 내면세계의 성장에 많은 도움이 될 것이다.

셋째, 사춘기나 청년기는 신체적 변화가 많이 일어나는 것과 함께 성적인 욕구가 왕성해진다. 데이트를 하다가 관계가 가까워지면 서로 육체적으로도 친밀해지고 싶은 욕구를 느끼게 된다. 일단 신체적 접촉을 하게 되면 두 사람의 관계는 가까워질 수도 있지만, 그 반대로 관계가 향락적이고 불건전한 방향으로 흐를 가능성도 있다. 실제 데이트를 하고 있는 대학생들을 대상으로 한 연구에도 나타났듯이, 성에 대해서 생각하는 관점은 남학생과 여학생 간에 차이가 있었다. 남학생의 경우 데이트 하는 관계에 대한 헌신의 수준이 낮아도 혼전 성행동에 관여하고, 여성은 헌신 수준이 높은 경우에만 혼전 성행동에 깊이 관여하고 있다. 여기서 말하는 헌신이란 현재 데이트하는 관계를 지속시킬 것인가의 여부와 다른 사람과 사귀지 않는 배타성 그리고 현재의 관계에 몰입하는 정도를 의미한다(윤경자, 1996). 이러한 일반적인 경향을 인식하고 이성교제에 임하는 것이 바람직하며, 특히 여성의 경우 자신의 성에 대한 구체적이고 주체적인 생각을 상대방 남성에게 미리 분명하게 전달하는 것도 하나의 방법이 되겠다. 획일적으로 순결을 강조할 수는 없다. 그러나 혼전 성행위는 자칫하면 심리적인 갈등과 사회문제를 일으키기 때문에 이성교제가 무분별하게 성적 긴장이나 성욕을 해소하는 수단이 되어서는 안 된다는 것은 분명하다(이정우 외, 1992).

넷째, 데이트가 배우자 선택이 도움을 준다고는 하나 데이트에서는 인간관계가 피상적으로 흐르기 쉽다. 데이트하는 동안 단순한 감정의 포로가 되어서 상대방을 올바르게 이해하기 힘들 수도 있고, 몇 시간 동안 좋은 모습만 보이고 꾸미는 것은 가능하기 때문에 상대방을 정확히 파악하지 못할 가능성이 존재한다(이정우 외, 1992). 배우자로 선택하는 과정에서는 실제로 상대방과의 성격 일치도 혹은 상호보완성, 가치관, 남녀평등에 대한 생각 그리고 직업에 대한 안정성 등이 중요하므로 피상적인 겉모습보다는 좀 더 면밀한 관찰과 대화가 필요하다(이정우 외, 1992).

2 이성교제와 배우자 선택

1) 배우자 선택에 영향을 미치는 요인

배우자를 선택할 때 가장 중요하다고 생각하는 기준으로 미혼 남녀 모두 1순위로는 성격을 꼽았으나, 2순위로는 남자는 외모, 여자는 능력을 선택하였다. 그러나 우리나라 결혼정보회사에서 성공적인 결혼의 요인은 사회경제적 요인(직업 · 학력 · 연봉), 신체매력(인상 · 몸매), 가정환경요건(부모의 사회적 성공)으로 보고 있다(선우 결혼정보회사, 2022). 이러한 만남을 통해 어느 정도 상대방에 대해 호감을 갖게 되면 그 이후에 성격이나 기타 부모나 친구의 지지, 출신 지역이나 취미 등의 요인들이 영향을 미치게 된다고 한다. 이는 막연하게 생각하던 배우자의 선택기준이 실제로 선택을 해야 할 시점에서는 보다 더 구체화되고 교환론적인 관점이 상당한 영향을 미치고 있음을 보여주는 것이다.

① 신체적 매력

남녀가 서로 데이트하는 과정에서부터 최종적으로 배우자를 선택할 때까지 신체적 매력은 하나의 중요한 요인이다. 특히 젊은 남성의 경우 데이트 상대를 선택하는 데 있어서 신체적 매력은 하나의 중요한 기준이 된다. 또한 신체적 매력은 후광효과를 가지기도 한다(이기숙 외, 2010). 이 효과는 신체적 매력이 있는 사람은 다른 좋은 특성도 가졌을 것이라고 믿는 경향을 말한다. 즉, 상대가 신체적으로 매력이 있으면 실력과 좋은 성품을 갖추고 있을 것이라고 기대하게 되는 성향을 말한다.

② 종교

배우자를 선택하는 데 있어서 종교를 믿는 대부분의 사람은 타 종교와의 결혼을 꺼리고, 가능하면 같은 종교를 가진 사람을 찾는 경향이 있다. 이는 부부가 서로 적응해가고 가족생활을 영위해 나가는 데 있어서 종교가 기본적인 가치관이나 생활태도에 영향을 미치기 때문이다(유영주 외, 1996). 또한 타 종교인과의 결혼은 신앙적인 헌신을 약화시키고, 부부간의 생활과 본가와의 관계에서 자주 갈등을 일으키게 한다고 보기 때문이다(이기숙 외, 2010).

③ 연령

우리 사회에서 연령요인은 배우자 선택에 있어서 하나의 내면화된 규범으로 작용한다. 가장 오래된 규범은 연령차이로, 남자가 여자보다 서너 살 많은 결합이 잘 산다는 것이 보편적으로 받아들여지는 사회적 규칙이자 통념이었다. 이러한 통념은 다분히 남성 위주의 관념으로 남자가 나이가 많고 상대방이 여동생처럼 여겨질 때, 남자의 이해와 관용의 폭이 넓어질 수 있다는 데에 초점을 맞춘 것일 수 있다. 동갑이 좋다는 경우에는 부부가 서로 친구처럼 느껴져 친밀감이 더 생긴다는 데에 강조점을 둔 관점이라고 하겠다. 반면 여자가 남자보다 나이가 많으면 배우자로 선택되기가 어려운 것은 남편이 결혼생활에서 권위를 세우기 힘들다는 남성 권위주의적인 태도가 반영되었다고 하겠다. 또한 여자가 남자보다 나이가 많으면 출산과 육아에 불리하다는 이유도 작용한다. 그러나 이러한 사회적 규범도 최근에는 변하고 있다. 연상의 여자 상대와 결혼하는 남자가 증가하고 있는 추세이다.

④ 사회계층

결혼은 사회계층상 위치가 비슷한 사람들끼리 이루어지는 경우가 많다. 이는 사회계층상 같은 집단에 속하게 되면 접촉의 기회도 많아지고 비슷한 가치관과 생활방식을 가지게 되어 서로가 친화력을 가지기 때문이다. 상류층에 가까울수록 그들만의 생활방식을 향유하기 때문에, 이러한 동류 집단 간의 배우자 선택은 더욱 빈번하다. 상류층의 경우에는 이러한 배우자 선택 경향은 자기 집단의 사회적 지위를 계속해서 유지하고 과시하는 하나의 중요한 수단이자 통로가 된다(유영주 외, 1996).

⑤ 근접성

지리적으로 가깝다는 것은 상대방과 서로 좋아하게 될 수 있는 기본적인 조건 중 하나이다. 왜냐하면 근접성은 서로 가까운 곳에서 살고 있으면서 자주 만날 수 있는 기회를 만들어주기 때문이다. 즉, 빈번히 만나게 되는 사람 중에서 특별히 매력이 있고 호감이 가는 상대를 발견하게 될 가능성이 더 높기 때문이다. 이러한 기회가 만들어진 이후에는 좋아하는 상대방을 만나서 즐거운 상호작용을 하게 되리라는 기대심리가 더욱 친근감을 상승시킨다(Myers, 1994). 이러한 의미에서 배우자 선택에 있어 근접성은 기본적이고도 중요한 조건이다.

⑥ 성격

성격은 결혼을 직접 눈앞에 두지 않은 대학생 집단에서는 가장 중요한 요인으로 간주되지만 이는 일단 중요한 요인 간에 일치가 이루어진 경우에 한정된다. 중요하게 비중을 둔 요인에서 벗어나면, 성격은 고려될 기회도 갖지 못한다. 그러나 다른 조건이 모두 적합하다고 판단되는 경우에 마지막으로 배우자를 선택하는 데 있어 성격은 결정적 요인으로 작용한다(이동원, 1988; 홍달아기, 2003). 남녀 모두에게서 성격이 배우자 선택에서 제1의 조건임은 공통적으로 나타나는 현상이지만 이는 평가가 쉽지 않다는 점에서 문제가 된다.

⑦ 교육수준과 능력

능력은 교육수준과도 밀접한 관련이 있다. 교육 정도는 이후의 사회경제적 지위를 예측할 수 있는 중요한 변수로서 일반적으로 남성은 자신과 동등하거나 낮은 수준의 배우자를 선택하고, 여성은 자신과 동등하거나 높은 교육수준의 배우자를 선택하려는 경향이 있다(김경신 · 김오남 · 윤상희, 1997). 그러나 최근에는 남녀 모두 배우자의 교육수준을 '자신과 같은 수준'으로 응답하는 비율이 높게 나타나고 있다. 이는 현대사회가 여성의 사회활동을 장려하고 남성도 맞벌이를 원함에 따라 과거에 비해 배우자의 능력을 중시하는 것으로 볼 수 있다(홍달아기, 2003).

Toffler(1980)는 자신의 저서 『제3의 물결』에서 제1의 물결시대에서는 배우자 선택에서 건강이 최우선되었지만, 제2의 물결시대에서는 가정의 기능이 상당 부분 사회로 이전됨에 따라 심리적 기능이 보다 중시되어 사랑이 가장 중요한 요인이라고 하였다. 제3의 물결시대에서는 두뇌의 명석함, 성실, 책임감이 배우자 선택에서 가장 중요한 요인이 될 것이라고 예측하였다. 또한 여성보다 남성의 경제적 능력이 더 중요시되는 요인이라는 점은 아직도 남성과 여성의 역할에 대한 전통적 기준이 적용되고 있음을 보여주는 예이다.

2) 배우자 선택 과정

어느 사회나 전통, 문화 및 역사에 따라 고유한 결혼제도를 가지고 있다. 특히 결혼제도에서 가장 핵심적인 내용이라고 할 수 있는 배우자 선택과 관련해서는 개별 사회의 수만큼 그 형태가 다양하다. 그런데 여기서 지적할 수 있는 것은 어느 사회나 시대를 막론하고 배우자 선택에 있어서 무조건적인 자유가 주어지지는 않는다는 사실이다. 어느 누구도 결혼할 배우자를 아무런 조건 없이 선택하지는 않는다. 배우자 선택과정은 결혼 당사자이거나, 또는 가족, 친척 등 주변 사람들로부터 다양한 형태의 규제를 받기 마련이다. 그리고 이러한 규제는 결혼 당사자 간에 어떠한 형태의 결합(association)을 형성할 개연성을 높인다. 이러한 규제가 결혼 당사자의 사회인구학적 조건이나 계층적 지위를 기준으로 이루어질 때 특히 관심의 대상이 된다. 일반적으로는 남녀의 이러한 조건이나 지위가 비슷할수록 결혼할 가능성이 높아진다(Becker, 1974, 1981; Blau & Schwartz, 1984).

배우자 선택은 사회적 규제범위나 특정한 요인을 근거로 하여 즉흥적으로 이루어지는 것이 아니다. 배우자 선택과정에서 각 개인은 자신에게 가장 적합한 최상의 배우자를 선택하기 위해 복잡한 심리적 의사결정과정을 거치게 된다. 배우자 선택의 의사결정 과정에서 어떠한 과정을 거치는가에 대한 통합적인 설명은 불가능하지만, 이를 설명하고자 시도했던 여러 이론적인 관점이 있다.

구체적으로 배우자가 선택되는 과정을 설명하는 이론은 크게 두 가지로 나눌 수 있는데, 하나는 단일 요인 이론이고 다른 하나는 단계 이론이다. 단일 요인 이론에는 동질성 이론, 욕구보상성이론, 사회교환이론, 경사진 배우자 선택 등이 있다. 동질성 이론은 유유상종과 같이 같은 부류의 사람들끼리 배우자로 선택된다는 것이며(Olson & DeFrain, 1994), 욕구보상성 이론은 이와 달리 서로의 욕구가 상호보완적으로 충족될 때 만족이 극대화되며 배우자로 선택된다는 이론이다. 사회교환 이론은 배우자를 선택하는 과정에서 본인이 치러야 하는 대가와 얻게 되는 보상의 균형이 중요하다고 보는 이론이다. 경사진 배우자 선택 이론은 사회에서 결혼하지 못하는 상류층의 여성과 하류층의 남성들을 설명하는 이론으로 남성의 경제력이 중시되는 사회에서 일어나는 배우자 선택의 유형이다. 단계 이론은 여과망이론과 자극-가치-역할이론이 있다. 여과망이론에서는 사회적 배경과 같은 외적 요소에서 가치관의 일치 같은 내적 요소로 진행되면서 관계는 깊어지고, 결국 상대방에게 헌신하는 관계로 발전하면서 배우자로 선택된다. 자극-가치-역할이론은 관계가 깊어짐에 따라서 상호 간 가치관과 역할에 대한 일치도가 중요하다고 지적하고 있다(이기숙 외, 2010).

① 단일 요인 이론

㉠ 동질성 이론

동질성 이론에서는 배우자 선택에서 가장 큰 영향을 미치는 요인을 상호 간의 유사성이라고 한다. 연령대나 교육수준, 사회계층, 종교, 인종, 가치관 등에서 유사성이 배우자 선택에 영향을 미친다는 것이다. 가장 중요한 사회적 결합으로 간주되는 결혼의 경우, 사회적 지위에서 차이가 많이 나는 남녀일수록 그들의 결혼가능성은 낮아진다고 볼 수 있다. 그 결과 사회적 지위에 따라 선택혼이 이루어지며, 전반적으로 한국사회에서는 동질혼이 주류를 이루고 있다.

㉡ 보완욕구이론

보완욕구이론에서는 비슷한 특성보다는 서로 보완해줄 수 있는 특성이 배우자 선택에서 가장 큰 영향을 미치는 요인이라고 한다. 특정 분야에 높은 성취욕구를 가지고 있는 사람은 그렇지 않은 대리성취형의 상대를 배우자로 선택하는 경향이 있으며, 지배적인 성격은 의존적인 성격의 소유자를, 외향성의 성격을 가진 사람은 내향성의 성격을 가진 상대를 선택하는 경향이 있다. 그러나 기혼자들을 대상으로 하여 자신과 배우자의 성격의 유사성과 보완성에 대해 연구한 결과, 성격이 유사한 경우(57.1%)가 다르다고 한 경우(42.9%)보다 더 많은 것으로 나타났다(정민자, 1987).

ⓒ 교환이론

배우자 선택은 일종의 교환과정으로 설명할 수 있다. 사람들은 배우자 선택과정에서 비용보다는 더 많은 이득을 얻으려 하는 경향이 있으며, 그 결과 자신에게 가장 많은 보상을 주는 사람을 배우자로 선택하게 된다는 것이다. 교환과정에서 비용이나 보상은 시대나 사회에 따라 차이가 있지만, 일반적으로 사회계층이나 신체적 매력, 직업, 학벌, 등에서 자신이 가진 자원이나 자질이 많다고 생각하는 사람은 자신과 유사한 가치를 가진 상대를 선택하려 한다. 재벌가 상호 간의 혼인이나, 전문직을 가진 남성에게 '혼수로 열쇠 몇 개는 해가야 한다'라는 우리의 혼인 풍속은 바로 결혼이 두 집안 사이의 거래라는 관념이 크게 작용하는 교환의 한 예로 볼 수 있다. 또한 여성은 주로 배우자 선택에서 남성의 경제적 능력을 중요한 보상요인으로 생각하고, 남성은 여성의 외모를 중시하는 것도 경제적 능력과 외모의 교환으로 설명할 수 있다. 최근 결혼정보회사의 관행도 이에서 크게 벗어나지 않는다. 결혼정보회사가 많은 사람을 소개해주는 과정에서 학벌, 재산, 외모 등의 기준에 의해 노골적으로 사람을 점수화, 정형화하여 상품성이 낮은 회원과 높은 회원으로 구분하여 차별 대우를 하는 것은 바로 이러한 교환가치에 근거한 것으로 해석할 수 있다(정옥분, 2008).

ⓔ 경사진 배우자 선택 이론

경사진 배우자 선택 이론은 사회에서 결혼하지 못하는 상류층의 여성과 하류층의 남성을 설명하는 이론으로 남성의 경제력이 중시되는 사회에서 일어나는 배우자 선택의 유형이다. 이 이론은 남성 위주의 가부장제 사회에서 남성이 가정에서 권력을 가지기 위해서는 자신보다 낮은 교육, 나이, 직업을 가진 여자와 결혼하는 경향을 설명하고 있다(이기숙 외, 2010). 이 이론에서는 남자에게는 사회경제적 성공이 강조되고, 여성에게는 순종적이고 현모양처상이 기대되는 사회에서 남자와 여자가 결혼하지 못하는 이유를 설명하는 데 적절한 관점을 제공해준다고 하겠다.

② 단계 이론

㉠ 여과 이론

배우자 선택의 과정을 일련의 여과과정으로 보는 심리학적 접근법도 있다. Kerchoff와 Davis(1962)는 배우자 선택이 단순히 사회적 배경의 유사성이나 보완욕구에 의해 결정되는 것이 아니라 일련의 여과망을 거치면서 이루어진다고 보았다. 즉, 두 사람의 관계에서 시작하여 결혼에 이르기까지 여섯 개의 여과망을 거치면서 대상이 좁혀져 배우자를 선택하게 된다고 하였다. 첫째, 근접성의 여과망을 통하여 가능한 모든 대상 가운데 지리적으로 가깝고, 만날 기회와 상호작용의 가능성이 많은 사람으로 그 대상이 제한된다. 둘째, 매력의 여과망을 통하여 상호매력을 느끼고 끌리는 사람들로 그 대상은 다시 좁혀진다. 매력을 느끼는 요인은 개인차가 있지만 성격, 외모, 능력 등이 주요 요인이 된다. 셋째, 사회적 배경의 여과망을 통하여 인종, 연령, 종교, 직업, 교육수준 등의 사회적 배경이 유사한 사람으로 더욱 범위가 축소된다. 이 과정은 당사자보다는 부모에 의해 더욱 강조된다. 넷째, 상호일치의 여과망을 통하여 인생관이나 결혼관 등 주요 문제에 대하여 동일한 가치관이나 견해, 태도를 가진 사람들만 남게 된다. 다섯째, 상호보완의 여과망을 통하여 상호 간의 욕구와 필요를 서로 충족시켜줄 수 있고, 단점을 보완해줄 수 있을 때 결혼 가능성은 높아진다. 마지막으로 결혼준비 상태의 여과망을 통과함으로써 비로소 결혼에 이르게 된다. 결혼에 대한 부모나 사회의 압력, 결혼에 대한 욕구 등이 결혼준비 상태에 영향을 주게 되며, 병역을 마치거나 취직을 하는 등 결혼에 적절한 준비가 갖추어져야 실제적으로 결혼준비 상태에 이르게 된다.

그림 1-4 • 배우자 선택의 여과이론

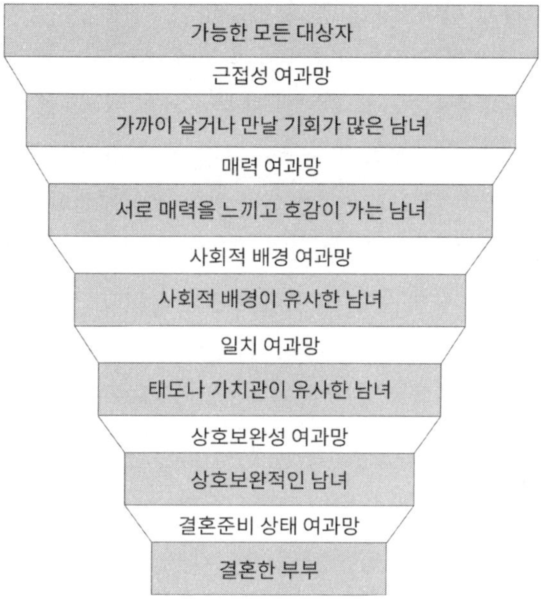

출처: Udry, R. (1971). The social context of marriage. New York: Lippincott.

[그림 1-4]에서 나타난 바와 같이 이러한 여과 과정의 초기에는 유사한 특성이 보다 더 중요하며 후기로 갈수록 상호보완적인 요인의 영향을 크게 받는다는 것을 알 수 있다. 그러므로 유사한 사회적 특성을 갖지 못한 남녀는 초기에 관계가 형성되기 어렵고 상호보완적인 요인을 갖지 못한 경우에는 궁극적으로 이루어지기 어렵다.

㉡ 자극-가치-역할 이론

Murstein(1970)은 Kerchoff와 Davis(1962)의 여과이론을 기초로 하여 배우자 선택과정에서 자극-가치-역할이론을 제시하였다. 자극 단계는 상호 간에 서로 매력을 느끼는 단계로 이는 상대방의 신체적, 사회적, 정신적 속성들과 관련이 있다. 우리가 배우자감을 만나면 외모나 직업, 사회계층과 같은 외적 특성에 기초하여 서로가 잘 맞을지를 검토하게 된다. 서로가 가진 자극 속성들이 공평하게 균형을 이룬다고 판단하게 되면 서로에게 끌리고 관계가 지속된다. 자극 단계를 거쳐 가치 단계로 옮아가면 서로의 태도나 가치가 일치하는지를 판단하게 된다. 직업, 종교, 생활방식, 자아실현 등에 대한 상대방의 태도나 가치를 탐색하여 서로의 가치가 일치하면 다음 단계로 진전된다. 가치의 일치는 결혼의 필요조건은 되지만 충분조건은 될 수 없기 때문에 다음 단계에서는 역할의 조화 여부를 판단하는 과정이 필요하다. 역할 단계에서는 상호 간에 역할에 대한 기대가 자신의 욕구나 성향과 일치하는가를 점검하게 된다. 상호 간에 역할기대가 일치하고 이를 수행할 능력이 있다고 생각되면 결혼으로 발전되며, 그렇지 못한 경우 관계는 종결된다. 이상의 세 단계는 연속적으로 단계적으로 이루어지기도 하지만 반드시 순서대로 진행되는 것만은 아니며 동시에 세 단계가 이루어질 가능성도 있다(정옥분, 2008, 재인용).

3) 배우자 선택의 유형

배우자를 선택하는 스타일은 다양하다. 그리고 그 유형은 생활하면서 결합하거나 변형된다. 먼저 맞춤형의 입장에서 완벽한 조건의 결혼을 꿈꾸었던 사람들은 결혼 후에 심리가 변한다. 자신이 생각했던 모습과 다른 현실이 만들어내는 변화이다. 심리적인 특성을 중심으로 굳이 표현하면 '책임형'이라고 할 수 있다. 말 그대로, '결혼했으니 각자의 책임을 다해 열심히 사는 것'이 옳다고 믿는 심리이다. 이런 마음에서 사람들은 부부로서, 아내는 아내로서, 남편은 남편으로서 각자의 역할에 충실히 임한다. 그러다 보니, 같이 살고 있는 사람을 '짝'이라고 생각할 겨를조차 없다. 맞춤형을 이상적인 결혼의 모습으로 꿈꾸지만, 결혼하게 되면 책임형의 생활에 익숙하게 되는 이런 이분법 혹은 이중의 결혼이 바로 한국사회에서 우리가 가지고 있는 일반적인 결혼의 심리이다. 21세기 초반의 이 사회에서 가장 자연스럽게, 가장 보편적으로 볼 수 있는 모습이다.

대다수의 미혼 남녀, 또는 대다수 결혼한 부부가 가지는 결혼과 짝에 대한 마음이기도 하다. 맞춤형으로 짝을 찾는 사람들에게 결혼이란 '조건의 맞춤'이다. 그들이 결혼에 이르는 과정을 들여다보면 처음부터 두 사람 사이에서 어떤 감정의 교감이 진하게 오고 간 흔적은 보이지 않는다. 이들은 '조건이 맞으면, 감정은 통하게 마련이다'라고 생각한다. 같이 살다 보면 정이 들 것이라는 옛 어른의 믿음, 혹은 살다 보면 상대에 대한 애틋함이나 따스함이 더 깊어지지 않을까 하는 기대 정도는 있었을 것이다. 맞춤형이라고 해서 냉혈한들의 만남이라고 단정 지을 수는 없다. 다만 이들에게는 무엇보다 중요한 것, 아니 어떤 결정을 하게 만드는 것이 개인의 마음보다 현실적인 조건이 된다. 자신의 마음이나 감정 또는 타인의 감정이 나와 얼마나 교류되고 공감되는가 등에 대해서는 크게 기대하지 않는다.

사실 20대와 30대 초반의 사람들에게 가장 힘든 일이 자신의 감정을 정확하게 판단하는 것이다. 그러므로 이런 행동은 그리 낯설지 않다. 맞춤형 상태에서 결혼을 시작한 사람들이라고 해도 막상 결혼한 후 둘의 관계가 뜨겁게 불타오르는 경우도 있다. 생각보다 서로 너무 잘 통하는 것을 신기해하면서 결혼생활이라기보다 연애하는 마음으로 살아가는 관계이다. 이런 경우는 '완전 대박'이다. 로또 당첨보다 더 큰 행운이다. 그렇기에 이런 행운을 경험하는 사람을 찾는 것은 로또에 당첨된 사람을 찾는 것만큼 힘들다. 하지만 정작 큰 문제는 내가 로또 당첨자가 될 확률이 그리 높지 않다는 데 있다. 따라서 자신의 배우자 선택의 유형을 잘 알고, 현실적으로 배우자를 선택하는 것이 중요하다(황상민, 2011).

① 맞춤형

맞춤형은 말 그대로 자신이 원하는 옵션을 충족시켜줄 짝이나 배우자를 찾는 사람들이다. 이들의 선택에는 감정적인 동요가 거의 없다. 중요한 것은 현실적인 삶이다. 따라서 현실적인 조건을 온전히 충족시킬 수 있는 결혼이라면 당연히 행복할 것이라고 믿는다. 맞춤형인 사람에게 결혼은 자기 수준에 맞춘 짝짓기이다. 이들은 조건만 맞는다면 누구와도 결혼할 수 있다. 이때 조건이라는 것은 보통 자기의 조건을 기준으로 설정한다. 자신보다 우월하거나, 적어도 자신과 비슷한 수준을 찾는다. 이들은 결혼을 혼기가 찬 성인이라면 당연히 해야 하는 것으로 인식하고, 짝이나 배우자를 고를 때에도 스펙을 맞추는 것이 가장 현실적이고 현명한 일이라고 생각한다.

이들은 성공적인 결혼이 곧 자신의 성공이라고 보기 때문에 결혼문제에 매우 까다롭게 접근한다. 누군가를 통해서 신분 상승을 이루고, 사회에서 번듯한 사람으로 인정받게 되는 절차라고 보기 때문이다. 이들에게 결혼은 부모를 만나는 것처럼 결정적인 일이다. 다른 게 있다면 부모는 선택적이지 않지만 배우자는 자의적으로 선택할 수 있다는 점뿐이다. 신분 상승의 수단으로 여자는 남자의 직업과 경제력을 보고, 남자는 여자의 미모와 집안을 본다. 모두 부정하지만, 마음속에 여전히 '신데렐라 콤플렉스'나 '바보온달 콤플렉스'를 안고 사는 것이다. 21세기로 접어든 지금, 대부분의 한국 사람들은 맞춤형 결혼을 전형적인 결혼의 틀로 인식한다. 결혼중매업자나 결혼정보회사를 통해서 결혼하는 사람들의 90퍼센트 이상이 맞춤형으로 분류된다. 집안이 좋은 여자와 능력만 있는 남자가 결혼하는 사례는 맞춤형에 속한다.

② 책임형

책임형이란 말 그대로 '책임감 하나로' 결혼생활을 유지하는 유형이다. 여자는 남자의 능력을 보고 결혼하고, 남자는 결혼한 후 자신의 능력을 발휘하여 아내와 자식을 부양하며, 나중에 생활이 안정되면 자식들도 짝을 잘 맞춰주려 노력하는 패턴이 책임형의 일반적인 결혼생활이다. 조건에 맞춰 결혼한 사람들이 절대 이혼만은 안 된다는 신조로 살아갈 때 견지하는 생각이 바로 책임형의 핵심이다. 이들의 경우에는 결혼생활 자체에서 만족감을 느끼기보다 이혼할 수 없기에 책임감으로 산다는 부분이 강조된다.

맞춤형은 기대했던 조건들을 다 맞추면 더 행복하게 잘 살 거라고 믿는다. 대부분 그런 기대를 가지고 자신의 짝이라고 믿는 사람과 결혼을 결심한다. 하지만 이들은 결혼 후 직면하게 되는 새로운 조건들 앞에서 서로 어떻게 맞춰가야 할지 몰라 당황하게 된다. 새롭게 등장한 조건들을 수용하고 서로 맞춰가지 않으면 결혼생활이 지속되지 않을 거라는 사실을 인식하게 된다. 이때부터 의무감이 발동한다. 맞춤형 부부는 이렇게 해서 아주 자연스럽게 심리적으로 책임형이 되는 것이다.

③ 감성형

설렘, 희망, 기대, 야릇함, 불안, 안정, 흥분, 만사해결 등. 짝이나 결혼에 대해 이런 감성적인 반응을 보이고 기대한다면 당신은 감성형이다. 감성형은 무엇보다 결혼이 자신의 감성을 실현하는 것이라 믿는다. 감정을 중시하는 이들은 짝이나 결혼을 생각할 때 쉴 새 없이 느낌이 통하는 사람을 찾는다. '필(feel)'이 통했다고 확신할 수 있으면, 결혼을 결심한다. 색으로 나타내자면 뜨거움과 정열, 감성 충만을 상징하는 '레드형'이다. 열정적인 연애, 뜨거운 감정이 결혼 후에도 지속될 것으로 기대하는 사람이 가진 이상적인 결혼의 모습이다. 하지만 인간의 감성은 변한다. 마음이 바뀌어서가 아니라 살아 있는 인간이기에 그렇다. 상대방에게 처음 가졌던 감정이 영원히 지속되기를 기대하는 심리, 이것은 죽지 않고 영원히 살기를 기대하는 것과 같다. "우리사랑 영원히 변치 말고 이대로 갑시다"라는 사랑의 맹세가 쉽게 깨어지는 이유이다. 이런 경우, 두 사람 사이의 감성이 변하지 않기를 기대할 것이 아니라, 서로 급하게 시들지 않고 식물이 자라듯 천천히 감성을 키워나갈 길을 모색해야 한다. 그렇게 하지 못하면 서로의 감성은 급격히 사라져버린다. 바로 '좀비' 상태가 되는 것이다.

인간의 감성이 처음 그대로 유지될 수 없는 이유는 서로의 마음이 변했기 때문이 아니다. 서로에게 강렬한 감정이 지속성을 띠는 것도 어려운 일지만, 이미 욕망 자체가 힘을 잃어버리기 때문이다. 결혼 전에 충족시키고 싶었던 황홀한 욕구가 결혼 후 충족되자 그냥 사라진 것뿐이다. 그러므로 감성형으로 결혼한 사람들은 사랑이라는 감정에 무턱대고 기댈 게 아니라 서로의 감성이 어떤 새로운 방식으로 지속될 수 있을까 하는 점을 함께 고민해야 한다.

진정한 감성의 실현은 언제나 상대방과의 교감을 요구한다. 그러므로 자신의 판타지를 충족하려는 맹목적인 의지를 버리고, 상대방과 감정적인 조율을 잘해야 한다. 그래야만 현실적이고 이성적인 결혼생활을 유지할 수 있다. 눈을 가리고, 귀를 막고 사랑만 외친다고 해서 행복한 것은 아니다. 따라서 이들에게 중요한 것은 막연한 로망, 기대, 판타지 대신 상대방과 나의 위치를 바라볼 수 있는 현실적인 눈을 갖는 일이다.

감성형은 가장 비극적인 결혼 후 모습을 만든다. 이상적인 결혼의 모습을 감성형으로 생각한 사람들이 결혼한 이후에도 계속 자기 감성에 빠져 있다면 자연스레 좀비형으로 나아가게 된다. 좀비형이란 자신의 욕망을 거세당하고 결혼 이후 마냥 참고 사는 유형이다. 결혼 전에는 순수 로망이었으나 결혼하고 나서 로망이 깨지고 구속만 남은 형태가 좀비형의 핵심이다. 여기에서 좀비는 짝에 대한 삶의 형태를 나타내는 개념이기 때문에 결혼하지 않은 좀비형은 실제에서 존재하지 않는다.

④ 패밀리형

패밀리형이 생각하는 가족이란 자신이 태어나서 성장해온 집안을 의미한다. 그래서 패밀리형은 자녀를 결혼시킬 때 자신처럼 가족 구성원의 의견을 강조한다. 이들에게 결혼을 잘한다는 것은 자신의 삶의 질과 사회적 지위가 높아짐을 의미한다. 그래서 결혼 후에 배우자나 자식의 성공에 집착한다. 결혼 전에 가족의 의견이 절대적이었듯, 결혼 후에는 자신이 꾸린 가정의 완성도를 높이는 데 전력을 다한다. 이들의 기본적인 마인드는 '장성하여 좋은 짝을 만나는 것이 부모한테는 효도하는 길이다'라고 정리할 수 있다. 부모를 위해서 원치 않는 결혼도 불사할 기세를 보인다면 그 사람은 분명 패밀리형이다. 어머니가 좋아할 만한 여자와 결혼하고 싶다고 말하는 남성이나 남자친구가 생기면 항상 아버지에게 먼저 보고하는 여성들은 대개 패밀리형이다.

결혼에서 나타나는 패밀리형의 핵심 심리는 결혼 당사자의 뜻보다 연륜 있는 부모의 관점을 더 신뢰한다는 것이다. 결혼에서 양가 집안 차이가 너무 나면 곤란하다거나, 며느리는 좀 처지는 집안에서 데려오는 게 좋다고 생각하는 사람들은 십중팔구 패밀리형이다. 이들에게는 결혼상대자의 됨됨이나 성향보다 상대편 아버지의 직업이나 경제력이 훨씬 중요하게 작동한다. 패밀리형 역시 맞춤형처럼 배우자뿐만 아니라 부모의 능력까지 따진다.

하지만 전통 사회와 달리 지금은 여자의 경우에도 내조 능력보다 경제력을 우선으로 여긴다. 경제적으로 여유로운 삶을 가장 중요하게 생각한다는 뜻이다. 그래서 종종 결혼 당사자의 감정은 고려 대상에서 빠진다. 드라마에서 그려지는 재벌가의 결혼은 전형적인 패밀리형 패턴이다. "내 결혼은 두 남녀의 만남이 아니라 두 집안이 일구어왔던 기업의 인수합병이다"라고 했던 드라마속 재벌가 아들의 대사가 이들의 표어이다. 패밀리형의 결혼에서는 시댁이나 처가의 영향력을 무시하기가 쉽지 않다. 한편으로 부모가 제공한 편안한 울타리 안에서 안정적인 결혼생활을 유지할 수 있지만, 반면 양가의 지나친 간섭으로 부부간의 갈등이 증폭되기도 한다.

⑤ 보헤미안형

보헤미안형은 자유로운 연애에 대한 욕구를 핵심으로 하는 자유지상주의자다. 그래서 대개 패밀리형 결혼에서 일탈하고자 하는 기혼자의 로망이 된다. 사실 보헤미안형은 굳이 결혼을 꿈꾸지 않는 스타일이다. 여러 사람을 만나면서 마음 가는 대로 다양한 연애를 해보고 싶다는 생각이 지배적이다. 하지만 상당히 자유로우면서도 동시에 운명적인 짝에 대한 강한 로망과 욕구를 가진다는 데 문제가 있다.

보헤미안 기질이 많은 미혼의 사람에게는 결혼 개념보다 짝의 개념이 우월하다. 기혼자의 경우에는 가족에 대한 책임과 구속에 염증을 느끼면서 바깥에서 짝을 찾고자 한다. "만약 내가 다시 결혼 전으로 돌아간다면 이렇게 연애하고 싶다"라는 욕망이 바로 보헤미안형의 속마음이다. 이처럼 보헤미안형은 타인에 대한 관심이 많고, 그들과 관계를 잘 맺기 위해 에너지를 쏟아붓는 유형이지만 지속성이 현저히 떨어진다는 단점이 있다.

그래서 보헤미안형은 대개 가정을 깨고 이혼을 감행하는 수준까지 나아가지 않는다. 쉴 새 없이 바람을 피면서도 집에 꼬박꼬박 들어가는 남자가 있다면, 착하고 현명한 엄마로 살면서 마음속으로 '언젠가는 저기 어디 안데스 산맥 같은 데로 떠나서 혼자 멋지게 연애하면서 살리라' 하고 다짐하는 여성이 있다면 그들은 필경 보헤미안형이다.

3 결혼과 사회의 변화

결혼을 시작하게 하는 열정적인 사랑일지라도 결혼을 유지해주지는 못한다. 참사랑을 열정과 동일시하는 신혼부부는 실망하게 되어 있다. 당신이 지금 파트너에 대해서 가지고 있는 사랑은 여러 가지 변화를 겪게 될 것이며 함께하는 평생 여러 다른 형태로 변모하게 될 것이다. 이 사실을 받아들이는 것은 당신의 사랑을 살리는 데 도움이 될 것이며, 결혼이 시작되기 전에 결혼을 유지시키는 역할을 할 것이다. 그러나 더욱 중요한 점은, 사랑이 여러 모습으로 변화할 수 있다는 특징을 받아들이게 되면 긴장을 풀고 사랑의 다양한 모습을 즐길 수 있게 된다는 사실이다. 시간이 지남에 따라 사랑의 다양한 형태가 당신의 관계를 더 견고하고, 더 깊게 심화시켜줄 것이다.

모든 결혼은 부부의 기질과 성격을 테스트하는 '압력지점'을 만나게 된다. 서로 적응하고, 새로운 직장생활을 시작하고, 독립해서 자기 길을 가고, 중병을 앓기도 하고, 은퇴를 하는 등 부부관계를 시험하는 일들이 이어진다. 이러한 이정표들은 가장 행복한 결혼에도 폭풍우를 불러일으킬 수 있다. 변화를 예상하고 계획하지 않으면, 사랑은 길을 잃고 탈선하게 마련이다. 그러나 결혼이 탄탄한 상태이고 변화를 예상하고 준비한다면, 새로운 환경 순응의 과정이 따르게 되며 사랑은 새로운 성취감을 맛보게 될 것이다. 결혼은 예측할 만한 통과의례, 사랑의 단계를 거치는 여정이다(Parrott & Parrott, 2011).

1) 인구의 성 및 연령 구성의 변화

① 출산력의 지속적 저하

한국의 출산력 변천은 1960년대 초반 이후 다른 사회에서 비슷한 유례를 찾을 수 없을 정도로 매우 급격하게 진행되었다. 출산력이 대체수준(합계출산율 2.1) 이하로 낮아진 1980년대 중반 이후에도 급격한 저하는 지속되었다. 특히 2000년대에 진입한 이후에는 세계적으로 낮은 저출산 상태에 도달하였으며, 2010년 합계출산율이 1.23으로 집계되었다. 출산수준이 지속적으로 저하하면 연도별 출생 코호트의 규모가 점점 작아지게 된다. 예를 들면 1980년의 출생아 수는 86.3만 명이었으나, 2010년에는 그의 54.5%에 불과한 47.0만 명으로 감소하였다(통계청, 2011c). 그런데 한국사회에서는 전통적으로 남자가 자신보다 3~4년 아래의 여자배우자를 선호하는 경향이 있다. 따라서 출산력의 급격하고 지속적인 저하는 해당 출생 코호트가 혼인적령기에 이르렀을 때 여성인구가 남성인구보다 적어져서 불균형을 초래하게 된다.

② 출생성비의 상승

혼인적령인구의 남녀불균형을 초래하는 가장 중요한 요인으로 출생성비의 상승을 지적할 수 있다. 한국에서는 출산력이 대체수준 이하로 낮아진 1980년대 중반 이후에도 남아를 선호하는 경향이 강하게 유지되었다. 이러한 상황에서 태아의 성을 판별하는 의료장비와 기술이 전국적으로 보급됨에 따라, 남아의 선별출산과 여아의 인공임신중절로 인해 출생성비가 매우 높아졌다. 출생성비는 1990년, 1993년과 1994년에 115를 상회하는 최고점에 이르렀다. 그러나 그 후 정부의 적극적인 성감별 및 인공임신중절의 억제, 대중매체를 통한 홍보, 여성 지위의 향상에 힘입어 출생성비는 지속적으로 낮아졌으며, 2007년 이후에는 정상 성비라 할 수 있는 107 이하의 수준을 유지하고 있다(Kim, 2004a, 2004b; 통계청, 2011c).

한국사회에서는 출생성비가 높은 수준을 유지하였던 1980년대 후반 이후 10여 년간의 출생 코호트가 혼인시장에 진입하는 단계에 이르렀으며, 따라서 당분간 혼인적령인구의 불균형이 심화된 것으로 예상된다. 다른 국가로부터 인구이동을 통해 여성인구가 유입되지 않는 한, 출생성비가 일정 기간 높게 유지되면 혼인적령기에 도달하는 남성인구의 규모는 여성인구보다 현저하게 커지게 된다. 예를 들어 남자와 여자의 초혼연령을 각각 26~30세와 24~28세로 가정할 때, 1995년에 101.9로 비교적 균형상태를 유지하던 혼인적령인구의 성비가 2000년대에는 110.5로 높아졌으며, 2010년과 2020년에는 각각 116.7과 112.5에 도달할 것으로 추계된다(통계청, 2011).

이처럼 혼인적령기의 남성인구가 여성인구를 현저하게 초과하는 상태가 일정 기간 지속되면 배우자 선택과정에서 과부족현상이 나타나 초혼연령이 상승하고 미혼율이 높아지는 등의 혼인력 변화가 불가피해진다. 이러한 상황에서 배우자 선택에 불리한 사회경제적 조건을 가지고 있는 남자들은 결혼 시기가 늦어지거나 독신자로 남게 될 가능성이 높다. 국제결혼의 증가 역시 이러한 상황에서 나타나는 혼인형태 다양화의 한 단면으로 이해할 수 있다.

③ 성별 사망력

일반적으로 남자의 사망력 수준은 거의 모든 연령층에서 여자 사망력보다 높게 나타나는 경향을 보인다. 의료환경이 열악하거나 남아에 대한 선호가 강한 일부 지역사회에서 남자가 여자보다 낮은 수준의 사망력을 나타내는 예외적인 경우도 간혹 관찰된다. 이론적으로, 남녀 사망력의 편차가 일정 수준 이상으로 오랫동안 지속되면 혼인적령인구의 남녀 균형에 영향을 미칠 수 있다. 그러나 이러한 설명은 한국의 상황에 적용되기 어렵다.

한국에서는 지난 반세기 동안 경제발전과 생활 수준의 향상으로 사망률이 꾸준히 저하하여 세계적으로 매우 낮은 수준에 도달하였다. 조사망률은 2004~2009년에는 세계적으로 가장 낮은 5.0의 수준을 유지해왔으며, 2010년과 2011년에는 5.1로 집계되었다. 남녀의 기대수명 역시 세계에서 가장 빠른 속도로 증가하여 2010년 각각 77.2세와 84.1세로 늘어났다(통계청, 2012a). 그리고 사망력이 지속적으로 저하하는 과정에서 사망률의 남녀 격차가 점진적으로 축소되었다고 할 수 있다. 따라서 남녀 사망 수준의 격차가 혼인적령기의 남녀 인구구성에 의미 있는 영향을 미친 것으로 판단되지 않는다.

④ 성 선택적 농촌-도시 인구이동

인구이동이 대규모로 이루어지고 사회구조적 요인에 의하여 이동의 성 선택성이 커지면, 이동의 출발지와 도착지 모두에서 혼인적령인구의 남녀 불균형을 초래하게 되고 혼인력에 영향을 미칠 수 있다. 한국에서는 지난 반세기 동안의 산업화와 도시화 과정에서 농촌 지역의 젊은 여성인구가 대규모로 도시로 빠져나가는 현상이 지속되었다. 이는 농촌지역에서 혼인적령기 남녀인구의 균형을 무너뜨렸고, 1980년대 후반부터 농촌지역의 남자 초혼연령이 지속적으로 상승하고 노총각이 많이 발생하는 결과를 초래하였다(Kim & Kim, 2004).

국제인구이동으로 인하여 혼인적령기 남녀인구의 균형이 깨지는 경우도 있다. 대표적인 예로, 과거 화교들의 동남아시아 국가로의 이동을 들 수 있다. 남자 위주로 이루어진 화교들의 대규모 국제이동으로 인하여 이동이 출발지와 도착지 모두에서 인구의 남녀 균형이 파괴되었고 이는 이들의 결혼을 지연시키고 유배우율을 낮추는 결과를 초래하였다. 한국의 경우에는 지난 반세기 동안 국제인구이동이 비교적 미미한 수준을 유지하였기 때문에 혼인적령기의 남녀 인구구성에 의미 있는 영향을 미쳤다고 할 수 없다.

2) 결혼에 대한 태도와 가치관의 변화

최근에 이르러 국제결혼이 증가한 주요 원인의 하나로 양성평등관념의 확산과 세계화로 인한 가치관의 변화를 지적할 수 있다. 양성평등관념의 확산과 세계화의 추세에 따라 젊은 여성들이 결혼을 연기하거나 회피하는 경향이 강해졌다. 그리고 이에 따른 혼인시장의 압박은 국제결혼의 증가를 포함하여 혼인 양상의 변화를 가속화하는 결과를 초래하고 있다.

한국에서는 지난 수십 년간의 사회발전과정에서 여성의 교육수준이 급속하게 팽창하였다. 그리고 이 과정에서 법적, 제도적으로 여성에 대한 차별이 개선되고 여성지위의 향상이 이루어졌으며, 양성평등관념이 널리 확산되는 추세를 보이고 있다. 그러나 결혼 후 가족생활과 육아에 관련되는 성 역할에 관해서는 사회적으로 아직도 엄격한 차별이 존재한다(McDonald, 1981; Kim, 2005b). 결혼을 하면 가족생활과 출산, 육아 등으로 인해 여성들이 자신의 일과 자아실현을 추구하기가 어려워지는 것이 현실이다. 노동시장 역시 기혼 여성들의 일과 가정을 양립시킬 수 있는 환경을 제공하지 못하고 있다.

이에 따라 젊은 여성들이 결혼과 출산을 과거와 달리 '필수과정'이 아닌 하나의 '선택사양'으로 간주하는 경향이 높아지고 있다. 이러한 경향은 학력 수준이 높거나 전문직에 종사하여 경제적 자립능력을 지닌 젊은 여성들의 경우에 특히 강하게 나타난다. 여성 교육수준의 급속한 향상과 양성평등 관념의 확산에서 비롯된 이러한 경향은 혼인시장에서 남녀인구의 불균형을 초래하는 중요한 압박요인으로 작용하였다.

아울러 교통, 통신의 발달과 세계화의 거대한 흐름에 따른 국제인구이동의 급격한 증가도 혼인력의 변화를 초래한 중요한 요인으로 지적될 수 있다. 세계화의 추세에 따라 유학, 방문 및 경제활동의 기회 확대로 외국인과의 접촉

기회가 많아졌다. 국제 인적교류가 확대되고 체류 기간이 길어지면 혈연, 지연과 학연을 연결망으로 활용하는 국제결혼이 증가하기 마련이다. 노동이주자가 유입되고 이들의 체류 기간이 길어지면 이들과의 국제결혼뿐만 아니라, 이들의 연결망을 활용하여 이들의 고향이나 출신지역으로부터 혼인이주가 이루어질 개연성이 높아진다.

오늘날 젊은이들은 혼인 시기, 배우자의 조건, 혼인절차 등에 관련되는 전통적 규범이나 가치관으로부터 상대적으로 자유롭다. 국제 인적교류의 확대에 따라 국제결혼에 대한 거부감도 현저하게 약화되었다. 인터넷과 범국가적 대중매체의 확산 역시 결혼 및 가족생활에 관련되는 규범, 가치관과 태도를 급속하게 변화시켰다. 그리고 이러한 변화는 국제결혼의 증가를 포함하여 혼인 양상의 변화를 직접적으로 촉진하는 결과를 초래하였다(이시형, 1994).

4 바람직한 배우자 선택을 위한 고려사항

배우자를 선택하고 결혼하여 한 가족을 이룬다는 것은 인생에 있어 가장 중요한 선택 중의 하나이다. 이러한 선택은 인생의 주기 중에서 청년기에 이루어져 그 이후의 삶의 질을 결정하게 된다고 할 수 있다. 과거와 달리 본인의 자유의지가 커질수록 선택에 대한 책임도 본인이 져야 하므로 그만큼 자신에게 맞는 이상적인 배우자를 고른다는 것은 수많은 요소를 고려하는 복잡한 과정이 될 수밖에 없다. 다음과 같은 점을 고려한다면 배우자 선택에 도움이 될 것이다(옥선화 외, 1992; 이정우 외, 1992).

첫째, 충분한 이성교제의 기회와 교제기간을 갖도록 하여 상대방의 내면적인 면을 이해하고 상호협력하는 관계로 발전할 수 있어야 한다. 충분한 교제기간도 중요한데 이는 서로를 이해하고 파악한 후에 결혼하는 것이 결혼 적응에 도움이 되기 때문이다.

둘째, 결혼은 현실이라는 점을 이해해야 한다. 사랑하여 결혼하기 때문에 다양한 책임과 의무를 실행해야 한다. 그러므로 결혼은 사랑한다는 감정만으로는 충분치 않다.

셋째, 신체적 매력보다는 인생관, 가족관, 성격 그리고 습관 등의 내면적 요인들이 본인과 상호조화를 이룰 수 있는지를 보아야 한다. 특히 상대방이 나쁜 습관을 가지고 있는지 면밀히 관찰하는 것도 필요하다. 결혼 후 부부간의 적응에 문제를 일으키는 커플의 경우를 보면 여성의 경우는 자기주장(독선적 자기주장, 즉 상대방에 대한 이해 부족에 기인한 자기주장)이 강한 것이 특징이다(이시형, 1994). 남성의 경우는 정신적으로 나약하고 충동적인 것이 특징 중의 하나인데, 이런 사람은 쉽게 탐닉 행동(바람 피우는 것, 과음, 도박)과 같은 쾌락의 세계로 빠져든다(이시형, 1994). 이런 습관은 이성교제 시 발견하기가 어렵고 결혼 후 심각한 문제를 일으키므로 상대방의 행동을 잘 관찰하는 것이 중요하다.

넷째, 친구 및 부모의 지지가 무시되어서는 안 된다. 부모를 비롯하여 주위의 사람들이 반대한다면 시간을 두고 다시 한번 생각해보아야 한다. 부모의 반대가 비합리적이라면 그때에는 부모를 납득할 수 있도록 노력해야 한다.

다섯째, 상대방을 변화시키려고 생각하기보다는 상호적응하는 노력이 필요하다. 사람의 성격은 변하기 어려우므로 성격을 고쳐보겠다는 시도보다는 상대방의 성격을 수용할 수 있는가를 생각한다.

여섯째, 한 사람을 배우자로 선택한다는 것은 좋은 점만 보고 결정한다는 것이 아니라 상대방의 약점, 부족한 면도 수용한다는 의미이다. 따라서 상대방에게 완벽함을 기대하지 않는 현실적인 안목과 지혜가 필요하다. 이와 동시에 본인의 성장 과정에서 경험하였던 어려움으로 인해 지나치게 집착하는 점이 없는가도 살펴보아야 한다. 이런 경우 다른 성격적 결함을 잘 파악하지 못하는 경우가 종종 있다.

일곱째, 배우자 선택은 인간관계의 적응을 의미하므로 결국 본인의 정서적, 심리적 성숙 또한 중요한 요인이다. 결혼은 현실임이 분명한 사실이므로 수많은 어려움과 갈등을 슬기롭게 해결하기 위해서는 성숙함을 갖추는 것이 중요하다(이기숙 외, 2010).

03 성행동과 동거

1 청년기와 성행동

1) 성행동에 대한 인식

오늘날의 청년은 이전의 세대들보다 훨씬 더 성에 대해 개방적이고, 성을 경험하기 시작하는 연령대도 계속 낮아지고 있다. 청년들은 영화나 텔레비전 그리고 비디오를 통해서 무수히 많은 성적 묘사에 접하게 된다. 이로 인해 때로는 너무 이른 나이에 성관계를 경험하기도 하는데, 불건전한 성관계는 십대 임신이나 성병 감염의 위험을 초래하기도 한다.

청년들이 이른 나이에 성관계를 갖는 것에 대해 사랑, 호기심, 성적욕망, 애인을 붙잡아두는 수단을 그 이유로 들고 있다. 부정적인 자아개념도 청년의 성행위와 관련이 있는데, 열등감이 많은 청년은 성을 통해 자신을 증명해보이려 한다. 그러나 이와 같은 방법의 성행위는 오히려 자신에 대해 더 부정적인 느낌을 갖게 한다.

사춘기의 시작과 함께 남성 호르몬이 갑자기 증가하며 청년 남성들은 억제할 수 없는 자연적 발기를 경험하게 된다. 자연적 발기는 남성의 관심을 생식기에 집중시킨다. 그 결과 청년 남성은 여성보다 성에 관한 이야기를 더 많이 나누고, 자신의 성기를 자랑하며, 또래들끼리 모여 집단적으로 자위행위를 하기도 한다. 한편, 사회는 남성들에게 공격적이고 정복 지향적 성을 격려하는 경향이 있으므로 남성에게 있어서의 성욕은 그들의 사회적 지위를 확인하는 수단으로도 사용된다. 특히 청년 동년배들은 성적 실험을 서로 격려하고 성적 능력을 확인할 수 있도록 서로 돕는 역할을 한다.

청년 여성들의 경우, 성숙의 생물학적 지표인 초경은 생식의 의미보다는 성적 의미를 갖는다. 청년기 여성의 성욕은 생식기 지향적이 아니라 낭만적 사랑 지향적이며, 동년배 집단은 이들의 낭만적 사랑의 성취를 자극하는 역할을 한다. 그러나 여성들은 성적 경험을 실제로 체험할 때까지 자신을 성적인 존재로 분명하게 지각하지 못한다. 여성의 성적 활동을 촉진시키는 사람은 동년배 집단이 아니라 성적 파트너이다. 청년기 여성의 성욕은 반대감정 병존(ambivalence)현상으로 특정지어진다. 그들은 생리와 연관된 고통과 불편, 임신의 공포, 그리고 어머니로부터 전해 들은 남성의 부정적 측면 등과 관련된 부정적 감정과 이성에 대한 정서적 친밀감이라는 긍정적 정서가 이중적으로 결합된 양가감정을 경험한다. 따라서 데이트하는 청년기 남녀는 서로 다른 기대를 가지고 동상이몽의 성적 행동을 시도할 가능성이 있다(정옥분, 2008).

우리나라의 청년을 대상으로 한 연구(홍강의, 1996)에서도, 많은 청년이 분별없이 너무 이른 나이에 성경험을 하는 것으로 나타났다. 성관계를 이른 나이에 갖게 되는 이유는 성의 개방화와도 관련이 있지만, 청년들의 자제력 결핍과 도덕성의 결여와도 관련이 있는 것으로 보인다. 일부 청소년들은 부모에 대한 반항의 의미로 성관계를 갖기도 하고, 또 다른 청소년들의 경우는 부모로부터의 관심이나 애정결핍에 대한 보상으로 이른 나이에 성경험을 한다.

많은 사회가 혼전 성관계에 대해서 네 가지 기준을 가지고 있다. 첫째, 이중기준으로 남자가 혼전 성관계를 갖는 것은 무방하지만 여자는 안 된다는 것이다. 둘째, 애정이 있으면 혼전 성관계를 허용해도 괜찮다는 것으로 결혼할 상대나 사랑하는 사이라면 무방하다는 것이다. 셋째, 서로 육체적으로 매력을 느낀다면 혼전 성관계는 허용해도 좋다는 것이다. 넷째, 어떤 경우라도 혼전 성관계는 허용되어서는 안 된다는 기준으로 혼전순결은 반드시 지켜야 한다는 것이다. 우리나라에서 많은 지지를 받고 있는 기준은 "혼전순결은 반드시 지켜야 한다"라는 것이다. 많은 사람이 혼인 전에는 절대로 성관계를 가져서는 안 된다는 태도를 보이지만, 실제 행동에서는 이러한 믿음이 지켜지는가는 또 다른 문제이다. 최근 혼전 성관계에 관한 조사(홍강의, 1996)에 의하면, 점차 혼전 성관계가 증가하고 있고, 혼전 순결의 신화는 깨지고 있는 것으로 보인다.

2) 자위행위

사춘기의 시작과 함께 남녀 청년들은 사회적 및 해부학적 이유 때문에 서로 다른 의미를 성욕을 경험한다. 청년의 성욕표현은 자위행위로 나타난다. 일반적으로 남녀 모두 약 10세까지 간혹 자위행위를 하지만, 10세 이후부터는 대부분의 소녀들은 자위행위를 억제하는 경향이 있으며 이와 대조적으로 소년들은 청년기 동안에도 자위행위가 계속되는 경향이 있다. 이와 같은 남녀 청년 간의 성적 행동의 차이는 부분적으로는 성역할 고정관념과 관련이 있다.

청년기에는 성적으로 성숙하고 강한 성적욕구를 느끼게 되지만, 결혼하지 않은 미성년 남녀가 성관계를 통해 성적욕구를 충족시키기는 어려운 일이다. 따라서 많은 청년이 자위행위를 통해 성욕을 해결하고자 하는데, 자위행위는 생식기의 자기자극에 의해 오르가슴에 도달하는 방법이다. 과거에는 성병에서 정신이상까지 그 원인을 모두 자위행위 탓으로 돌렸지만, 요즘은 옛날에 비해 자위행위에 대한 사회적인 오명도 덜하고, 자위행위를 자연발생적인 것으로 보는 사람도 많다. 그러나 자위행위는 성욕 해결의 정상적인 방법이 아닐뿐더러 자위행위를 자주 반복하면 건강을 해치게 된다. 대부분의 청년들도 자위행위를 수치스러운 것으로 여기며 죄책감을 느끼기 때문에 심리적으로도 문제가 된다. 특히, 청년들의 통제할 수 없는 과도한 자위행위는 성에 대해 지나친 관심을 갖도록 유도한다. 의학적으로는 자위행위가 무해한 것이라 하더라도, 이것이 지나칠 경우 자위행위 자체가 아니라 자위행위에 집착하게 되는 원인 때문에 심각한 문제가 될 수 있다. 따라서 지나치게 자위행위를 하는 청년의 경우, 취미활동이나 스포츠 등을 통하여 성적 에너지를 다른 곳으로 전환시키는 것이 좋다(정옥분, 2008).

② 동거

1) 동거의 유형

동거에 대한 정의가 학자에 따라 다른 것은 동거의 유형이 두 사람이 함께 보내는 시간의 양에서부터 생활 유형, 책임감의 정도에 이르기까지 다양하기 때문이며, 따라서 동거를 하나의 유형으로 보는 데에는 문제가 있다. 동거관계는 두 사람이 동거를 선택한 이유에 따라 최소한 다음의 다섯 가지 유형으로 분류할 수 있다(Macklin, 1986).

첫째, 일시적 편의형(계약에 의한 동거 포함)이 있다. 이 유형의 사람들은 주거를 공유하는 것이 주는 편리함 때문에 동거를 한다.

둘째, 사랑으로 함께하는 유형은 서로가 함께 있는 것을 즐기고 원하기 때문에 동거를 하며, 두 사람이 원하는 동안은 동거가 지속된다.

셋째, 시험결혼 유형으로 확실한 약속을 하기 전에 의도적으로 서로의 관계를 시험해보는 경우이다.

넷째, 결혼에 대한 일시적인 대안형이다. 두 사람이 결혼하기로 약속은 했지만 결혼할 여건이 갖추어질 때까지 일시적으로 동거를 한다.

다섯째, 결혼에 대한 영구적인 대안형이다. 결혼과 유사하게 두 사람이 서로에 대한 장기적인 책임감을 가지고 함께 살지만 전통적인 법적 또는 종교적 결혼 절차를 거치지 않은 경우이다. 이러한 다섯 가지 유형 사이에는 매우 큰 차이점이 존재하기 때문에 학자들은 결혼하지 않은 동거커플을 단순히 하나의 동일한 집단으로 간주해서는 안 된다는 데 의견을 모은다. 동거를 시작하는 두 사람이 동거를 선택한 이유에 있어서 차이를 보이는 경우 좌절과 오해를 불러온다. 따라서 동거를 시작하기 전에 각자는 상대방과 분명하게 동거에 대해서 의논을 하는 것이 좋다(이기숙 외, 2010).

2) 동거의 장점과 단점

동거의 첫 번째 장점은 편리함이다. 결혼과 같은 복잡한 법적, 행정적 절차나 결혼에서와 같은 책임감이 없이도 동거를 시작할 수 있다. 그러나 동거의 이러한 편리함은 후에 법적인 보호를 받을 수 없다는 점 때문에 동시에 동거의 단점이 되기도 한다. 두 번째 장점은 서로를 더 잘 이해할 수 있다는 것이다. 결혼 전에 시험결혼의 형태로써 동거를 선택하는 것도 동거를 통해 서로를 더 잘 이해할 수 있다는 점 때문이다. 즉, 연애와는 다르게 함께 살아가면서 서로 수반되는 여러 가지 문제를 결혼하기 전에 파악할 수 있다. 세 번째 장점은 개인적인 성장의 기회가 된다는 것이다. 동거자들을 대상으로 한 연구들에 의하면 많은 동거자가 동거를 매우 긍정적인 경험으로 평가하고 동거의 경험이 개인적인 성장과 성숙함을 가져온다고 생각하는 것으로 나타난다(Macklin, 1986).

반면에 동거의 단점은 동거가 증가하고 있음에도 불구하고 아직도 동거라는 생활양식에 대해 일반인들이 부정적인 고정관념을 가지고 있다는 것이다. 또한 동거 자체가 가지고 있는 관계의 모호성으로 인해 주변의 지원이 부족하며 법적인 보호를 받을 수가 없고 서로에 대한 책임감의 부족으로 인해 일시적인 관계가 되기 쉽다는 점이다(이기숙 외, 2010).

동거가족은 결혼식의 여부에 상관없이 법적인 혼인신고가 되어 있지 않은 가족으로 흔히 '사실혼'이라고 한다. 서구사회에서는 1970년대에 젊은 계층에서 급속히 확산되었다. 서구에서 동거는 결혼에 대한 대안적 형태로 인식되고 있으며, 오히려 법적인 체계에서 자유롭기 때문에 결혼보다 동거를 선호하는 경향을 가진다. 특히 유럽에서는 결혼의 준비단계로 인식되고 있다. 프랑스에서는 1970년대 말에 동거부부에게 혼인한 부부와 같은 법적인 권리가 인정되었다. 최근 우리나라에서도 '동거'에 대하여 관심이 높아지면서 상당히 수용적인 태도를 보이고 있다. 동거는 정서적 교류, 경제적 협력이나 성욕충족 등 생활의 편의를 위해서 행해지는 경우가 많다. 특히 젊은 층의 동거는 결혼의 전단계로 과연 결혼하여 잘 살 수 있을 것인지를 시험하는 단계로서의 성격을 가지기도 한다. 그런데 우리나라의 경우 '가부장적인 가족제도가 싫어서' 동거를 선택하는 경우도 있다. 기존의 가족구조에서 벗어나 보다 더 자유롭고 평등한 관계를 원하는 것이다.

대개 실험결혼 단계의 동거가족에서는 전통적인 성역할에서 벗어나 남녀 동등한 역할 공유현상이 나타난다. 하지만 동거가 결혼생활의 실험이기 때문에 서로 간의 갈등이나 불화가 나타날 때에는 쉽게 무너지기 쉬운 속성을 가지고 있다. 따라서 결혼 안정성이 매우 낮다. 젊은 층의 경우와는 달리 재혼의 경우, 특히 노년재혼의 경우에는 혼인신고를 하지 않고 사실상의 동거를 선택하는 경우도 늘어나고 있다. 이 경우에는 노년기의 정서적인 안정을 위하여 재혼을 결정하지만 상속 등의 법적 구속이 부부 상호 간이나 자녀들과의 관계에서 부담스러울 수 있기 때문에 이런 법적인 제약에서 자유로운 동거를 선택하기도 한다.

우리나라에서는 동거부부에 대한 인식이 대체로 부정적이다. 그러나 동거가족이 늘어나고 있는 상황에서 정서적, 경제적으로 생활공동체로서의 모습을 유지하고 있는 이들의 관계를 법적으로 어느 정도까지 인정할 것인가는 우리 사회가 해결해야 할 과제이다(이기숙 외, 2010).

3) 한국 청년들의 동거문화

실제로 대학가 원룸 일대에는 동거하는 학생들이 많다. 대학생이 되는 동시에 연애를 하고, 또 동거를 시작하는 학생들도 많이 보았다. 그들에게 "왜 동거를 선택했느냐?"라고 물어보면 다양한 이유가 있는데 그중에는 함께 지내면서 예전에는 결혼을 해야만 할 수 있었던 것들(함께 장보고, 앞치마 두르고 밥을 지어 먹고, 서로의 어깨에 기대어 TV를 보고, 팔베개를 하고 잠드는)을 자유롭게 할 수 있기 때문이라는 대답도 있었고, 막대한 모텔비 때문에 동거를 하게 됐다고 말하는 학생도 있었다.

"둘 다 학생이고 아직 부모님하고 사니까, 같이 시간을 보낼 공간이 모텔밖에 없잖아요. 주로 대실을 하지만 가끔은 숙박도 하니까 한 달에 모텔비만 오십만 원이 넘게 들었어요. 차라리 원룸을 월세로 얻는 게 더 경제적일 것 같아서 방을 얻었죠. 함께 돈을 모아서 보증금을 내고, 월세도 반씩 부담해요. 부모님께는 학교에서 공부하느라 집에 들어올 시간이 없다고 했지만, 전혀 모르시는 눈치는 아니에요."

떨어져 혼자 사는 경우에 동거는 더 쉬워진다. 연인과 키스하고 살을 맞대는 건 아무 데서나 할 수 있는 일이 아니니까, 자연스럽게 자신의 공간으로 그를 초대하게 되는 것이다. 20대 중반인 L도 그렇게 동거를 하게 되었다고 했다.

"제 집에서 밥 먹고 잠자고 같이 등교하고, 그러다 보니 남자친구의 칫솔, 면도기, 옷들이 자연스럽게 제 방에 들어찼어요. 이제 남자친구는 하루일과가 끝나면 당연하다는 듯이 제 집으로 와요. 집 비밀번호를 알려줘서 제가 없을 때도 자주 들어오고요. 저녁에 먹을 찬거리도 가져오고, 쓰레기봉투도 내놓고, 얼마 전에는 옷장이 작다면서 자기 옷을 넣어둘 작은 서랍장을 사오기도 했어요."

사실을 모르는 부모들이 듣는다면 까무러칠 일일지 모르지만 실은 어른들 표현으로 '겁 없이' 동거를 하는 학생들은 생각보다 많다. 20대의 동거는 그나마 길지 않고, 특히 요즘 친구들은 금세 훌훌 털어버리고 새로운 연애를 시작할 수 있기에 다행이다 싶다. 그래도 가능한 한 신중하게, 어릴수록 충동적인 생각과 마음을 잘 컨트롤 해야 한다고 당부하고 싶다(곽금주, 2012).

우리나라의 경우, 결혼식을 올리지 않고 동거를 한 경험이 있거나 현재 동거 중이라고 응답한 비율이 미혼 남성의 경우 8.1%로 그리고 미혼 여성의 경우에는 2.9%로 나타나서 그 수가 상당한 비중을 차지하고 있는 것으로 나타났다(공세권, 1990). 이처럼 최근 들어 동거가 급증하게 된 배경은 성에 대한 일반인들의 태도가 이전 세대보다 훨씬 자유로워졌다는 데에 있다. 기혼이든 미혼이든 관계없이 성은 개인의 생활의 중요한 부분으로서 인식되고 있으며, 성행위에 대한 판단기준도 변화하여 결혼보다 사랑이 더 중시되는 추세이다.

04 연애와 헤어짐

① 데이트

파트너와의 친교 관계는 대부분 데이트 과정을 거쳐서 형성된다. 개별적이든지 집단으로든지 상대방과 특정한 시간과 장소에서 만나는 데이트를 통해 상대와의 친교 형성에 필요한 시간과 에너지를 투자한다. 데이트에 성공하게 되면 쾌감을 얻지만, 그렇지 못하면 투자하였던 시간과 에너지의 비효율성 및 기대의 상실감에서 자존심이 상하게 된다. 또 청소년들은 데이트 경험에 의해 또래 집단에 대한 소속감을 얻을 수 있지만, 이러한 기회를 경험하지 못할 경우 열등감이 생길 수도 있다. 전통적인 남성 문화권에서는 여성이 데이트를 신청하는 경우보다도 남성이 데이트를 신청하는 경우를 더 적절하게 여겼다.

1) 데이트의 기능

청소년들은 여러 경로로 데이트를 경험하는데, 그들의 데이트 기능은 다음과 같다(Atwater, 1992).

- 여가활동을 즐기는 기회를 제공한다. 예를 들면, 혼자 음악회에 참석하는 기회보다 데이트 상대와 함께 참석하는 기회가 더 자주 생긴다.
- 이성인 구성원과 함께 사회생활에 필요한 대인관계 기술을 습득시킨다. 예를 들면, 이성과의 인간관계를 형성하는 요령이나 원하지 않는 관계를 종식시키는 기술을 습득한다.
- 데이트 기회가 누적될수록 상호 만족스러운 친교 관계로 발전하고, 또 그 관계를 유지한다.
- 남녀가 데이트를 시작할 때 그들의 친교는 일련의 예상된 단계를 거치는데, 대화를 통해 조금씩 서로 알게 되는 단계부터 첫 키스, 가벼운 신체접촉, 마지막은 애무와 성교 단계이다. 과거에는 이와 같은 단계가 수년간에 걸쳐 나타났고, 마지막

단계는 보통 결혼할 때까지 지연되었다. 데이트를 통하여 상호 용납되는 범위 내에서 성행동을 실험하는 기회가 생길 수도 있다. 그러나 대부분의 성행동은 우연히 만난 데이트 상대보다도 오랫동안 사귀던 상대와의 데이트 관계에서 더 많이 이루어진다.

- 데이트는 나중에 배우자를 선택할 때 귀중한 경험이 된다.

우리 문화권에서는 데이트를 통해 결혼상대자를 고르는 현상이 20세기 후반부터 유행하고 있는 반면, 서구에서는 1920년대부터 유행하였다. 또 데이트 과정에서 사랑을 고백하고, 여러 가지 성행동을 경험하거나 이를 기대하는 경향이 있다. 예를 들면, 우리 문화권에서도 청소년들은 데이트를 시작한 지 며칠째 되는 날 서로 키스를 한다고 기대하고 있다. 그러나 이러한 기대나 실제의 성행동은 데이트 관계의 발달단계 및 성 역할의 고정관념에 달려 있으며, 또 이는 시대에 따라 다른 양상을 보인다. 즉, 과거에는 두 사람이 성숙할 때까지 성행동 경험을 지연하면서 사귀었으나, 근래에는 구애 과정도 짧아졌을 뿐만 아니라 친교 관계 형성이나 유지 및 관계의 종식도 더 쉽게 경험한다. 또 과거에는 대부분 남자만이 관계의 초기부터 성행동을 시도하였지만, 근래 젊은이들은 성을 바라보는 태도가 매우 평등해지면서 남녀 모두 서로 상처를 주지 않는다면 허용한다는 태도로 바뀌었다(Maccoby, 1999).

사회심리학자 Berscheid와 Walster(1974)는 사람들이 연애, 특히 정열적인 연애에 빠지기 위해서는 반드시 '연애문화'가 필요하다고 주장했다. 사람들이 성장해온 문화에서는 일정 연령대가 되면 남녀가 사랑을 해야만 한다는 사실을 가르쳐주어야 한다는 것이다. 동시에 사람은 연애 욕구를 가지고 있어서 일정 나이가 되면 남녀가 교제하는 것이 매우 자연스러운 일이라는 것을 어릴 때부터 배워야 한다는 것이다. 그들의 주장에 따르면 이러한 문화 형성과 교육 없이는 연애감정이란 있을 수 없다. 남녀가 처음 만나 사랑을 느끼게 되면 열렬한 연애상태로 빠져들 수도 있다는 것을 배워야만 연애감정도 생겨난다는 것이 이들의 주장이다. 다시 말하면 사회 안에 연애문화가 존재해야만 그 사회의 구성원들이 연애감정을 느낄 수 있다. 결국 연애감정이란 본능적이라기보다는 성장 과정에서 학습을 받는다는 이야기다. 이것을 '연애 학습설'이라고 부른다. 연애 학습설에 따르면 개나 원숭이에게 연애감정이란 있을 수가 없다. 연애 학습설이 일리가 있는 것은 연애감정이나 욕구가 시대와 지역에 따라 큰 차이가 있다는 점에서도 알 수 있다(이철우, 2008).

과거에는 옛날이야기나 우화 등을 통해 연애감정에 대해 배우는 게 일반적이었지만, 지금은 매스컴이 연애문화를 전달해주고 있다. 사랑 타령에 날을 새우는 TV 드라마는 물론 연예인의 사생활을 시시콜콜 파고드는 연예 관련 프로그램, 토크쇼 등도 은연중에 연애문화를 전달하고 있다. 더구나 요즘 아이들이 즐겨보는 애니메이션에도 기본적으로 연애감정이 깔려 있다. 버시드와 월스터(1974)는 성장기에 어떠한 연애를 학습했는가에 따라 청년이 되었을 때 연애 욕구와 방식이 결정된다고 했다. 드라마에서 어떠한 사랑을 이상적으로 묘사하는가에 따라, 지금 그 드라마를 보고 있는 청소년들이 어른이 되었을 때의 연애방식에 큰 영향을 줄 수밖에 없다는 이야기다. 문제는 TV 드라마들이 점점 더 자극적이고 비정상적인 연애 이야기에 주목한다는 데 있다. 사실 우리 주위를 둘러보면 널리고 널린 게 평범하고 정상적인 연애 이야기다. 그러다 보니 TV 방송국들은 불륜이나 혼외정사와 같이 자극적이고 비정상적인 연애 이야기로 드라마를 구성하고 있다. 이런 비정상적이고 불건전한 드라마를 보고 연애문화를 습득하고 있는 청소년들의 장래가 걱정되지 않을 수 없다.(이철우, 2008)

이예종(2001)은 과거와는 달리 가족의 부양기능이 약해지고 가족원 수가 점점 감소하는 오늘날을 살아가는 노인들에게 더 이상 가족은 노인의 정서적인 외로움이나 소외감, 고독감을 해결해줄 수 없다고 논한다. 따라서 홀로된 노인은 자신에게 관심을 가져주고 외로움을 달랠 수 있으며 의지할 수 있는 대상을 가족 외에 다른 곳에서 찾으려고 함을 알 수 있다. 서로 마음을 맡기고 의지할 대상은 같은 세대를 살아온 동년배 친구가 될 수도 있지만 홀로된 노인에게는 배우자 역할을 대신해줄 수 있는 이성친구가 더 필요하다고 본다. 이성과의 관계에서는 본인이 생활비를 조달할 노인의 경우 이성상대와의 친밀감이나 애정, 관계만족도 등의 질적 특성이 높게 나타났다. 이는 경제적으로 독립한 노인은 그만큼 생계에 자신이 있고 용돈에 대해서는 자녀들의 눈치를 보지 않아도 되기 때문에 이성교제를 함에 있어 좀 더 자유로울 수 있으므로 이성과의 교제에서도 보다 만족스러운 관계를 유지할 수 있는 것으로 생각할 수 있다.

연애 경험이 없거나 연애를 잘 시작하지 못하는 사람의 경우 이완, 도발 능력이 현저하게 떨어졌다. 이런 남성일수록 여성에게 접근하는 것 자체가 어려울 뿐 아니라 막상 접근해도 너무 긴장한 나머지 제대로 대화를 이끌어가지 못하는 경향이 있다. 대화를 제대로 하지 못하다 보니 자신에 대한 흥미도 유발시키지 못한다. 요즘같이 말 잘하는 남성이 사랑받는 세상에서 대화를 제대로 끌어가지 못한다는 것은 치명적인 약점이다. 여성의 경우는 '적극성'과 관련된 기술이 대단히 중요했다. 남성이 다가오는 것만 기다리지 않고 스스로 남성에게 접근한다든지 남성이 다가올 수 있는 계기를 만들어내는 능력이 연애를 잘하는 중요 요소였다. 또한 자기 의사를 적극적으로 표현하는 여성일수록 연애를 잘했다. 지금은 과거와 같이 가만히 있어도 마음을 알아주기만을 바라는 소극적인 태도는 연애에 전혀 도움이 되지 않는다. 특히 남성의 경우 언어가 아닌 비언어적 커뮤니케이션을 해독하는 능력이 여성에 비해 현저하게 떨어지기 때문에 더더욱 그렇다. 따라서 여성이 자기의 마음이 어떠하다는 것을 직접 '말'로 전달하지 않으면 남성은 그 마음을 모른다.

앞에서도 살펴보았듯이 남성들은 솔직하게 자기 마음을 표현하는 여성을 좋아한다. 연애를 잘하는 사람들을 보면 공통적으로 대화 능력이 뛰어나다. 대화 스킬이란 일상적인 이야기를 더 재미있게 한다든지, 이성과의 대화에서도 자기가 말을 더 많이 하는 식으로 대화를 부드럽게 이끌어가는 능력을 말한다. 특히 요즘은 '함께 있으면 즐거운 상대가 이상형'이라고 말하는 사람들이 많아지고 있는 만큼 연애에서 말을 잘한다는 것은 필수요소라 할 수 있다 (이철우, 2008).

2) 사랑의 발전단계

이성관계는 시간이 흐름에 따라 발전한다. 처음에 낯설어하던 두 남녀는 만남의 횟수가 증가면서 점차 친밀감과 애정을 느끼게 된다. 이렇게 친밀감이 증진되어 깊은 사랑으로 발전되기도 한다. 이성관계에서 경험하는 사람은 다양한 인간관계 중에서 가장 친밀하고 강렬한 관계를 반영한다. 사회심리학자들은 이처럼 깊이 서로를 사랑하는 연인관계처럼 인간관계가 심화되는 과정을 사회적 침투(social penetration)라고 부른다. Altman과 Taylor(1973)는 이성관계의 발전과정을 정밀하게 분석하여 사회적 침투과정을 5단계로 나누어 설명하고 있다.

그 첫 단계는 첫인상의 단계(first impression stage)이다. 첫인상의 단계에서는 상대방을 만나 주로 외모나 행동의 관찰을 통해 인상을 형성한다. 이 단계에서 상대방에 대한 좋은 인상, 즉 호감을 갖게 되면 그에 대한 관심이 높아져 더 알고 싶은 마음이 생겨나며 그와 관련된 개인적 정보에 대한 관심을 갖게 된다.

둘째는 지향단계(orientation stage)이다. 이 단계에서는 서로 자신에 대한 피상적인 정보를 교환하고 상대방을 탐색한다. 또 상대에게 좋은 인상을 주려고 노력하며 상대방이 자신에게 호감을 가지고 있는지 타진한다. 자신을 긍정적으로 제시하려 하고 타인에 대해서도 비판을 회피하는 다소 긴장된 상태이다. 이 단계에서 개인적 정보에 근거하여 관계지속의 여부가 결정되며 많은 만남이 여기서 끝난다. 이 단계에서는 상대의 거부로 인해 자존심이 상할 수는 있으나 마음의 상처는 그다지 크지 않다.

세 번째 단계는 탐색적 애정교환단계(exploratory affective exchange stage)이다. 조금 친근한 태도를 취하고 대화의 내용이 좀 더 풍부하고 깊어지며 자발성도 증가하게 된다. 상대방에 대해 호감 이상의 초보적인 애정과 사랑의 감정을 느끼게 되며, 자신의 좋아하는 감정을 상대방에게 알리려고 노력하고 상대가 자신을 사랑하는지 확인하려 한다. 그러나 이 단계에서 애정표현이 지나치게 깊은 수준으로 나아가면 상대방이 부담을 갖게 되어 관계로부터의 이탈 가능성이 있기 때문에 다소 형식적이고 초보적인 애정교환이 이루어진다. 이 시기는 가장 예민하고 불안정한 단계이다. 상대방의 말과 행동에 매우 예민해져서 감정의 변화가 심해진다. 한 사람의 애정 감정의 발달속도가 상대방에 비해 빠른 경우, 짝사랑의 형태로 나타날 수 있다. 이 단계에서 상대에 대한 실망이나 상대방의 거부로 관계가 끝날 수 있으며 이 단계에서는 이미 감정이 개입되었기 때문에 관계종결에 대한 상당한 아픔이 있다.

넷째 단계는 애정교환단계(affective exchange stage)이다. 이 단계에서는 마음 놓고 상대를 칭찬도 하고 비판도 한다. 서로 좋아한다는 것 또는 서로 연인 사이라는 것을 암묵적으로 인정하고 좀 더 확실한 방법으로 사랑을 표현하고 전달한다. 빈번한 데이트가 이루어지고 선물이나 편지가 교환되며 농담과 장난을 주고받으면서 친밀감이 형성된다. 그러나 이 단계에서는 아직 다소 조심스러움이 있으며 마음속 깊이 갖고 있는 속마음을 털어놓지 않는다. 자신의 약점과 단점은 보이지 않으려 애쓴다. 사랑에 대한 약속이 이루어진 상태가 아니기 때문에 아직 상대의 사랑에 대한 확신이 없다. 이 단계는 상대의 사랑을 확인하고 신뢰를 형성해가는 단계라고 할 수 있다.

마지막 단계는 안정적 교환단계(stable exchange stage)로서 이 단계에 오면 속마음을 터놓고 이야기하고 서로의 소유물에도 마음 놓고 접근한다. 자신의 단점이나 약점도 두려움 없이 내보이게 된다. 이 단계에서는 상대의 사랑에 대한 확신을 갖게 되고 신뢰와 친밀감에 바탕을 두고 안정된 애정교환이 이루어진다. 흔히 이 시기에 결혼의 약속을 하게 되고 육체적 애정교환이 이루어지기도 한다. 이러한 안정도니 애정교환단계를 지속하다가 결혼에 이르게 되는 경우는 행복한 경우이다. 그러나 이 단계에서 부모의 반대, 유학, 이사, 질병, 죽음 등의 이유로 결혼에 이르지 못하고 헤어지게 되는 경우, 두 사람은 모두 매우 심한 마음의 상처를 입게 된다(권석만, 2014).

3) 사랑의 심화 요인

연인관계에서 경험하는 사랑의 강도와 심도는 다양한 측면에서 평가될 수 있다. 사랑의 삼각형이론에서 제시되고 있듯이, 서로 깊은 친밀감을 느끼고 강한 열정을 경험하며 많은 투신행위가 이루어지는 연인관계는 굳건한 사랑이라고 할 수 있다. 그러나 사랑의 강도는 다음과 같은 몇 가지 기준에 비추어 평가해볼 수도 있다.

첫째, 사랑은 연인관계에서 경험하는 정서적 만족도에 비례한다. 정서적 만족도는 연인관계에서 경험하는 긍정적 감정과 부정적 감정의 비율 및 강도에 의해서 평가될 수 있다. 연인에 대해서 편안하고 유쾌한 감정을 느끼는 동시에 설레는 흥분과 열정을 강하게 느낄 때 강한 사랑을 경험하게 된다. 아울러 미래에 정서적 만족도가 높아질 것이라고 예상되는 연인관계는 그렇지 못한 관계보다 더 강한 사랑을 느끼게 된다.

둘째, 사랑은 현재 연인관계에 투여하는 심리적 또는 물질적 투자의 양에 비례한다. 만남을 위해 많은 시간을 투여하고 심리적인 관심과 애정을 보여주며 때로는 물질적으로도 연인에게 투자하게 된다. 상대방이 나를 위해 많은 투자와 희생을 보여줄 때 나에 대한 사랑이 강하다고 평가하는 경향이 있다. 예컨대, 부모가 강하게 반대하는데도 불구하고 변함없는 사랑을 보여줄 때 상대방에 대한 사람이 더 강하게 느껴진다. 이를 로미오와 줄리엣 효과(Romeo & Juliet effect)라고 한다.

셋째, 사랑은 미래에 연인을 위해 투자할 수 있는 최대의 양에 비례한다. 사랑의 관계를 유지하기 위해 미래에 닥칠지도 모르는 여러 가지 곤경을 극복하기 위해 얼마나 많은 투자와 희생을 감수할 수 있느냐에 따라 사랑의 강도가 평가될 수 있다. 또한 연인이 나를 위해 미래에 투여할 것이라고 생각하는 투자하는 양에 대한 지각이 연인에 대한 사랑과 신뢰의 정도에 영향을 미치게 된다. 신뢰의 중요한 요소는 상대방이 나를 위해 기꺼이 위험과 손실을 감수할 것이라는 믿음이다. "앞으로 어떤 일이 있더라도 당신을 영원히 사랑하겠다"라는 사랑의 맹세는 이러한 신뢰감과 사랑의 강도를 증가시킨다.

마지막으로, 사랑의 강도는 연인관계의 지속기간이나 만남의 빈도와도 관계가 있다. 오랜 기간 사랑을 유지하고 빈번한 만남을 가져온 연인관계는 견고해진다. 이렇게 오랜 기간 동안 연인관계를 유지해왔다는 것은 그동안 많은 우여곡절 속에서 연인관계를 지탱하고 심화시키는 요인들이 충분히 시험되고 검증되었다는 것을 의미한다.

그러나 사랑의 강도와 심도를 평가하는 기준은 사람마다 현저한 차이가 있다. 일반적으로 남녀 간에는 추구하는 사랑의 요소가 다를 수 있고, 이상으로 여기는 사랑의 유형에 따라서 기준이 달라질 수 있다. 예컨대, 낭만적 사랑을 지향하는 사람은 뜨거운 열정을 중요시하는 반면, 우애적 사랑을 추구하는 사람은 친밀감에 더 많은 비중을 둘 수 있다(권석만, 2014).

3) 데이트와 청년기 발달

연애의 장소는 둘만의 공간이기도 하지만 외부에서 바라보는 시선과도 연결되어 있다. 이때 연애를 통한 자아 인정은 상대방을 통한 인정이기도 하지만 '연애를 할 수 있는' 자기 자신을 외부에 드러내는 방식으로 가능해진다. 상대방을 통한 자아 인정이 사랑의 낭만화에 해당된다면 외부에 드러내는 방식으로 인정을 추구하는 것은 '개인'으로서 성적 매력과 자신의 능력을 인정받는 수단으로서 연애를 활용하는 사랑의 합리화에 해당한다.

자신의 가치를 인정받는 장으로서 연애 공간은 외부에게 자신을 드러내고자 할 때 사랑의 합리화 양상을 보인다. 그러나 특정 사례에서는 전혀 다른 방식, 즉 외부에서 인정받을 수 없는 자기 자신을 인정받고자 하는 방식으로 드러났다. 이는 소수 남성의 사례이지만, 기존의 연구가 주목하지 못한 부분이기 때문에 주목한다. 기존의 낭만적 사랑에서의 남성성과 여성성에 부과한 강요는 남성에게 보호자이자 통제하는 자, 적극적인 구애를 수행하는 역할을 요구한다. 반면 여성에게는 수동적이고 보호받아야 하는 대상으로서의 역할을 요구한다. 그러나 남성 대상자들이 보여주는 연애에 한 욕구 중 일부 사례에서는 기존의 남성성의 강요 속에서 이에 한 수행을 거부할 수 있는 어떠한 대안적 공간으로서 연애가 형상화되고 있었다(김한결, 2018).

남성 대상자들이 '남성적이지 않은 자신'을 드러낼 수 있는 공간으로서 연애를 상상하는 것은 기존의 학생의 이성애 연애 관련 연구들이 가진 한계를 보여준다. 기존의 연구들은 낭만적 사랑의 신화가 사라지고 연애와 결혼이 분리되는 학생들의 로맨스 경험을 '자기 계발'의 일종으로 해석하고 '신자유주의적 주체'로서 연구 대상자들을 분석한다(박소진, 2009). 그렇기 때문에 공적인 영역과 사적인 영역 모두에서 '주체'로서 즉, 공적 자아와 사적 자아가 일치한 채로 살아갈 수 있는 남성을 연구 대상에서 제외해왔다. 남성 대학생을 배제한 기존의 연구들은 공적 영역에서 '신자유주의적 노동 주체'로서 삶을 살아가게 된 여성들이 남성과의 로맨스라는 사적 영역에서 겪는 성 역할과 개인으로서 주체성 간의 긴장과 갈등을 분석해왔다. 그러나 본 연구의 사례에서 드러난 것은 남자 대학생 중 일부는 전통적 남성성과 불일치하는 자신의 어떠한 모습을 인정받을 수 있는 공간으로 연애를 상상한다는 점이다. 이는 기존에 연애 연구가 가정한 신자유주의적 주체로서 연애하기라는 전제가 놓치는 부분이 있음을 보여준다. 남성적이지 않은 남성들이 드러내고 싶어 하는 자신의 모습은 외부의 규범과 본인이 일치하지 않을 때 이를 드러내고 행하고자 하는 '진정성'의 화두와 연관이 있으며 '진짜 나'의 모습을 인정받고자 하는 욕구의 일환이다(김한결, 2018).

2 실연

1) 실연의 의미

먼저 실연이 시작되기 위해서는 남자 대학생들의 연애 대상에 대한 의미부여 여부에 따라 이후 실연 경험의 유무를 알 수 있다. 남자 대학생의 경험에서 보았을 때 일반적으로 외롭거나 마음이 가지 않은 상태에서 연애는 실연경험이 없고 오히려 실연을 받기 위해 연락을 안 하거나, 만남을 기피하는 행동을 보이면서 헤어짐을 통보받으려고 노력하는 양상을 볼 수 있었다. 그러나 실연 경험을 할 수 있는 대상에서는 크게 세 가지 의미가 있었다. 참여자에게 정서적인 지지 및 포용을 해주는 상대이자 자신을 인정해주고 보살펴주는 상대로서 자신이 연애 관계 안에서 잘못을 했음에도 자신을 좋아하고, 사랑을 표현해주는 대상을 의미한다. 두 번째는 첫사랑인데 이는 무조건적인 사랑을 하게 되고, 아무 조건 없이 웃음이 나고 아무 말 하지 않아도 좋고 못생겨도 예뻐 보이는 콩깍지가 씐 상대로, 남자 대학생에게서 '처음'이라는 것은 굉장히 큰 의미를 가진다. 마지막으로 신(新)현모양처로서 자격이나 신여성의 이미지를 가지고 있는 대상을 말하는데, 전체적인 참여자가 모두 이 대상에 대한 매력을 많이 느끼고 있었다. 이 대상은 학교생활에서 리더십이 있으며, 자신의 미래를 위해 진취적이고 매사에 똑 부러지는 행동을 하면서 남자 대학생의 삶에도 영향을 많이 끼쳐 자극제가 되기도 하고 직접적으로 공부나 학업을 이끌어 주기도 하는 특징을 보인다. 이러한 경험을 통해 참여자의 삶에서 굉장히 의미 있고 고마운 대상이 되게 된다. 그뿐만 아니라 연애 관계에서도 여행 정보, 예약, 스킨십의 개방성을 가지고 있어 적극적으로 애정을 표현하는 모습을 가진 대상과의 연애를 지키며 실연을 하지 않기 위해 무척이나 애를 쓰는 것으로 나타났다(김성화, 2016).

상실에 대한 기존 연구들에서 살펴볼 수 있는 의미 있는 요인들은 다음과 같다.

첫째, 성별에 따른 변인들의 차이를 살펴보았을 때, 의미 재구성 수준은 남녀 간의 유의한 차이가 없었다. 사건충격척도로 나타나는 PTSD 증상 수준이나, 간이증상도구로 나타나는 우울, 불안, 신체화 수준에서는 여자가 남자보다 유의하게 높은 수준을 보였다. 이것은 여자가 상실 경험에 대해 더 정서적인 과정에 몰입함으로써 남자보다 상실 경험에 더 성공적으로 적응한다는 결과와는 상반된다(Stroebe & Stroebe, 1983). 이러한 결과는 상실 경험에서 의미를 찾고자 하는 대처방략보다 경험한 사건의 정도가 적응 수준에 더 영향을 미쳤기 때문일 수도 있다. 여자가 상실 경험에 대해 정서를 표현하는 것이 더 빈번하고 의미 재구성 과정이 정서적인 요소를 많이 포함한다는 점에서 상실 경험에 대해 여자가 의미 재구성을 더 성공적으로 할 것이라는 가정을 지지하기 위해서는, 동일한 유형의 상실을 경험한 피험자들을 대상으로 한 연구가 필요하다.

둘째, 종교의 유무에 따른 변인 간의 차이를 살펴보았을 때 의미 재구성, 사건충격척도, 간이증상도구에서의 유의미한 집단차이는 없었고 스트레스 관련 성장 수준에서는 유의미한 차이가 있었다. 종교를 가진 집단이 더 높은 수준의 스트레스 관련 성장 수준을 나타냈다. 이 결과는 종교성이 긍정적인 심리적 적응과 상관이 있다는 연구와 일치하는 결과를 보였다(Park, 2005). 그러나 종교의 유무에 따른 의미 재구성 수준에는 유의한 차이가 나타나지 않았는데 이것은 종교가 상실 경험에 대한 의미를 찾는 것과 정적으로 상관되어 있다는 결과(McIntosh, Silver, & Wortman, 1993)와는 일치하지 않았다. 그러나 종교에 깊게 몰입하는 것은 상실과 같은 스트레스 상황에서도 기존의 의미 구조가 위협을 받지 않아 상실 경험에 대해 새로운 의미를 찾아야 할 필요성이 없기 때문이라는 근거(Davis et al., 1998)가 있어 종교의 유무에 따라 의미 재구성 수준의 유의한 차이가 보이지 않은 본 연구의 결과를 지지하였다.

셋째, 상실 경험 유형별로 변인 간의 차이를 살펴보았을 때, 죽음 관련 상실의 경우보다 관계 상실이나 기타 물리적 및 심리적인 상실을 경험했을 경우에 더 심리적 적응에 어려움을 보이는 것으로 나타났다. 상실의 경험이 죽음 관련된 상실뿐만 아니라, 관계의 상실이나 기타 더 넓은 상실의 범위로 확장되었을 때 더 높은 수준의 PTSD 증상이나 우울, 불안, 신체화 증상을 보일 수 있다. 일어난 사건에 대해 자신이나 타인을 비난하게 되면 더 높은 수준의 고통 증상을 경험할 것이라는 연구 결과(Downey, Silver & Wortman, 1990)로 비추어보았을 때 죽음과 관련된 상실은 자신의 통제 밖에 있는 일이라서 자신이나 타인을 비난하기가 어렵지만 관계의 상실이나 다른 종류의 물리적 및 심리적 상실의 경우 관계를 맺고 있던 타인을 비난할 가능성이 있으며 학대받은 경험이나 자신의 정체성을 잃는 것과 같은 상실의 경우에는 가해자나 자신을 비난할 수 있다는 점에서 이러한 결과를 부분적으로 설명하는 것으로 보인다.

또한 심리적 종결(psychological closure)개념으로 생각해볼 수 있는데, 죽음으로 인한 상실 경험은 상실한 대상이 더 이상 존재하지 않게 되므로 그에 대한 관심이나 기억이 시간이 지남에 따라 줄어들 가능성이 많다. 사건의 종결감(sense of closure)을 갖는 것이 기억의 침투를 줄여준다는 연구 결과(Beike & Wirth-Beaumont, 2005)에 따르면 죽음 관련 상실은 상실한 대상에 대한 생각을 다른 종류의 상실 경험의 경우보다 적게 할 가능성이 있어 이후의 적응에 도움을 주었을 것이라고 생각된다.

넷째, 사건충격척도를 통해 PTSD 위험군과 비위험군 두 집단으로 나누어 비교해본 결과 응답자의 27.8%인 90명이 PTSD 위험군으로 분류되었다. PTSD 위험군과 비위험군 간에 각 변인의 차이를 봤을 때 PTSD 위험군이 비위험군에 비해 상실 경험에 대한 의미 재구성과 스트레스 관련 성장 수준이 유의하게 더 낮았고 PTSD 증상 수준이나 불안, 우울, 신체화 수준이 유의하게 더 높은 것으로 나타났다. PTSD 위험군일수록 상실 경험과 관련한 고통 수준이 높은 것이므로 불안, 우울, 신체화 증상 수준이 더 높으며 의미 재구성이나 스트레스 관련 성장 수준은 더 낮은 것으로 보인다(Park et al., 1996). 이는 기존의 연구들과 일치하는 결과를 보여주고 있으며, 상실 경험에 대한 의미 재구성과 같은 인지적 대처 전략이 스트레스 상황에서 더 나은 적응을 하게 한다는 결과와도 일치한다(Davis et al., 1998).

다섯째, 변인 간의 상관관계를 보았을 때, 의미 재구성과 심리적 적응 수준 간에 상관관계가 있는 것으로 나타났다. 의미 재구성과 긍정적인 심리적 적응을 나타내는 스트레스 관련 성장은 정적으로 유의한 상관이 있었으며, 의미재구성과 심리적 부적응을 나타내는 사건충격척도와 간이증상도구와는 부적으로 유의한 상관이 나타났다. 의미 재구성의 하위 척도 중, 공허감 및 무의미함은 긍정적인 심리적 적응 척도와 부적 상관을 보였으며, 심리적 부적응 척도들과 정적 상관을 보였다. 따라서 상실 경험에 대해 의미를 찾지 못하고 무의미함을 느끼는 것과 심리적 부적응과 상관이 있음을 알 수 있다. 그리고 또한 개인적 성장이나 인생을 중요시하게 되는 것이 긍정적인 심리적 적응과 관련이 있음을 알 수 있다. 따라서 상실 경험에 대해 의미 재구성은 심리적 부적응을 나타내는 변인들과 부적인 관련성이 있으며 긍정적인 적응을 나타내는 변인과는 정적인 관련성이 있다고 할 수 있다.

여섯째, 의미 재구성 하위 요인들이 심리적 적응 수준을 설명하는 양을 보기 위해 중다회귀분석을 실시한 결과, 의미 재구성 하위 요인들은 사건 충격척도를 21.9% 설명하고, 상실 경험에 대해 공허감과 무의미함을 느낄수록 PTSD 증상 수준이 높아짐을 나타냈다. 그리고 의미 재구성 하위 요인들이 간이증상검사 척도를 설명하는 양은 23.6%이며, 상실 경험에 의한 개인적 성장 수준이 높을수록, 우울, 불안, 신체화 증상 수준이 낮아지며 상실 경험에 대해 공허감 및 무의미함을 느낄수록 증상 수준이 높아짐을 알 수 있다. 마지막으로 의미 재구성 하위 요인들이 스트레스 관련 성장을 37.6% 설명하며, 상실 경험에 대해 개인적 성장을 경험하고 인생을 더욱 중요하게 여길수록 스트레스 관련 성장 수준이 높아지며 상실 경험에 대해 공허감 및 무의미함을 느낄

수록 스트레스 관련 성장 수준이 낮음을 알 수 있다. 따라서 상실 경험에 대해 무의미하다고 느끼는 것이 심리적 부적응을 예측하며 상실 경험을 통해 개인적 성장을 경험하거나 인생을 중요시하게 되는 것은 긍정적인 심리적 적응을 예측함을 알 수 있다(최선재, 2011).

한편 실연을 극복하고 실연 후 건강함을 지키기 위하여 알아야 할 부분은 다음과 같다.

첫째, 탈중심화는 실연 후 성장의 하위요소인 자기지각의 변화, 대인관계 깊이의 증가, 새로운 가능성의 발견, 영적·종교적 관심의 증가에 정적 영향을 미치는 것으로 나타났다. 이는 실연경험으로부터 탈중심화하여 사고할수록 실연 후 성장을 나타내는 자기지각의 변화, 대인관계 깊이의 증가, 새로운 가능성의 발견, 영적·종교적 관심의 증가가 높아짐을 의미한다. 따라서 탈중심화가 실연 후 성장에 정적 영향을 미친다는 것을 검증하였다.

둘째, 탈중심화와 정서인식명확성이 상호작용하여 실연 후 성장의 하위요소 중 자기지각의 변화, 대인관계 깊이의 증가, 새로운 가능성의 발견으로 이행하는 과정을 강화하는 것으로 나타났다. 이는 정서인식명확성이 낮을 때보다 높을 때 탈중심화가 자기지각의 변화, 대인관계 깊이의 증가, 새로운 가능성의 발견에 미치는 정적영향을 강화하는 것으로 나타났으며, 반대로 정서인식명확성이 낮을 때는 탈중심화가 세 하위요소에 미치는 영향이 유의미하지 않았다. 즉, 정서를 올바르게 인식할 수 있는 능력이 높을수록 탈중심화가 세 하위요소에 미치는 영향을 증가시켜 이후 더 큰 성장으로 이끈다는 것을 의미한다.

셋째, 탈중심화와 정서인식명확성의 상호작용효과가 실연 후 성장의 하위요소 중 영적·종교적 관심의 증가에는 유의한 영향을 미치지 않는 것으로 나타났다. 이는 정서를 분명하게 인식하고 사건을 객관적으로 보더라도 영적·종교적 관심의 증가에는 영향을 미치지 않는다는 것을 의미한다(강혜림·정남운, 2018).

2) 실연의 유형

실연은 사랑의 해체이며 종결을 의미한다. 사랑하던 두 남녀가 사랑의 관계를 종식시키는 불행한 경우이다. 사랑하던 두 남녀가 사랑을 종결하는 과정은 매우 다양하다.

권석만(2014)은 실연의 유형을 세 가지로 나누고 있다.

첫 번째 유형은 일방적 실연이다. 일방적 실연은 두 사람이 서로 사랑하다가 한 사람의 일방적 요구에 의해 그 관계가 파기되는 경우이다. 상대방의 성격, 능력, 행동에 대한 실망이 가장 흔한 원인이다. 때로는 더 나은 애정 상대의 출연으로 현재의 관계를 청산하는 경우도 있다. 이처럼 일방적 실연을 당한 사람은 많은 심리적 충격과 고통을 받게 된다. 사랑의 상실과 자존심의 손상으로 인해 우울감을 경험하게 될 뿐만 아니라 자신을 거부한 상대방에 대한 분노, 적개심, 배신감, 복수심 등이 생겨나게 된다. 일방적 실연은 가장 일반적인 실연의 형태로서 가장 고통스러운 상처를 남긴다.

실연의 두 번째 유형은 합의된 실연이다. 사랑하던 두 사람이 사랑의 관계를 종결하기로 서로 합의하고 헤어지는 경우이다. 사랑의 나누는 과정에서 서로에 대한 불만과 갈등이 생겨나고 이러한 갈등이 해결되지 못하고 오히려 악화되는 경우가 많다. 두 사람은 명시적으로든 암묵적으로든 사랑의 관계를 종결하기로 합의하고 헤어지게 된다. 이 경우, 실연한 두 사람은 애정이 식은 상태에서 불만스러운 상대방과 이별하는 것이기 때문에 심리적 고통이 상대적으로 적지만 미련, 아쉬움, 후회의 감정이 수반될 수 있다.

세 번째 유형은 강요된 실연이다. 강요된 실연은 당사자의 의사와 상관없이 외부적 요인(부모의 반대, 연인의 지리적 이동이나 사망 등)에 의해 사랑의 관계가 지속되지 못하고 중단되는 경우이다. 이 경우에는 이루지 못한 사랑에 대한 안타까움, 그리움, 아쉬움, 보고 싶음 등의 슬픈 감정이 뒤섞여서 나타나게 된다.

김명숙(2008)에서는 실연의 유형을 다음과 같이 분류하고 있다.

첫째, 안정형의 경우 안정형은 물론 불안정유형과 조합을 이루어도 촉진 행동을 많이 하고 방해 행동은 적게 한다. 이는 불안정유형들이 안정형과의 관계에서 안정감과 편안함을 경험하게 되면서 안정형의 행동에 대한 학습이 일어났음을 말해준다. 특히 이성교제 기간이 길어지게 될 경우 안정형모델이 보여주는 행동의 반복과 지속성 그리고 이전의 인간관계와는 다른 대상과 환경 속에서 행동 변화가 일어나게 되며 이러한 변화는 애착유형의 변화까지 불러올 수 있다. 즉 어린 시기에 형성되어 성인기까지 지속되는 애착유형도 이성교제 상대의 애착유형에 따라 변화될 가능성이 있다.

둘째, 불안정유형인 거부형, 집착형, 두려움형끼리의 조합이 방해 행동을 많이 하며 그 방해 행동이 이성관계 만족을 떨어뜨린다. 특히 집착형과 두려움형은 동일 유형과의 조합뿐만 아니라 다른 모든 유형과의 조합에서 방해 행동을 함으로써 관계수준을 저하시켰다. 이 두 가지 유형의 조합은 특히 '문제해결 의사소통'과 '정서적 의사소통'에 어려움이 많다. 따라서 집착형과 두려움형은 자신들의 애착특성으로 인한 관계 역동성을 파악하고 효율적인 적응을 위한 노력이 절실히 요구된다. 특히 상담 장면에서 이 두 유형의 내담자에게는 문제해결을 위한 의사소통기법과 자신의 정서에 대한 자각과 감정 조절 능력 등을 다루어줄 필요가 있다. 그리고 이 두 유형과 조합을 이룬 내담자에 대해서 각각의 애착유형 특성을 이해시키고 건설적으로 대처할 수 있도록 해야 할 것이다. 특히 두려움형의 경우 다른 유형과의 조합에서 타 유형에게 미치는 부정적 영향이 가장 컸다. 따라서 다른 어떤 유형보다도 대인관계에서 어려움이 많고 관계지속이 어려울 수 있다. 상담자는 상담과정에서 이들에게 자신의 가치에 대한 인정 및 자존감 향상을 위한 상담을 제공해야 할 것이다.

셋째, 거부형은 불안정유형이면서도 이성교제행동에서 상대에게 미치는 영향이 안정형과 비슷하다. 이 거부형은 이성교제행동과 이성관계 만족에서 안정형과 조합을 이루거나 같은 거부형끼리의 조합에서 대체로 원만하다. 그러나 정반대 유형인 집착형과의 조합에서 부조화를 보인다. 이는 거부형이 연인과의 관계에서 물리적 거리를 두면서도 심리적으로 친밀감을 원하기 때문이다. 이들의 부조화는 공유시간의 갈등에서 비롯된다. 거부형의 독립적인 행동과 고립, 집착형의 관계 속에서의 몰입과 집착이 서로 함께 있는 시간을 어렵게 만들 가능성이 있다. 따라서 '거부형:집착형' 연인들은 애착유형의 고립과 몰입의 특성이 서로를 쫓고 쫓기는 관계패턴으로 몰고갈 수 있는 행동임을 직시하고 자신들의 행동에 대한 변화가 뒤따라야 할 것이다. 그런데 거부형의 물리적 거리두기는 피상적인 인간관계를 맺게 할 뿐만 아니라 자신의 정서뿐만 아니라 타인의 감정도 살피지 못하게 되고 정서표현 능력이 저하되는 요인이 된다. 따라서 상담 장면에서 상담자는 거부형이 자신의 감정과 정서를 들여다볼 수 있도록 하고 타인의 정서도 살필 수 있도록 유도할 필요가 있다. 또 집착형에게는 대인관계에 대한 집착과 과도한 몰입이 도리어 타인들을 도망가게 만드는 행동임을 직면시킬 필요가 있다.

3 집착

1) 집착의 유형

첫째, 상대에게 집착하는 형태이다. 사랑에 중독된다는 것은 건강하지 못한 방식으로 사람이나 관계나 로맨스에 빠지는 것을 말한다. 영화 〈위험한 정사〉를 보면 한 사람에게 강박적으로 매달리는 중독된 사랑이 어떤 치명적인 결과를 가져오는지 알 수 있을 것이다. 글렌 클로즈는 마이클 더글라스에게 강박적으로 매달린다. 그녀는 그를 갖거나 아니면 죽어야만 했다.

둘째, 이와 약간 다른 유형의 사랑 중독이 있는데 이 경우는 특정한 사람에게 집착하는 것이 아니라 자신이 맺고 있는 관계 그 자체에 중독된다. 이러한 유형은 '관계 중독'이라고 한다. 관계 중독에는 두 가지 종류가 있다. 관계중독에 빠진 사람은 쉽게 자기 파트너를 떠나보낸다. 그러나 그들은 누군가가 없이는 자신이 존재할 수 없다고 생각한다. 그렇기 때문에, 관계가 끝나면 이런 유형의 사랑 중독자들은 재빠르게 다른 사람들과 사랑에 빠진다. 종종 그들은 지금의 관계가 끝날 때를 대비해서 다음 상대를 준비해놓기도 한다. 또 다른 형태의 관계 중독은 파트너가 무슨 짓을 해도 한사코 그 파트너에게 매달리는 경우이다. 심지어 파트너가 자신을 전혀 사랑하지 않는 경우에도 파트너를 떠나지 못한다. 이런 유형의 관계 중독자들이 항상 외고 다니는 멘트는 '나는 당신이 미워요. 그러나 떠나지는 마세요' 혹은 '무슨 일이 있어도 난 그 사람을 사랑해'이다. 겉으로 드러난 양상은 달라도, 관계 중독자들은 자신에게 파트너에게 강박적으로 집착하지 않는다. 그들이 집요하게 매달리는 것은 바로 관계 그 자체이다. 그래서 그들은 자신에게 새로운 파트너가 나타나줄 때까지, 지금의 관계를 정리하지 못한다.

셋째, 앞의 두 경우와는 전혀 다른 유형의 사랑 중독에 빠지는 사람들이 있다. 그들은 파트너에게도 관계에도 집착하지 않는다. 그들이 중독된 것은 로맨스, 바로 마법적이고 낭만적인 사랑이다. 로맨스 중독자들은 열정 속에서 황홀감을 얻기 때문에, 성적인 끌림을 가장 중요하게 생각한다. 그래서 그들은 열정이 사라지면 다른 사람에게로 관심을 옮겨간다. 로맨스 중독자들은 데이트, 촛불 아래 만찬, 주말에 펜션으로 여행을 떠나는 것과 같은 낭만적인 의식에 빠져 헤어나오지 못한다. 그들이 벌이는 낭만적인 이벤트들은 어린 시절 그들이 로맨스에 대해 품었던 환상을 재현하는 것에 불과하다. 로맨스 중독자들은 성숙한 관계를 맺으려고 시도하지 않는다. 그들은 단지 로맨스를 원할 뿐이다(류가미 역, 2010).

건강한 연인들은 현실에 대한 자각이라는 안전망을 갖고 있기 때문에 자신의 관계가 해피엔딩으로 끝나기를 바라면서도 그렇지 않을 수 있다는 가능성 또한 염두에 두고 있다. 반면, 집착하는 사람들은 이런 안전망 없이 곡예용 밧줄 위에서 균형을 잡으려고 허둥대는 것처럼 위험한 관계를 이어간다. 열정이 더욱 강렬해진 상황이라면 의심의 여지가 없다. 집착하는 사람들이 확고하게 믿는 신념은 한마디로 '이 사람이야말로 내가 필요한 모든 걸 충족시켜줄 수 있는 유일한 인물이다'라는 믿음이다. 그들은 그 사람만이 기쁨을 가져다주고, 열정을 일으키며, 사랑받고 있다는 것을 느끼게 해준다고 믿는다. 그들에게 있어서 동경의 대상은 반드시 필요한 존재가 된다. 동경의 대상에 전제조건은 없다. 특별히 지적일 필요도 없고, 보통 사람들이 매력적이라고 생각하는 그 어떤 특징을 갖출 필요도 없다. 그렇다 보니 심한 불안에 떠는 사람들과도 사랑에 빠진다. 이렇게 집착하는 사람들은 스스로 동경의 대상이 되고 싶은 뿌리 깊은 욕구, 그리고 연인을 보호해줄 수 있다는 믿음에 기초한 관계에 자기도 모르게 말려들고 만다. 집착하는 사람들은 동경의 대상에 환상을 품는데, 그것은 동경의 대상이 된 사람의 실체와는 관계가 없다. 전적으로 그들 자신에게 필요한 것과 그 동경의 대상이 그런 욕구를 충족시켜줄 것으로 그려내는 그들의 이상화와 관계가 있다. 동경의 대상에 대한 특징을 살펴보면, 집착하는 사람의 무의식 속에 자리 잡은 개인적인 욕구를 파악할 수 있다.

건전한 관계를 맺고 있는 연인들은 서로에 대한 사랑이 강렬해짐에 따라 자신의 실제 모습을 드러낼 수 있을 정도로 서로를 편안하게 여긴다. 그런 연인들이 갖는 로맨틱한 기대감은 그들의 관계가 허물없는 사이로 발전하면서 일어나는 변화를 반영할 만큼 자연스럽게 커간다. 그들은 상대방의 결점이 마음에 들지 않으면 과감하게 관계를 끊어버리기도 한다. 그러나 집착하는 사람들에게 있어서 관계를 끊는다는 건 선택의 대상이 아니다. 현실이야 어찌 됐든, 그들은 마음속에서 자신이 원하는 관계를 만들어간다. 마음을 조각하는 사람처럼 소망하는 것들을 찰흙처럼 빚어 자신이 기대하는 형상을 만들어가기도 한다. 그래서 그들의 기대감은 불가피한 현실의 맹공격에 격렬하게 저항할 수밖에 없다(조윤중 역, 2011).

사랑 중독자들은 로맨스가 그들의 모든 문제를 풀어줄 것이라고 믿는다. 사랑 중독자들은 너무나 로맨스에 사로잡혀 있기 때문에, 그들은 항상 자신의 삶과 그 속에서 일어나는 모든 사건을 길고 긴 멜로드라마에 나오는 하나의 극적인 에피소드로 보고 싶어 한다. 게다가 사랑 중독자들은 로맨스가 곧 드라마요, 흥분이라 여긴다. 그들은 항상 강박적으로 드라마를 창조하고 싶다는 무의식적인 욕구를 느낀다. 드라마는 약물 중독자가 약에 도취하게 되었을 때 경험하는 것과 비슷한 황홀감을 제공해준다. 사랑 중독자들이 드라마를 창조하는 몇 가지 정해진 방식들이 있다. 때때로 그들은 흥분을 경험하기 위해 문제를 일으킨다. 예를 들어, 사랑 중독자들은 그들의 관계가 지루해졌을 때 곧잘 트집을 잡아 싸움을 건다. 그들은 평범한 사건을 엄청난 흥분을 일으키는 비일상적이고 특별한 경험으로 변화시키는 별난 재주가 있다. 다시 말해, 사랑 중독자들은 별것 아닌 일로 싸움을 일으킬 뿐만 아니라 사소한 말다툼을 확대하여 걷잡을 수 없는 전쟁으로 만드는 특별한 능력이 있다. 왜냐하면 이렇게 사건을 확대시켜야 아드레날린이 분비되기 때문이다.

또한 사랑 중독자들은 다른 사람들의 행동 속에 숨은 의미가 있다고 생각한다. 그리고 그 의미를 추측함으로써 자신의 머릿속에서 드라마를 만들어

내기를 좋아한다. 예를 들어 상대가 그를 보고 있으면 그는 이렇게 생각한다. '그녀는 나를 보고 웃었다. 그것은 그녀가 나를 사랑한다는 증거야.' 혹은 상대가 자신을 보고 웃지 않을 경우에 이렇게 추측해버린다. '그녀가 나를 보고 웃지 않는군. 그것은 더 이상 날 사랑하지 않는다는 의미겠지.' 또 그들은 다른 사람들의 마음을 읽으려고 든다. 그리고 다른 사람들의 마음에 대해 사실에 근거하지 않은 추측을 한다. '그가 무슨 말을 해도 나는 그가 나를 사랑한다는 것을 알아. 그가 아무리 아니라고 해도 나는 그가 나를 미워한다는 것을 알아.' 또 사랑 중독자들은 아무런 사실근거가 없음에도 불구하고 자신의 낭만적인 꿈이 실현될 것이라고 믿는다. '이번이 세 번째 데이트야. 나는 오늘 그가 내게 결혼하자고 할 거라는 걸 알아.' 다시 말해, 사랑 중독자들은 자신이 원하는 방식대로만 세상을 보는 경향이 있다. 그들은 있는 그대로 세상을 보지 않는다. 그리고 객관적인 사실들을 자신이 원하는 대로 왜곡한다. 물론 이런 식으로 드라마를 만들면 평범한 경험이 훨씬 더 자극적인 것이 될 수 있다. 그러나 동시에 과도하게 현실을 과장하거나 심각하게 받아들이는 것은 꽤나 고통스러운 일이기도 하다. 사랑 중독자들이 현실을 드라마화하는 대가로, 현실이 자신의 시나리오대로 흘러가지 않을 때 실망하게 되고 필요 이상의 감정적인 고통을 당하게 된다. 이러한 실망감과 고통 때문에 사랑 중독자들은 상대를 잃게 될지도 모른다는 공포에 빠지게 되고 더욱더 강박적으로 상대에게 집착하게 된다(류가미 역, 2010).

넷째, 두 사람 사이에 일어나는 문제에 대한 책임은 당사자들에게 똑같이 있다는 게 일반적인 생각이다. 하지만 집착하는 사랑의 표적이 되는 많은 사람의 경우, 그들이 함께 책임을 진다는 건 말도 안 되는 일이다. 표적들 가운데는 누군가 자기에게 집착하고 있다는 사실조차 깨닫지 못하는 사람들이 있는가 하면, 사귀고 있는 사람이 집착하는 성향이 강하다는 걸 알고 단호한 태도로 자기 인생에서 지워버리려는 사람들도 있다. 집착 대상이 되는 사람들이 집착이라는 상황을 원하거나 즐거워하는 경우는 거의 없다.

하지만 표적 중에는 집착하는 사람들과 똑같이 강렬한 열정과 자극을 향한 욕구, 거절당하는 것에 대한 두려움, 그리고 심한 정신적 공허함에 빠져 있는 사람들이 있다. 그들은 연인의 집착행위를 부추기거나 방관한다. 나는 그들을 '공동 집착하는 사람들'이라고 부른다. 공동 집착하는 관계에서는 집착하는 사람과 표적을 구분하는 경계선이 명확하지 않다. 공동 집착하는 사람들은 정열적인 로맨스를 거부할 수 없을 만큼 즐겁고 자극적인 것으로 여기면서도, 다른 한편으로는 연인의 즉흥적인 행동에 중압감을 느끼고 당혹스러워한다. 흔히 공동 집착하는 사람들은 스스로를 집착에 빠진 연인의 희생양이라고 생각한다. 질투심에 차 있으면서 비이성적인 행동을 하는 사람은 집착하는 사람이다. 하지만 공동 집착하는 사람들이 전적으로 결백한 방관자라는 의미는 아니다. 그들은 현 상태와 같은 관계를 유지함으로써 계속해서 자신이 희생당하고 있다는 생각에 완전히 갇혀 있다. 공동 집착하는 사람들은 집착에 사로잡힌 연인과 극적이면서 열정에 찬 관계에 너무 깊이 말려든 나머지 연인 곁을 떠나거나 자신이 받아들일 수 있는 행동 유형에 대한 한계를 정하지 못한다. 그래서 혼돈, 상반된 감정의 공존, 자책, 죄의식, 정서적 빈곤이라는 위험한 상황에 빠지고 만다. 공동 집착하는 사람과 혼자 집착하는 사람 사이에는 어느 정도 차이점이 있지만 두 사람 모두 내면의 정서적 공허함을 채워줄 수 있는 사랑을 찾으려는 욕구가 있다는 점에서는 같다(조윤증 역, 2002).

집착하는 사람들을 상담할 때마다 놀라지 않을 수 없는 건 그들에게 불행의 씨앗을 심어주는 감정이 바로 그들이 말하는 '사랑'이라는 것이다. 그들은 자신이 물속 깊이 빠져드는 것 같고, 온몸이 산산이 조각나는 것 같다고 말한다. 또한 생각을 제대로 할 수 없으며, 뒤바뀐 자신의 모습이 혐오스러울 뿐만 아니라, 뭘 어떻게 해야 할지 모르겠다고 한다. 그들은 자신의 갑작스러운 감정 폭발을 두려워한다. 미쳐버릴 것만 같고, 다시는 정상적인 감정을 회복하지 못할 것 같아 불안해지는 것이다. 이런 것은 결코 사랑할 때 느끼는 감정이 아니다. 이것은 사랑의 감정이 아니라, 진행 중인 정서적 위기 상황을 드러내는 것이다. 하지만 위기라는 것이 나쁘지만은 않다. '위기'는 '위험'과 '기회'라는 두 가지 의미를 내포하고 있다. 따라서 집착에 사로잡힌 사랑을 다른 시각에서 생각해볼 수도 있다. 집착이란 확실히 정신적, 육체적인 행복에 위협이 된다. 하지만 그런 위협은 변화의 필요성을 깨닫게 할 만큼 큰 소리로 울리는 경보음이며, 더 나아가 자신을 해방시키기 위해 필요한 조치를 취할 기회가 되기도 한다. 집착 성향은 충분히 치료가 가능하다. 이미 끝난 관계로 인한 슬픔을 억누르지 못해 만나기를 거부하는 연인을 계속 좇아다니든, 자신의 집착 성향 때문에 파괴되고 있는 관계를 지켜내려고 애쓰고 있든 그것은 중요하지 않다. 치유 과정이 수월하지는 않겠지만, 과정을 충실이 따른다면 고통이 사라지고 안정된 삶을 찾게 될 것이다(조윤증 역, 2011).

2) 집착을 처리하는 방법

연애 관계에서 질투를 처리하기가 어려운 이유는, 그 감정을 스스로 어떻게 슬기롭게 표현하고 행동하느냐 하는 것보다 상대가 나의 표현에 어떻게 반응하느냐가 더 중요하기 때문이다. 결국 문제를 해결하는 열쇠는 상대방이 쥐고 있다는 이야기이다. 상대가 상황을 자세하게 설명한다든지 기분을 풀어주려고 노력하거나 반성하면 질투는 쉽게 사그라질 수 있다. 하지만 얼렁뚱땅 말을 얼버무린다든지, 핑계를 대려고 하면 상황은 악화된다.

그렇다면 질투심을 처리하는 가장 좋은 방법은 무엇일까? 첫째, 냉정하게 질문하는 것이다. 화내지 않으면서 왜 그런 일이 벌어졌는지를 냉정하게 따져보고 충분한 대화를 갖는 것이다. 냉정하게 질문하면 상대방도 적극적으로 대응한다. 예를 들어 반성하는 모습을 보여준다거나 다음번에는 이런 일이 다시는 없을 거라고 약속한다. 가장 나쁜 태도는 대뜸 화부터 내는 것이다. 감정은 서로 오가는 것이라서 한쪽이 다짜고짜 화를 내면 다른 한쪽 역시 화를 내게 된다. 이른바 '혐오의 보복성' 때문이다. 양쪽이 화를 내는 상황에서는 어떤 문제도 원만하게 해결하기 힘들다. 특히 미성숙한 연애 관계에서 두 사람이 동시에 화를 내면 연애는 파국으로 치닫게 된다.

결국 질투심을 느낄 때 그 자리에서 바로 상대에게 자신의 감정을 쏟아내는 말과 행동은 매우 어리석은 짓이다. 질투심이 생기더라도 일단은 마음속으로 한 템포 여유를 가져야 한다. 그런 다음 어느 정도 시간이 지난 후, 상대방이 어떻게 반응할지를 예상하면서 질투심이 왜 생겼는지 그 이유와 배경을 냉정하게 자문해보고, 상대방에게도 자신이 현재 어떤 감정인지 차근차근 설명해주어야 한다. 이 과정에서 주의할 점은 절대로 화를 내서는 안 된다는 것이다. 화를 내면 상대방이 도망칠 구석을 만들어주는 셈이 되기 때문이다. 물론 실제로 질투심을 느낄 때는 냉정하게 처신하는 것이 대단히 어렵다. 그 정도로 냉정함을 가진 사람이라면 질투심으로 고민하지 않을지도 모른다. 연애를 하면 정신적으로 성숙해지고 마음도 넓어진다는 것이 바로 이런 이유 때문이다. 상대방의 마음을 헤아려가면서 자신의 감정을 다스리는 방법을 배우는 데는 연애만 한 것이 없다(이철우, 2008).

둘째, '실연으로부터 회피'가 있다. 여기에는 긍정적 해석, 치환, 기분 전환의 3가지 행동 유형이 포함된다. 긍정적 해석이란 자기가 실연한 것을 긍정적으로 받아들이는 자세다. 실연은 나의 성장을 위해 반드시 필요했다고 생각하거나, 연애가 계속되었으면 더 불행해졌을 것이라고 긍정적으로 생각함으로써 실연의 고통에서 벗어나려는 일종의 몸부림이다. 치환이란 정신분석학의 용어로, 에너지를 원래의 목표에서 대용 목표로 전환시킴으로써 심리적인 긴장을 해소하는 방식이다. 실연 후의 치환이란 이별의 슬픔을 극복하기 위해 다른 이성과의 만남을 시도하는 것을 의미한다. 앞에서도 말했듯이 다른 사람과 만남으로써 떠나간 사람을 잠시 잊을 수는 있다. 하지만 분명히 알아두어야 할 것은 추억의 매장이 완전히 이루어지지 않은 단계에서 다른 이성과의 만남을 시도하는 것은 무의미하다. 추억의 매장이 이루어지지 않은 단계에서 새로운 이성을 만나봐야 떠나간 상대에 대한 매력을 확인하고 더 강화하는 꼴이 되는 경우가 많기 때문이다. 따라서 쾌락을 위한 일회성 연애가 아니라면 실연 후 바로 다른 이성과의 교제는 자신의 성장에 아무런 도움이 되지 않는다. 마지막으로 기분 전환이란 말 그대로 스포츠나 레저 등의 다른 활동에 몰입함으로써 실연의 고통을 잊는 방법이다.

실연을 극복하는 데 가장 효과적인 것은 '실연으로부터의 회피'이다. 스트레스에 어떻게 대처할 것인가에 관한 '스트레스 코핑(Stress Coping)' 연구에 따르면, 자기가 통제할 수 없는 상황에서는 도피하는 것이 가장 좋은 방법이라고 한다. 자기가 할 수 있는 일이 없다면 우선 도망치고 보라는 이야기다. 실연에서 스스로 할 수 있는 역할은 대단히 제한적이다. 슬픔을 견뎌내는 것 이

외에 스스로 할 수 있는 게 별로 없는 것이 실연이다. 관계를 복구하려고 해도 중요한 것은 상대방의 마음이지 내 마음이 아니다. 특히 차인 경우에는 내가 원한다고 해서 관계가 회복되는 것이 결코 아니다(이철우, 2008).

참여자들은 파트너와 가치관이나 취미, 시사적 관심 등을 공유하면서 자신과 비슷한 취향의 사람임을 확인할수록 파트너에게 더욱 끌리게 된다. 커져가는 친밀감을 선물이나 표정, 행동, 말 등 다양한 방식으로 표현하게 되고 이를 주고받으면서 기쁨을 느낀다. 또한 서로에게 힘이 되어주는 경험을 함으로써 신뢰감을 형성하고 관계를 더욱 돈독하게 다진다. 그러나 파트너에게 다른 이성이 생길 것 같은 개인적인 불안이나 연인이라면 공유하고 싶은 시간에 대한 개념의 차이가 있을 때 친밀감에 균열이 생긴다. 그리고 자신이 기대하는 애정표현을 받지 못하거나 자신이 준 만큼의 애정이 다시 돌아오기를 기하는 욕구가 채워지지 못할 때, 성관계에 대한 입장 차이가 좁혀지지 않을 때 서운함과 불만을 느낀다. 이렇게 서로의 바람이 어긋나면서 친밀감이 방해를 받으면 상대방에 보여주는 배려를 우선으로 한다든지 상호 간에 변화에 대한 개선 의지를 보여주면서 친밀감을 회복하고자 하는 노력을 한다. 그럼에도 불구하고 참여자들의 갈등은 반복되었다. 그 갈등을 피하거나 자기의 바람대로 해결되기를 바라면서 대화하는 경우에는 친밀감을 회복하고자 하는 시도를 좌절시킨다. 특히 두 사람이 문제를 적극적으로 해결하고자 하는 유형과 이를 피하고자 하는 유형의 짝이라면 근본적인 문제는 해결되지 못하고 감정은 적체되어 같은 주제의 문제가 훗날 등장했을 때 갈등은 더 심해진다. 그리고 자신의 바람, 욕구대로 파트너가 움직여주기를 바라고 서로의 입장만을 고수하는 경우에는 합의점을 찾지 못하고 서로 지치거나 상대방에게 야속함을 느끼고 원망하게 된다. 여기에 더해 파트너에 대한 신뢰가 깨지는 경험을 하게 되면 친밀감은 회복할 길 없이 요원해진다. 결정적으로 파트너의 마음이 변하여 이별을 고하거나 정서적으로 소진되고 갈등이 반복되는 것이 지겹고 큰 스트레스의 원인이 될 경우 이별을 결심하게 된다. 더 이상 관계를 지속할 만한 대상이 아니라는 생각에 친밀했던 관계는 종결된다. 친밀했던 상을 상실하고 난 이후에는 보통 심리적 괴로움을 겪을 것이라고 생각하지만 참여자들에게서 나타난 반응은 다양했다. 심리적 괴로움의 색채가 조금씩은 다르지만 크게 보자면 심리적 괴로움의 강도에서 차이를 보였다. 헤어짐의 이유가 각기 달랐기 때문에 심리적으로 괴로운 감정의 종류도 달리 나타났으나 그들은 상담을 통해서 혹은 친구들과의 대화를 통해서 자신들의 괴로운 심정을 토로하고 지지와 격려, 위로를 받으면서 심리적 고통을 극복해나가야 할 만큼 힘든 시간을 보냈다. 반면 파트너와 헤어진 후, 자신은 관계에 최선을 다했다고 생각한 참여자들은 친밀한 관계가 종결된 후에도 심으로 큰 괴로움을 느끼지 않았다. '최선을 다 하면 후회는 없다'라는 말에 매우 공감하는 듯 보였다. 그러나 실연 후 심리적으로 괴롭든 괴롭지 않든 참여자들은 좋은 연애 관계를 유지하기 위해 필요한 것으로 상대방의 입장에서 좀 더 생각하고 상대방이 원하는 것에 조금 더 관심을 가지는 것, 그리고 자신의 감정이나 생각 등 의사를 솔직하게 표현하며 소통할 수 있어야 한다는 점을 꼽았다(안나현, 2017).

집착하는 사람 중에는 삶의 문제로 끊임없이 고통을 겪는 사람에게 매력을 느끼는 경우도 있다. 직장생활을 제대로 하지 못하는 사람이나 알코올 중독자, 사기꾼 등을 가리지 않는다. 극단적으로는 범죄자에게 푹 빠지기도 한다. 하지만 그 문제가 어떤 것이든 간에 집착하는 사람들 가운데 이런 연인에게 매력을 느끼는 사람은 자기에게 상대의 문제를 해결해줄 능력이 있다고 믿는다. 진정으로 사랑하고 보살펴주면, 자기 연인을 움켜쥐고 있는 악의 화신으로부터 구해내어 자신이 그토록 갈망하는 아름다운 관계를 맺을 수 있다고 생각하는 것이다. 나는 이런 믿음이 강한 계층을 '구세주 콤플렉스'에 빠져 있다고 분류하고, 그런 믿음을 갖고 살아가는 사람들을 '구세주'라고 부른다. 많은 사람이 '구세주'라는 말에서 종교적인 의미를 떠올린다. 또는 초인적 능력을 가진 영웅의 이미지를 생각한다. 구세주라는 말에는 힘, 고결함, 미덕, 동정심이라는 의미가 내포되어 있다. 그러니 구세주라는 역할은 로맨틱하면서도 매혹적일지 모른다.

많은 구세주가 집착의 대상이 되는 사람과 살고 있다. 이렇게 물리적으로 가까운 상태가 구세주들의 욕구를 해소하도록 도와줄 것 같지만 그렇지도 않다. 구세주들의 삶은 연인의 최우선적인 문제에 대한 해결책을 찾는 일에 사로잡혀 있다. 그들은 일단 그런 문제들이 해결되면 자신의 환상적인 관계를 가로막는 장애물이 사라지고, 상대 연인이 기꺼이 동경의 대상이 되어줄 거라고 믿는다(조윤중 역, 2011).

제2부

아름다운 성

01 여성과 남성

02 건강한 성생활

03 성 기능 장애

04 성범죄와 예방법

01 여성과 남성

❶ 성 차이: 사회 정서적 차이, 의사소통방식의 차이, 인지적 차이, 남녀 차이에 대한 편견

젠더(gender)는 사회적·문화적으로 내면화된 성별 규범이다. 그것은 보통 여성성(femininity)과 남성성(masculinity)으로 구분되기도 하고 생물학적 성(sex)과는 다른 것으로 알려져 있다. 젠더는 인간을 여성과 남성이라는 두 범주로 구분하는 기준이지만, 그것을 넘어 사회를 조직하는 가장 기본적인 구성 원리로도 작용한다. 따라서 우리가 살고 있는 사회는 '성별화된 사회(the gendered society)'라고 할 수 있으며, 이 성별화된 사회 속에서 우리는 매일 여성으로 또는 남성으로 호명되고 행동한다(이남희 외, 2014).

1) 성차가 강조되는 사회

자연과학적으로나 사회적으로 두 가지 성이 확고히 자리를 잡은 후일지라도 언제나 성차가 강조되는 것은 아니다. 예를 들어 전쟁 등으로 사회적으로 노동력이 부족한 시기에는 여성의 모성적 운명론은 어디론가 사라지고 커리어 우먼의 자질이 강조되면서 여성의 능력이 남성에 못지않다는 것이 부각된다.

성차에 대한 관심의 역사적 추이를 살펴보면, 차이에 대한 관심이 증폭되는 시기는 바로 여성의 사회적·경제적·정치적 역할이 급속한 전환을 겪는 때라는 것을 알 수 있다. 그 대표적인 시기가 19세기 전환기와 1970년대이다.

19세기 전환기는 자본주의의 발흥과 함께 오늘날과 같은 현대적인 성별 분업 체계가 자리를 잡기 시작한 시기이며, 19세기 초부터는 유럽과 북미에서 여성참정권 운동이 일어났다. 또한 1970년대는 여성운동의 '제2의 물결'을 비롯해 인권운동 등 전반적인 사회운동이 활발히 일어난 때다. 특히 이 시기는

'성차 연구의 르네상스'로까지 불리는데, 이때 쏟아져나온 사회생물학 지식은 '과학적' 신념을 배경으로 여성들뿐만 아니라 유색인이나 경제적 하층민 등 기존 지배 질서에 저항하는 집단 모두에게, 생물학적 자질을 이유로 왜 그들이 다르게 대접받는지를 '설명'해주었다. 생물학적 차이가 생물학에만 머물지 않고 사회적 차별을 정당화하는 데 사용된 것이다. 생물학적 차이는 언제나—그저 단순한 다름이 아닌—사회정치적 소수집단의 열등함을 강조했다(이남희 외, 2014).

남자들의 삶은 기본적으로 자동주행모드다. 문제가 발생하면 그에 대한 반성이나 비판적 사고를 하겠지만, 웬만해서는 평소 하던 대로 남들이 하는 대로 큰 의심 없이 살아가는 걸 선호한다. 대학교 신입 여학생을 동물에 비유하는 여성의 비인격화도 마찬가지다. 지금껏 그래왔으므로 별다른 거부반응을 느끼지 않는다. 하지만 비인격화의 대상이 추상적인 인물이 아니라 자신의 딸이라고 생각하는 순간 의심 없이 내뱉던 표현에 180도 바뀐 반응을 보이게 된다.

남성들이 맨박스(man box)를 벗어나 비판적인 사고를 해야 하는 이유가 여기 있다. 내 딸이 '아다(처녀, 동정을 일컫는 비속어)' 같은 소리를 들을 수도 있다고 상상할 때 비로소 우리의 관점과 말버릇, 행동을 개선한다. 미래의 내 딸을 떠올리면 더 이상 '파릇파릇한' '깨끗한'처럼 여성을 비인격화하는 형용사를 사용하지 않게 된다. 한때 '아다'를 묘사하는 데 썼던 형용사들이 더 이상 인격을 갖춘 사람을 묘사하는 말로 들리지 않는다. 왜냐하면 그런 비인격적인 단어들은 우리가 딸들에게 들려주고 싶은 말이 아니라는 걸 드디어 깨달았기 때문이다.

대학가의 안타까운 점은 또 있다. 아들들에게 남자다움을 가르치면서 캠퍼스 내 일부 흉악한 남성으로부터 여성들을 보호하기 위해 노력해야 한다고 가르치지 않았다는 것이다. 우리는 대학 캠퍼스의 여학생들이 스스로 자기를 지켜야 하는 현실을 뼈저리게 자각하고 있다. 딸을 가진 아버지가 할 수 있는 것이라고는 젊은 남성들의 행동 방식에 대한 최대한 많은 지식으로 딸을 무장시키는 것뿐이다. 여성에게 던지는 추파와 부적절한 행동, 여성을 입맛대로 조종하기 위한 교묘한 꼼수 같은 것들 말이다. 우리 딸들이 곤경에 처한다 해도 초면의 정의로운 남성이 딸아이를 구하기 위해 개입하기를 기대하기는 힘들다. 왜냐하면 남성들이 집단으로 학습한 남성성의 규범에 따르면 아무리 옳은 일일지라도 남의 일에 무턱대고 개입할 수 없기 때문이다. 남성이자 아버지로서 생각해보면 참 슬픈 현실이다. 더 안타까운 사실은 여성들이 이런 현실을 이미 인지하고 지금껏 그에 맞춰 살아왔다는 것이다(김영진 역, 2016).

남자라면 이래야 한다는 조건들은 '남성성 악순환의 굴레'라고 부르는 과정을 창조하는 데 일조한다. 우리가 강요하는 경직된 남성성의 조건들은 젊은이와 청소년들에게 부정적인 역할을 한다. 사회적으로 학습된 남성성은 대개 남자다운 사람은 이래야 한다는 엄격한 기준을 강요한다. 터프하고 거칠고 근육질이고 과격하고 두려움 따위는 느끼지 않으며 상처를 무서워하지 않고 언제나 상황을 리드하는 것만이 남자라고 가르친다.

터프하고 거친 남자가 바람직하지 못하다는 것은 아니다. 나만 해도 과격한 미식축구를 비롯해 거친 남자들이 나오는 스포츠를 좋아하니 말이다. 하지만 중요한 질문은 바로 이것이다. 만약 남자인 내가 터프하지 않았다면 어땠을까? 내가 굉장히 상냥하고 애정이 많은 타입이었다면? 아니면 터프하고 강하면서도 동시에 상냥하고 친절하며 부드러운 남자가 되고 싶다면 어떨까? 내가 고통과 상처, 두려움에 대해 터놓고 말하고 싶다면? 우리 사회의 젊은이들과 청소년이 엄격한 남성성의 정의에 부합하기 위해 자신을 죽여가면서까지 부단히 노력하는 데는 다 이유가 있다. 지금 이 상황이 우리 어린 소년들에게 바람직한 환경일까? 이런 가르침을 행해보니 과연 결과가 좋던가? 우리 사회에 만연한 문제들에 기여하고 있지는 않은가? 이런 질문들을 남성들에게 한번쯤 물어 마땅하다고 생각한다.

맨박스는 남성들이 자신의 감정의 가드를 한껏 올리게끔 만든다. 가드를 내려놓고 감정에 충실하면 자신을 제대로 통제하지 못한다는 의미로 받아들여지기 때문이다. 감정에 충실하다는 건 위험을 무릅쓸 배짱이 없음을 의미한다. 남자는 자신의 감정을 드러내서는 안 된다. 감정을 통제하도록 강요받고, 도움을 요청하는 것이 나약함의 증거라고 배운 남성들은 자존감과 성취도가 낮아지면 힘들어한다. 이런 부정적인 경험들로 인해 많은 소년이 과도한 트라우마를 겪거나 반항적인 행동을 보이기도 한다. 이 상황에서 가장 비극적인 점은 시간이 지나면서 애초에 그들을 이런 상황으로 몰아넣은 맨박스에 더욱 의존하게 된다는 것이다. 이런 소년들이 성인으로 자라나면서 강요된 남성성을 답습하고 의존하게 되는 악순환의 고리가 형성된다. 이런 악순환의 굴레를 누군가의 도움 없이 벗어나기란 불가능에 가깝다.

우리의 아들, 자라나는 소년들은 누군가의 도움이 필요하다. 문제는 남자는 남에게 도움을 요청하지 말아야 한다고 사회적으로 학습해왔다는 점이다. 남성들은 도움을 요청하는 것이 나약함의 증거라고 배워왔다. 하지만 곱씹어 보면 낯선 말이다. 왜 도움을 요청하는 것이 나약함의 증거인가? 이것은 남성이 감정적 통제력을 가져야 하고 언제나 감정적으로 중무장하고 있어야 한다는 믿음과 연관되어 있다. 도움을 요청한다는 건 이런 믿음에 어긋나는 것이다. 그래서 우리는 남자로 크면서 도움이 필요할 때에도 도와달라는 요청조차 하지 못한다. 남을 도와주는 것 역시 예외 없이 맨박스 위반사항이라고 배운다(김영진 역, 2016).

2 성 역할

1) 성 역할의 개념

우리는 초기 유아 시절의 성 정체성 형성에 사회적 학습이 중요한 영향을 미친다는 것을 알았다. 2~3세의 유아들은 대부분 자신이 남자인지 여자인지 의심하지 않는다. 이렇듯 후천적 영향은 삶 전반에 걸쳐 계속되는데 성 역할(gender role 또는 sex role) 즉, 사회에서 남성과 여성에게 요구하는 적합하거나 정상적이라고 간주하는 행동에 영향을 받기 때문이다.

성 역할의 귀속은 한 사람의 행동 방식에 대해 어느 정도 유추할 수 있게 한다. 예를 들어, 북미에서는 여성들에게 방어적이고 유순할 것을 기대하는 반면, 북미의 남성들에게는 전통적으로 독립적이고 활동적인 모습을 기대한다. 이러한 기대 역할이 광범위하게 수용되면, 성 역할 고정관념으로 자리할 수 있다. 고정관념(stereo-type)이란 오로지 한 사람의 성별, 피부색, 종교, 인종적 배경 또는 유사한 범주를 기반으로 개인을 일반화하는 통념이다. 고정관념은 개인의 개성은 고려하지 않는다.

사회 일반의 성 인지적 고정관념은 우리 사회 안에서 광범위하게 수용되는 개념이다. 남성우월론을 주장하는 일부는 남성의 속성이 공격(최소한 자기주장이 강한), 논리, 비감성, 독립, 지배, 경쟁, 객관, 건장함, 활동적 그리고 무엇보다도 유능함이라고 주장한다. 반대로 비단정, 비논리, 감정, 의존, 따스함 그리고 양육 등은 여성의 속성으로 인식한다.

모든 사람이 이러한 성 역할의 고정관념을 있는 그대로 받아들이는 것은 아니며, 특히 젊은이들 사이에서는 반드시 성 유형별 행동을 고수한다는 개념이 사라지고 있는 추세이다(Menvielle, 2009). 이와 관련한 몇몇 연구는 성 역할 고정관념이 엄격한 사회에서 여성은 남성에 비해 여성으로서의 역할을 굳게 고수하지 않으려는 경향이 있으며, 남성과 더욱 대등한 위치를 유지하려고 한다고 보고하였다(Ben-David & Schneider, 2005). 미국문화에서 이런 긍정적인 변화가 나타나는데도 여전히 우리 사회에는 성 역할에 대한 진부한 고정관념이 자리하고 있다. 실로 많은 사람이 전통적인 남성 또는 여성의 역할을 통해 편안함을 느끼고 있으며 그러한 삶의 방식이 가지는 타당함에 대해 의문을 제기하거나 평가절하하지 않는다. 오히려 우리는 이러한 성 역할이 사회에 널리 퍼지게 된 원인에 대해 많은 관심을 갖고 있다(김은수 외 역, 1987).

2) 성 역할 기대: 성에 미치는 영향

성 역할 기대는 우리의 성과 밀접한 관련이 있으며 남성과 여성은 성별에 적합한 행동 방식에 대한 가설과 함께 성적 경험의 다양한 관점에 영향을 줄 수 있다. 남성 또는 여성으로서의 정체성은 성적 존재로서의 자기 평가, 친밀한 관계에 갖는 기대심리, 그러한 경험적 특성에 대한 이해 그리고 성에 대한 타인의 대응 등에 중대한 영향을 미친다.

다음 절에서는 성 역할 가설의 일부와 그것들이 성별에 미치는 잠재적 영향에 대해 논하고자 한다. 여기서는 성 역할 가설은 그 범위를 이성애자 커플로만 한정하는 것은 아니다. 성 역할 고정관념은 비록 동성애 커플은 다소 예외일 수 있지만, 그들의 성적지향과 관계없이 개인에게 영향을 줄 수 있다.

① 성욕이 약한 여성, 성욕이 강한 남성

서구의 많은 사회에서 여성은 본래부터 남자보다 성적 관심이 적다는 잘못된 가설이 오랫동안 이어졌다. 그러한 성 고정관념은 여성이 자연스러운 성적 감정을 부정하거나 억누르도록 교육받으면서 여성의 소극적 사회화라는 결과를 낳았다. 비록 사회화된 세대 구성원들이 일부 남아 있는 행동 제약을 벗어나려는 노력을 하면서, 여성에 대한 이 정형화된 개념이 사라지고 있기는 하지만, 아직도 많은 여성은 그러한 고정관념에서 완전히 자유롭지 못하다. 만일 여성도 성적 욕구가 있다는 사실을 인정하지 않는다면 어떻게 한 여성으로서 성적인 홍미를 표현하거나 적극적으로 자신의 성적 즐거움을 추구할 수 있겠는가? 성적 홍분에 대한 거부감을 갖는 일부 여성들은 이러한 정상적인 반응을 숨기거나 미리 차단하려 한다.

남성들은 성적 욕구가 크다는 고정관념 또한 오히려 부정적인 결과를 낳을 수 있다. 또한 매력적이거나(그리고/또는) 가능성 있다고 판단한 여성에 대해 즉각적으로 성적 관심을 보이지 않는 것은 남성으로 부적격이라고 생각될 수도 있다. 하지만 성적 기회가 생기는 대로 남성이 전부 그것을 원해야 한다는 말인가? 이러한 가설은 남성을 버튼이 정확히 눌렀을 때 자동적으로 반응하는 무신경한 기계로 간주하거나 남성을 격하하는 것일 수 있다. 남학생들은 이 주제에 대해 빈번하게 느꼈던 좌절과 모순적 감정을 드러낸다.

② 주도하는 남자, 따르는 여자

우리 사회에서는 전통적으로 저녁 데이트를 제안하는 것부터 성관계까지 친밀한 관계를 주도하는 것은 남성의 역할로 데이트에 응하거나 거부할 수 있는 것은 여성의 역할로 인식되었다(Dworkin & O' Sullivan, 2005). 여성 역할이 '수동적'으로 파악되는 관점에서 여성은 성관계 제안이 매우 어렵다. 먼저 제안했을 경우 성관계 시 적극적인 역할을 해야 할지 모른다는 강박관념이 그녀를 더 힘들게 할 수 있다. 많은 여성이 우리 사회에 뿌리 깊이 박혀 있는 문화적 기대심리에 좌절, 후회 그리고 분노를 느낀다.

③ 제어하는 여자, 행동하는 남자

다수의 여성은 남성들이 항상 섹스를 추구하는 존재라고 배웠기 때문에 여성들은 남녀 간의 상호교감이 이루어지는 동안 일어나는 상황을 논리적으로 제어하는 역할을 할 수 있다. 그렇다고 해서 이것이 여성이 행위의 주체로서 남성의 특권 즉, 성관계를 적극적으로 제안하라는 의미는 아니다. 오히려 여성이 수용하기 힘든 행동을 강요하지 않을 것을 확실히 해두면서 남성 파트너의 강한 욕망을 조절하는 여성으로서의 역할에 충실할 수 있다. 요컨대 가슴을 애무받는 기분을 즐기는 대신 여성은 어떻게 하면 은밀한 부위에서 그의 손을 떼어낼지에 집중할 것이다. 통제력의 문제는 성욕이 왕성한 젊은이들의 데이트에서 특히 중요하다. 성적 관계를 통제하는 데 많은 시간과 에너지를 쏟는 여성이 마침내 통제하는 역할을 포기할 때 성적 감각을 느끼기 어려울 수 있다는 사실은 별로 놀랄 만한 일이 아니다.

거꾸로 말하면 남성은 종종 여성을 성적 도전의 대상으로 여기면서 가능한 한 성적 접촉을 시도하려 하며, 가까워진다는 감정을 제대로 이해하려하기보다 친해지고 싶은 여성과 어떻게 다음 진도를 나갈까를 생각한다. 정기적으로 이러한 패턴을 경험하는 남성은 행위 주체의 역할을 포기하기 어려울 수 있으며 성적 교감이 이루어지는 동안 적극적이기보다 수동적이다. 그들은 통제자에서 적극적인 제안자로 역할이 바뀐 여성에게 부담이나 혼란을 경험할 수 있다.

④ 비감정적이고 단호한 남자, 양육하고 지지하는 여자

성 역할 고정관념 중 가장 바람직하지 못한 것은 아마도 감정적 표현, 부드러움, 양육 등은 오직 여성에게 적합하다는 개념이다(Plant et al., 2000). 우리는 이미 남성들이 감정을 절제하도록 사회화된다는 것을 배웠다. 힘을 자랑하려는 남성에게는 상처받기 쉬움, 깊은 감정, 불신 등을 표현하는 것이 익숙하지 못할 것이며 이로 인해 남성은 감정적으로 만족스러운 친밀한 관계 형성을 대단히 어렵게 느낀다.

예를 들어, '비감정적' 특징을 인식한 남성은 섹스에 대해 감정 표현을 배제한 채 육체적 행위로만 접근할 수 있다. 이것은 남녀 모두에게 불만족스러운 경험일 수 있으며, 여성은 종종 남성의 이러한 면을 발견했을 때 부정적 반응을 보인다. 여성은 관계에 있어 감정을 표현하고 마음을 여는 것에 큰 의미를 두려는 경향이 있기 때문이다. 그러나 오랜 기간 감정을 억누르도록 사회화된 남성들이 자신의 감정을 쉽게 표현하는 것은 남성에게 있어 남성우월적 개념에 대한 투쟁과도 같은 의미임을 기억할 필요가 있다. 반면, 여성은 자신들의 노력에 대해 상호작용이 거의 또는 전혀 없을 때 특히 양육자(nurturer)의 역할에 지칠 수 있다.

전통적인 성 역할을 엄밀하게 고수하는 것이 어떻게 인간의 성 표현을 제한할 수 있는지 여러 각도에서 논의했다. 오늘날 이 문화적 유산은 과거보다는 그 의미가 약해졌으나 완고한 성 역할 기대는 좀처럼 버려지지 않고 남아 있어, 다각화된 인간으로서의 성장과 전적으로 타인과 융합하는 능력을 저지한다. 비록 많은 사람이 성 역할 고정관념을 탈피하고 있고 보다 완전하게 자신을 표현하고 수용하는 법을 배운다. 우리는 여전히 우리 사회에서 일어나는 성 역할 학습이 미치는 범위를 과소평가할 수 없다. 현재는 많은 사람이 어느 한쪽이 아닌 남성과 여성, 양성의 행동 방식을 삶에 통합하려 한다(김은수 외 역, 2010).

상상해보라. 당신은 아들이 있는 아버지인데 어느 날 집에 돌아오니 아들 내미가 여섯 명의 여자아이들과 놀고 있다. 이때 어떤 생각이 들까? 어떤 질문이 머릿속에 떠오를까? 이 이야기를 수천 명의 남성과 나누면서 얻은 답변들은 다음과 같다. 여러분 중 적어도 일부는 나와 같은 생각을 하고 있을 것이라 믿는다.

많은 남성이 제일 먼저 떠올리는 생각은 "녀석, 장하다" 혹은 "우리 아들, 능력 있네"였다. 그들은 아들이 여자아이들 여섯 명에게 둘러싸여 있는 모습을 보면 자랑스러운 마음이 들 것이라고 시인했다. 아들이 여자아이들에 관심을 갖기 시작했다는 증거이자 여자아이들 또한 아들에게 호감을 느낀다는 증거이기에 그야말로 윈윈(win-win)이라고 여겼다.

한편 몇몇 남성은 이 상황이 걱정스럽다고 털어놓았다. 이 상황의 어떤 면이 걱정되는지 물었더니 아들의 성적 정체성에 의문이 생길 수 있기 때문이라고 고백했다. '혹시 내 아들이 게이일까?'라는 의문 말이다. 그럼 남성들은 아들에게 물을 것이다. "그 많은 여자애들하고 뭘 하고 있니?" 아니면 "걔네들 중 누가 제일 마음에 드니?" 남성들이 내게 털어놓기로는 아들이 만약 그 여섯 명의 여자아이 중 한 명에게라도 호감을 느끼고 있다면 상황은 해결된다고 말했다. 그런데 만약 아들이 누구에게도 호감을 느끼고 있는 건 아니지만 그렇다고 게이인 것도 아니라면 어떤가? 이 질문에 남성들은 말문이 막혔다.

아들에게 되물을지도 모른다. "그중에 누가 좋은데?"

아들이 다시 답한다. "그런 거 아녜요. 아빠, 걔들은 그냥 친구들이에요."

아버지는 다시 묻는다. "그럼 넌 걔들하고 뭘 할 작정인데?"

아들이 답한다. "노는 거예요. 그냥 친구들이라고요."

믿지 못하는 아버지는 재차 질문한다. "무슨 말인지는 알겠는데 그럼 너희는 대체 뭘 하고 노니? 무슨 얘깃거리가 있는데?"

이런 대화 속에서 우리 아들들이 전달받는 메시지는 '성적인 호감이 아니고서는 여자아이들에게 관심을 가질 이유가 없다'라는 가르침이다. 이런 메시지는 수없이 많은 남성(그중에서도 악의가 없는 착한 남성)을 통해 배포된다. 과거에도 그랬고 지금도 그렇다. 오늘날 우리 아들들은 여자아이 한두 명과는 친구가 될 수 있지만 그 이상으로 넘어가면 남성성이 위협받을 것이라는 메시지를 전달받는다. 남성성의 규범을 엮어놓은 맨박스를 단단하게 고정하는 접착제는 호모포비아(Homophobia, 동성애자에 대한 거부감과 혐오감을 극단적으로 느끼는 감정)라고 할 수 있다. 여자들과 어울려 다니는 게이처럼 행동하지 말고 성적으로 끌리는 여자를 제외하고는 관심 갖지 말라는 논리다. 아버지는 아들에게 남자다움의 정의란 '여자들이 할 법한, 여자 같은 행동을 하지 않는 것'이라고 가르친다. 여자들과 최대한 다르게 보일 수 있는 방법은 전적으로 관심을 두지 않는 것이라고 가르친다. 예외적으로 관심을 허용하는 건 오직 성적인 목표가 걸려 있을 때로 한정된다(김영진 역, 2016).

3 성정체성

성에 관한 주제만큼 큰 관심을 끌고 기쁨과 고민을 가져오는 주제도 아마 없을 것이다. 성 관련 수업을 듣는 학생들은 나이, 민족, 종교적 배경, 삶의 경험, 개방적이거나 보수적인 태도 등에서 많은 차이를 나타낸다. 학생들의 성 경험은 다양해서 어떤 학생들은 동성과 성관계를 갖는 반면, 대부분의 학생은 오직 다른 성(other sex)과 성 경험이 있고, 또 일부 학생들은 동성과 이성 모두와 성 경험을 갖는다. 어떤 학생들은 성 파트너가 없지만, 어떤 학생들은 많은 파트너가 있다. 어떤 이들은 한 명의 파트너를 가지고, 어떤 이들은 한 명의 파트너와 오랫동안 관계를 유지하고 결혼을 한다. 학생들의 성 선택과 성 경험은 상황에 수반되는 즐거움이나 고민의 정도에 따라 크게 변한다. 가장 보편적인 이성애 외에 성소수자들의 성정체성에 대하여 기술하겠다(김은수 외 역, 1987).

1) 동성애

미국의 생물학자 킨제이(Kinsey)의 자료에 따르면, 완전한 동성애자의 범주에는 여성의 2%, 남성의 4%가 해당된다. 그러나 킨제이의 통계는 꽤 오래전에 얻어낸 것이라 자료 수집 방법 등에 대한 지적이 많다. 최근 시행된 미국 보건 및 사회생활조사(NHSLS)에서는 자기 자신을 동성애자로 인식하는 경우가 여성은 1.4%, 남성은 2.8%로 다소 낮게 보고되었다. 그러나 18세까지 동성과의 성 경험을 묻는 질문에 남성이 5%, 여성의 4%가 그렇다고 답하였다. 범세계적으로 41개국에서 조사되었던 성에 대한 통계조사에 따르면, 평균적으로 응답자의 12%가 최소한 동성과의 성 경험이 있다고 나타났다(Durex, 2006).

2) 양성애

양성애자란 "동성뿐 아니라 이성끼리와의 성접촉을 즐기는 사람이나 또는 그러한 행동에 대한 욕구가 있는 사람"으로 정의할 수 있다(McDonald, 1981). 앞에서 언급한 바와 같이 남성보다는 여성의 경우 양성애자가 많으며 성적 욕구가 강한 여성일수록 양성애자일 확률이 높다. 3,600여 명이 참여한 조사에 따르면, 여성이 보이는 강한 성적 욕구는 남성과 여성 모두에게 강력한 성적 매력을 느끼는 것과 관련이 있는 것으로 나타났다(Lippa, 2006). 즉, 성적 욕구가 강해질수록 여성은 양성애에 대한 성적 갈망을 가지게 되는 것이다. 반대로 이성애 남성, 게이, 레즈비언들에 있어서 강한 성적 욕구는 오히려 한쪽 성에 대하여 더 성적으로 이끌리는 성향이 나타난다. 이러한 결과는 지역이나 연령대와 상관없이 공통적으로 나타났는데 이러한 공통적인 결과는 생물학적인 특성에 의한 결과를 암시한다.

많은 사회에서 남성보다 여성들 사이에서의 동성애에 좀 더 관용적이었던 이유도 있을 것이다. 안젤리나 졸리와 마돈나와 같은 유명 여성 연예인들의 동성애 경험 사실은 오히려 그들의 이름과 시장성을 높여주는 역할을 하였다(Owen, 2006). 남성 연예인의 경우 그와 유사한 경험이 대중에게 노출된다면 오히려 그들에게 부정적인 영향을 미칠 것이다.

3) 무성애

무성애(asexuality)란 어느 성에도 성적 매력을 느끼지 못하는 것을 의미하며, 거의 연구되지 않았다. 영국에서 18,000명을 상대로 실시된 연구에 따르면, 인구의 약 1%가 무성애자라고 한다(Bogaert, 2004). 대부분의 무성애자는 일생을 성생활 없이 보낸다. 무성애는 여성에게 더 많이 나타나는 것으로 보고되나 양성에 공통적으로 나타나는 무성애와 관련 있는 요인으로 몇 가지가 알려졌다. 왜소한 신장과 건강문제도 요인이 되며 여성의 경우 첫 월경이 늦어지면서 무성애자가 되기도 하는데 이러한 요인들은 생물학적 이유가 원인이다. 또한 일반적으로 무성애자들의 교육 정도나 사회적 경제적 지위는 그렇지 않은 사람들보다 낮은 경우가 많다. 무성애자 교육 네트워크에 따르면, 무성애 또한 선택에 의한 것이 아니라 본래 타고난 그들의 성 지향성을 나타내는 것이다. 무성애자들은 성적 매력을 느끼지 못할 뿐이지 상대방에 대한 우정, 호의, 동료애 등은 있다. 이들 중 소수의 경우 자위를 하기도 하지만 성 파트너를 통해 느끼는 성에 대해서는 관심이 없다(Jay, 2005).

4 전통적인 여성상과 남성상

1) 전통적인 여성상

우선 여성이 가지기 쉬운 콤플렉스 중, 착한여자 콤플렉스는 무슨 일이든 참고 기다리며 남에게 싫은 소리를 못하는 경우를 말하고, 신데렐라 콤플렉스는 근사한 결혼상대자를 만남으로써 편안한 결혼생활에 안주하려는 의식구조를 의미한다.

여자는 무엇보다 예쁜 것이 최고라고 생각하여 지나치게 외모 가꾸기에 치중하는 외모 콤플렉스, 큰딸로서 집안과 동생들을 위해 무조건 희생, 봉사하는 장녀 콤플렉스, 순결한 여자는 성적 충동을 느껴서는 안 되고 성에 대해 모른다고 생각하는 무성 콤플렉스, 여성은 남성에 비해 지적 능력이 열등하다는 지적 콤플렉스, 직장일과 가정일에서 흠 잡히지 않으려고 모든 일에 완벽을 추구하는 슈퍼우먼 콤플렉스 등이 여성들에게 자주 나타나는 콤플렉스이다(이기숙 외, 2010).

2) 전통적인 남성상

한편 남성에게 많이 나타나는 사내대장부 콤플렉스는 남성의 지배와 성공을 의미하는 남성우월주의가 만들어낸 대표적인 콤플렉스이다. 사내대장부 콤플렉스는 진짜 사내대장부라면 사회적 인정을 받고, 강하며, 지위를 획득하여 다른 사람의 존경을 받아야 한다는 강박관념을 가지는 경우이고, 바보온달 콤플렉스는 아내의 덕을 보기 원하는 의존 심리를 '남편의 성공이 곧 아내의 행복'이라는 가부장적 이데올로기로 합리화하는 경우를 말한다.

체격 콤플렉스는 남자라면 크고 우람한 체격을 가져야 한다는 생각 때문에 심각한 열등감에 빠지는 경우이며, 장남 콤플렉스는 집안의 계승자로서 책임과 의무를 다하기 위해 힘겨운 부담을 감수하고 희생하는 경우이고, 성 콤플렉스는 강한 성욕을 가져야 하고 성적으로 여성을 만족시키는 것이 남성다움을 나타내는 것이라고 여겨 기준에 미치지 못하면 위축되고 갈등하는 경우를 말한다. 지적 콤플렉스는 '지적인 남자가 남자답다는 생각 때문에 무엇이든 아는 척해야 하는 것을 말하며, 슈퍼맨 콤플렉스는 진짜 남자라면 무엇이든지 잘할 수 있다는 강박관념을 가지는 경우를 말하는데, 특히 우리 사회에서는 남보다 월등하게 돈을 벌며 사회적으로 지위와 명예를 부여하는 직업을 가진 남성을 슈퍼맨으로 보는 경향이다(이기숙 외, 2010).

힙합을 듣는 젊은 세대든 뽕짝을 흥얼거리는 옛날 세대든 앞으로 해야 할 일은 같다. 서로 다른 환경의 남성들 간에도 남성중심주의는 비슷한 형태를 띤다. 우리가 하는 활동은 남성에게서 무언가를 빼앗으려는 것이 아니다. 먼 과거로부터 세대에 걸쳐 전해내려온 훌륭한 자산들에는 자부심을 느끼는 것이 맞다. 대다수 남성은 가족을 위해 일하는 사랑스러운 남편이자 아버지의 역할을 하도록 이전 세대로부터 배워왔다. 다만 성인 남성이 된다는 것의 사회적 책임을 다른 각도에서 생각할 필요가 있다는 말이다.

지역 차이든 문화 차이든 각자의 규범과 경험은 다를 수밖에 없다. 경제적으로 풍요하든 빈곤하든 남성들 간에는 각자의 방식이 있다. 백인이든 유색인이든 젊은 남성이든 중장년 남성이든 미국태생이든 교포이든 기독교 신자이든 무슬림이든 남성들 각자가 따르는 방식과 행동 규범에는 차이가 있지만, 모두의 공통점을 꼽자면 바로 여성에게는 더 낮은 가치를 매기도록 사회적으로 교육받았다는 점이다. 이 모든 집단은 여성이 남성의 소유물이라고 배운다. 어떤 집단에서는 이런 믿음이 더욱 극단적일 수 있다. 어찌 됐든 모든 집단에서 공통적으로 학습된다는 것만은 사실이다. 마찬가지로 여성은 도구, 특히 성적인 도구라고 배운다. 이 세 가지 요소는 "여성이 열등하다는 믿음 + 소유물이라는 인식 + 성적 대상화 = 여성을 향한 폭력"이라는 등식을 만들어낸다. 좌변은 언제나 우변을 만들어낸다. 이 등식은 전 세계 어디서나 같은 값을 가진다(김영진 역, 2016).

5 양성평등

1) 초월적인 성 역할: 양성성

양성의 특징을 가진다는 뜻의 양성성(androgyny)은 그리스어로 '남성'을 뜻하는 andr, '여성'을 뜻하는 gyne에서 파생했다. 이는 보다 융통성 있는 성 역할을 표현하는 용어이다. 양성적(androgynous)인 사람은 그들의 개성과 행동 방식에 여성성과 남성성 양쪽 모두를 통합한다. 양성성은 적합한 성 역할로 행동 범위를 제한하는 대신 주어진 상황에 맞는 것이면 어느 쪽이든 표현하는 선택의 자유를 갖는다. 이처럼 양성성인 남성과 여성은 자신의 일에서는 단호하게 자기주장을 하면서 동시에 그들의 동료, 가족 구성원, 연인을 보살핀다. 많은 남성과 여성들은 전통적 성 가설에서 벗어나지 않으면서 전형적인 반대 성으로 귀착되는 행동 방식에도 관심을 보이며, 실제로 양성을 공유하는 사람은 대단히 많다.

사회심리학자 벰(Bem, 1974, 1975)은 남성성, 여성성 또는 양성성의 정도를 측정하기 위한 지필평가를 개발하였다. 벰의 연구 이후 그와 유사한 평가 방법들이 등장하였다(Spence & Helmreich, 1978). 이들은 자아 존중감이 높고, 결단력이 높으며, 커뮤니케이션 능력이 원활하고, 사회적으로 유능하다(Katz & Ksansnak, 1994; Kirchmeyer, 1996). 또한 남성과 남녀 양성인 사람들은 여성 역할을 강화한 사람들보다 독립적이고 소신 있는 경우가 많다고 한다(Bem, 1975). 사실, 양성성인 사람과 남성성(masculine)인 사람들은 연령대를 막론하고 양쪽 성별에 대한 적응력이 강하다(Sinnott, 1986). 그러나 양성성인 사람과 여성성(feminine) 사람은 남성적 역할을 고수하는 사람들에 비해 상당히 모성적이다(Bem, 1974; Coleman & Ganong, 1985).

그러나 양성성이 잠재적으로 문제가 없는 이상적인 상태라는 결론에는 신중할 필요가 있다(Sampson, 1985). 한 연구에서는 남성성의 남성은 양성성 남성보다 전반적으로 감정 표현에 능숙한 경향을 보였다고 한다(Jones et al., 1978). 신진 교수들의 한 연구 결과, 양성성인 사람은 삶에 대한 개인적 만족도가 크지만 성별 유형화가 강한 사람들보다 직업 관련 스트레스 강도가 더 높았다(Rotheram & Weiner, 1983). 남성성 특징이 강한 대학생 무리를 대상으로 한 연구에서는 다재다능함, 융통성 평가에서 양성성보다 더욱 높은 점수를 받았다(Lee & Scheurer, 1983). 여성성이거나 양성성이 아닌, 남성성은 빠른 적응력과 긍정적인 자부심을 갖는데(Basoff & Glass, 1982; Unger & Crawford, 1992), 이는 남성성 속성에는 더욱 긍정적인 특성이 있기 때문이다. 결과적으로 양성성은 감정적, 사회적, 행동적인 반응과 많은 관련이 있지만, 개인적인 조절과 만족에 영향을 미치는 완전한 기준 형성을 위해 많은 정보가 필요하다.

남성, 여성의 양성지향적 사람들은 전통적인 성 역할을 하는 사람들보다 성(sexuality)에 대해 더욱 긍정적이며 깨어 있고 감정 표현에도 자연스럽다(Coleman & Ganong, 1985; Walfish & Myerson, 1980). 또 이들은 타인의 성에 대해 보다 더 관대한 태도를 보이며 쉽게 선입견을 갖거나 비난하지 않는다(Garcia, 1982). 양성성의 여성은 여성성의 여성보다 오르가슴을 느끼고 성적 만족을 경험하는 횟수가 잦다는 연구 결과가 있지만(Kimlicka et al., 1983; Radlove, 1983), 또 다른 두 연구에 따르면, 남성성 남성은 양성성 여성에 비해 섹스를 보다 거부감 없이 받아들이며, 그들의 생물학적 성이 사회적 성에서 보이는 것보다 더 강하게 작용한다는 것을 보여주었다(Allgeier, 1981; Walfish & Myerson, 1980).

양성성인 사람들은 보다 융통성이 높으며 성을 편하게 받아들이는 것처럼 보인다. 우리는 남성이든 여성이든 그러한 이들이 성에 있어 감정과 육체의 양쪽 모두를 즐길 줄 아는 능력이 있음을 예상할 수 있다. 양성성 연인들은 성적 공유를 편하게 제안하고 받아들이며, 사랑을 나누는 동안 누가 무엇을 어떻게 해야 한다는 선입견에 대해 상당히 자유롭다. 이러한 견해들은 양성성인 커플이 남녀 간의 커플보다 관계에 있어 감정적, 성적 만족을 더 많이 경험하고 개인적 관여도가 높았다는 연구로 뒷받침된다(Rosenzweig & Daily, 1989; Stephen & Harrison, 1985). 이에 대한 연구는 계속될 것이나, 양성성을 무조건적으로 수용하는 것은 경계할 필요가 있다. 그럼에도 지금까지 모인 근거들은 사람들이 전통적 성 역할을 초월할 때 더욱 넓은 범위 안에서 효과적인 역할을 다할 수 있음을 시사한다. 양성성은 여성성과 남성성 행동 방식을 선택할 수 있다. 양성성은 성 역할의 기준에서가 아니라 주어진 상황 안에서 자신과 타인에게 안겨줄 수 있는 최적의 만족을 기반으로 독립성, 단호함, 양호 또는 부드러움이라는 특성을 취한다(김은수 외 역, 1987).

2) 양성평등에 대한 편견

여성들이 남녀평등을 언급하면 남성들은 걱정스레 묻는다. "그래서 내가 뭘 포기해야 하는데?" 대놓고 말하지는 않더라도 남성들은 남녀평등을 이루기 위해 자신들이 무엇을 포기해야 하는지부터 걱정하게 마련이다. 이들에게 남녀평등은 반가운 선물과 같다는 인식을 심어주는 것이 이 책의 목표다. 나는 남성들이 남녀평등을 지지함으로써 무엇을 잃게 되는지가 아니라 무엇을 얻을 수 있는지를 깨닫기 바란다.

남성들은 여느 지배집단(백인, 부유층, 이성애자, 비장애인 등)과 마찬가지로 그들이 포기해야 할 기득권에 신경을 곤두세우도록 배워왔다. 그들의 기득권은 상대방 위에 군림하는 힘과 특혜로 이루어져 있지만, 그들은 그렇게 생각하지 않는다. 그들은 자신이 누리는 특혜를 노력으로 얻은 결과라고 부른다. 우리 사회에서 평등이 논의될 때 그들 지배집단의 눈에는 소수집단이 노력도 하지 않고 특혜를 누리려는 것으로 비춰진다. 지배집단의 시점에서는 구조적이고 제도적인 탄압이 보이지 않는다. 그들은 이 사회가 모든 것을 노력으로 얻는 실력주의 세상이라 착각하곤 한다.

여기서 중요한 점은 지배집단인 남성들이 인간애의 큰 부분을 상실하고도 그것을 깨닫지 못한다는 것이다. 특히 여성 집단에게 인간애가 얼마나 소중한 것인지 알아채지도 경험하지도 못한 채 살아간다. 그들이 결핍된 인간애를 되찾는 첫 계기가 바로 딸을 낳고 '우리 공주님'과 처음 눈을 맞추는 시점이다. 그 순간 남성은 자신의 세계가 변화함을 느낀다. 자신이 지금껏 주변 여성들에게 내주었던 것보다 훨씬 더 많은 것이 자신의 딸에게 주어지길 바라게 된다. 이게 바로 딸을 둔 아버지들이 겪는 내부적 갈등이다. 딸을 둔 남성들은 자문해야 한다. "나는 내 딸이 나 같은 남자와 결혼하는 게 달가울까?"

우리는 남녀가 힘을 합해 이루어내는 사랑과 애정이 가득한 남녀평등의 세상을 꿈꾼다. 무엇 하나 부족함이 없고 해방감이 차오르는 세상, 사람과 사람 간의 경계를 허무는 경험이다. 일부 남성들에게는 와닿지 않는 제안이라는 것을 잘 안다. 바로 남성들의 집단 사회화 교육 때문이다. 우리는 맨박스가 여러 가지 면에서 남성의 내면을 파괴하고 있단 점을 인정해야 한다(김영진 역, 2016).

3) 양성평등에 대한 적절한 대처

남성중심주의와 남성성, 여성 폭력 문제에 대한 목소리를 내기는 쉽지 않다. 우리는 어찌 보면 새로운 세대의 남성들이 출현하는 과정 한가운데를 지나고 있는지 모른다. 우리 세대야말로 대규모로 나서서 목소리를 높인 첫 번째 세대가 될 것이다. 하지만 이것은 어떤 남성들에게는 생소한 현상이다. 남성들은 다양한 위험 요소를 걱정한다. 그러다 친구들을 잃지 않을까요? 다른 남자들이 저를 이상하게 생각하지 않을까요? 제가 뭘 포기해야 할까요? 모두 적절한 질문이지만 나는 조금만 다르게 생각해보았으면 한다. 내가 변함으로써 여성들에게 어떤 도움이 돌아갈까? 우리 사회 전체에 어떤 이득이 될까? 내 삶은 어떻게 개선될까? 다음의 긍정적인 면을 떠올리는 게 도움이 될 것이다.

- 이의를 제기하지 않는 것은 결과적으로 폭력적인 남성을 지지하는 것이라는 이야기에 동의하십니까? 남성들이 계속 침묵을 지키는 것이 괜찮다고 생각합니까?
- 남성들이 남성중심주의와 맨박스의 문제를 보편적으로 논의하기 시작하면 우리 아들들에게는 어떤 영향을 미치게 될까요? (김영진 역, 2016)

사실 사회과학자들은 현재 가중되고 있는 성 역할의 변화가 미래 사회에 혼란보다는 더 큰 이익을 줄 것으로 전망한다. 우선 단기적으로는 남성들이 가족의 부양자로서 무거운 부담을 더 이상 강요당하지 않게 되고 부부가 경제적 책임을 분담하는 개방성을 지니게 될 것이라는 점이다. 여성들 역시 자신의 능력과 선호에 따라 다양한 선택을 할 수 있게 되어 개인적 발달을 도모할 수 있으므로 더 많은 만족감을 느끼게 될 것이다. 결국 성 역할의 변화는 여성과 남성 모두에게 총체적인 삶의 질을 향상시키고 부부관계를 조화롭고 균형 있게 발전하도록 돕는 역할을 할 것이다. 물론 그 이면에는 부부간 평등성이 전제되어야 한다.

성 역할의 변화는 남성지배와 여성종속으로 비롯된 가족 내 불평등 현상을 변화시켜 더욱 균형 있는 가족관계의 분위기를 조성한다. 자녀들도 정형화된 성 역할 사회화에서 벗어나 성별이 아니라 개인의 능력과 선호에 따라 가장 적합한 일을 하도록 격려받는다. 그리하여 사회의 모든 영역에서 여성의 참여가 증가하게 되고, 이는 훨씬 더 창조적이고 개방적인 사회 분위기를 만들어 한쪽으로 몰렸던 사회적 세력을 분산하는 기회를 제공하게 될 것이다. 이러한 성 역할의 변화를 통해 추구하고자 하는 점은 결코 전반적인 사회의 여성화나 남성의 무력화는 아니다. 오히려 남성지배 또는 여성지배가 아닌 조화로운 사회를 만들어 자기 자신뿐 아니라 다른 사람의 권리를 충분히 이해하고 존중하는 데 그 목적이 있다. 그리고 그 아름다운 결과는 우리는 물론 다음 세대가 지속적으로 누리게 될 것이다(이기숙 외, 2010).

02 건강한 성생활

성은 그 사회의 규범과 제도뿐 아니라 성별, 계급, 인종, 연령, 선호도에 따라 다양하게 달라지는 사회적인 구성물이지만 그 기능은 크게 두 가지로 구분된다(윤가현, 1999). 첫째는 종족보존(procreation)이고, 둘째는 즐거움(recreation)이다. 종족보존은 자녀를 출산하여 혈육을 잇는 기능을 의미하는 것이고, 즐거움의 기능은 친밀감을 조성하고 긴장을 해소하여 생활의 활력을 부여하는 역할을 한다. 보통 성행위에서는 이 두 가지의 기능이 함께 나타나기도 하지만 시대와 문화권에 따라 한쪽 기능이 강조되기도 한다. 특히 현대에 이르러 소비자본주의가 확산되면서 즐거움의 기능이 확대되고 있는데 그 내용으로는 쾌락의 추구, 긴장이나 갈등의 완화, 욕구불만의 해소, 사랑의 확인, 재화의 획득 등으로 나누어진다(이기숙 외, 2010).

1 남성 성기의 구조와 기능(김은수 외 역, 1987)

1) 남성 성기의 구조

① 음경

음경(penis)은 신경, 혈관, 섬유조직 및 3개의 병렬 실린더형으로 된 해면조직으로 되어 있다. 일반 사람들의 생각과는 달리 음경은 뼈나 풍부한 근육조직이 없다. 그러나 근육의 광범위한 네트워크가 음경의 기저부에 나타난다. 이러한 근육은 요도를 통해 정자와 오줌을 방출하는 데 도움을 준다. 음경의 한 부분은 골반강 내부로 뻗어 있다. 이 부분은 치골(pubic bone)에 붙어 있는데 음경뿌리(root)라고 한다. 음경이 발기할 때 한 손가락으로 항문과 고환 사이의 부분을 위로 눌러봄으로써 음경뿌리가 안에 들어 있다는 것을 느낄 수 있다. 음경의 끝부분인 머리를 제외하고 외부로 나와 있는 부분을 음경몸통(shaft)이라고 한다. 부드럽고 도토리처럼 생긴 머리는 귀두(glans)라고 한다.

② 음낭

음낭(scrotum)은 음경 바로 아래 사타구니에서 복부 체벽이 바깥으로 튀어나온 피부의 느슨한 주머니이다. 정상적으로 음낭은 체벽으로부터 느슨하게 붙어 있으며, 온도가 차갑거나 성적인 자극이 오면 몸쪽으로 좀 더 가까이 이동한다. 음낭은 두 층으로 구성되어 있다. 외부 층은 얇은 피부로 겉을 둘러싸고 있는 것으로 다른 체색보다 더 검다. 음낭은 전형적으로 사춘기 때 많은 털에 의해 둘러싸인다. 두 번째 층은 음낭 근육층(tunica dartos)으로 알려진 것으로 평활근섬유와 섬유성 연결조직으로 이루어져 있다.

음낭은 2개의 분리된 구획이 있는데 각각 하나의 고환(testic)을 포함한다. 각 고환은 정삭(spermatic cord)에 의해 붙어 있다. 정삭은 정자를 운반하는 관인정관(vas deferens), 혈관, 신경 및 거고근(cremasteric muscle) 근섬유를 포함하는데 이들은 음낭에서 고환의 위치에 영향을 준다. 의식적으로 이러한 근육을 수축시킬 수 있으며, 이때 고환이 위로 움직인다.

③ 고환

고환(testis)은 성호르몬을 분비하고, 정자를 생산하는 두 가지 주요한 기능을 한다. 고환은 복강에서 형성되며, 태아 발달 후기에 복부에서 음낭으로 서혜관을 따라 이동한다. 태어날 때 고환은 정상적으로 음낭에 있지만 어떤 경우에는 하나 또는 두 개의 고환이 아래로 내려오지 못하는 경우가 있다. 이것을 잠복고환(cryptorchidism)이라고 하며, 3~5%의 남아에게서 발견된다(Kollin et al., 2006). 내려오지 못한 고환은 종종 출생 후에 자동적으로 내려오기도 한다. 그러나 고환이 6개월이 되도록 내려오지 않는다면 자동적으로 내려올 확률은 작다고 봐야 한다(Kelsberh et al., 2006).

남성 대부분에서 고환은 비대칭이다. 왼쪽 고환이 오른쪽보다 좀 더 아래로 내려와 있다. 이것은 보통 왼쪽 정삭이 일반적으로 오른쪽보다 길기 때문이다. 이러한 차이는 종종 과도한 자위에 의해서 나타날 수도 있지만 이런 주장에 대해서는 근거가 없다. 이것은 어떤 여성의 가슴 크기가 다른 것과 별반 차이가 없는 이야기와 같다. 우리 몸의 많은 구조나 기관들은 완전한 대칭이 아니다.

④ 정관

부고환에 머물러 있던 정자는 궁극적으로 정삭의 내부에서 음낭을 따라 위로 이동하는 길고 가느다란 정관(vasdeferens)으로 이동한다. 정관은 이 길을 따라 음낭의 표면 가까이에 있어 남성 피임 방법 중의 하나인 정관수술(casectomy)을 쉽게 해준다.

⑤ 정낭

정낭(seminal vesicle)은 정관의 끝에 인접한 2개의 작은 분비선이다. 성 생리 측면에서 이들의 역할은 완전하게 이해되지 않았다. 한때는 정자에 대한 저장소로 생각된 적이 있다. 하지만 정낭은 과당이 풍부한 알칼리 용액을 분비하는 장소이다.

⑥ 전립선

전립선(prostate gland)은 크기와 모양이 호두를 닮은 구조로 방광의 밑에 놓여 있다. 사정관과 요도는 전립선을 통과한다. 전립선은 평활근과 분비조직으로 이루어져 있으며, 사정 시 나오는 정액의 약 30%를 차지한다. 비록 전립선은 성인 남성에서 계속해서 활동하지만 성적 흥분 시 분비를 가속화한다. 분비물은 작은 구멍의 체 형태로 된 관 시스템을 통해서 요도로 분비되며, 정자 및 정낭에서 분비된 정액과 만난다. 전립선 분비물은 엷고, 우윳빛 색깔이며, 알칼리성이다. 이 알칼리성은 남성 요도 및 여성 질의 산성을 중화시켜 정자에게 좋은 환경을 만들어준다.

⑦ 쿠퍼선

쿠퍼선(Cowper's gland 또는 bulbourethral gland)은 2개의 작은 구조이며, 각각은 완두콩 크기로 요도가 전립선으로부터 나타나는 지점의 바로 아래에 요도 각 양쪽에 하나씩 나타난다. 작은 관이 두 분비선을 직접 요도로 연결한다. 남성이 성적으로 흥분하면 이 기관은 종종 윤활유성의 점액 물질을 분비하는데 음경의 끝에서 2~3방울 정도로 나타난다. 전립선처럼 이 액체는 알칼리성이며, 요도의 산성을 중화시켜주며, 또한 정액의 흐름을 용이하게 하는 윤활유 역할을 하는 것으로 생각된다. 일부 보고와는 반대로 쿠퍼선 액체는 성교시 질 윤활제로 기능을 하지는 않는다. 많은 남성에서 이 분비액은 성적 흥분이 시작될 때까지 또는 오르가슴 바로 전까지 나타나지 않는다. 발기가 된 후에 바로 나오기도 하며, 이러한 분비액을 전혀 만들지 못하는 사람도 있다. 이러한 경우는 모두 정상적인 성 기능 범주에 속하는 것으로 알려진다.

⑧ 정액

음경으로부터 사정된 정액(semen 또는 seminal fluid)은 여러 구조에서 나온다. 정액은 정낭, 전립선, 쿠퍼선에서 나오며, 정낭에서 가장 많은 양을 분비한다(Eliasson & Lindgolmer, 1976; Spring-Mills & Hafez, 1980). 남성이 사정하는 정액의 양은 평균적으로 티스푼 1개 정도 되며 여러 요소에 영향을 받는다. 예를 들어, 바로 전 사정으로부터의 지나간 시간, 사정 전 흥분시간, 나이 등에 따라 다르다. 나이가 들면 적게 나오는 경향이 있다. 한 번 사정으로 나온 정액은 보통 2~5억 개 정도의 정자를 포함하고 있으며 사정된 총량의 약 1%를 차지한다.

2) 남성의 성 기능

① 발기

발기(erection)는 자율신경계에 의해서 조절된다(Manecke & Mulhall, 1999). 남성이 성적으로 흥분될 때 신경계는 음경에서 동맥이 확장을 유도하는 정보를 보낸다. 결과적으로 혈액이 음경의 해면조직으로 흘러가는 속도가 빠르게 증가한다. 정맥을 통해 음경 밖으로 빠져나가는 혈액의 속도가 음경 안으로 들어오는 속도보다 느리기 때문에 혈액이 해면조직에 모이게 되고 이것은 발기를 유발한다. 음경은 신경계로부터 정보가 멈출 때까지 그리고 혈액이 음경으로 들어오는 것이 정상 속도로 돌아갈 때까지 발기 상태를 지속한다.

발기는 출생할 때부터 나타난다. 어린 남자 아기가 잠을 자는 동안이나 기저귀를 차고 있을 때나 옷을 입을 때의 자극으로부터 그리고 후에는 자신이 만짐으로써 발기를 경험하는 것이 일반적이며 아주 자연스럽다.

② 사정

두 번째로 기본적인 남성 성 기능은 사정(ejaculation)으로, 정액이 음경을 통해서 몸 밖으로 나오는 과정이다. 많은 사람은 남성 오르가슴을 사정과 동일시한다. 그러나 이러한 두 과정은 항상 동시에 일어나는 것은 아니다. 사춘기 전에 소년은 수백 번의 '건조한 오르가슴', 즉 사정이 없는 오르가슴을 경험할 수도 있다. 때때로 남성은 섹스 동안에 한 번 이상의 오르가슴을 경험할 수도 있으며, 두 번째 또는 세 번째 오르가슴은 사정 없이도 일어난다. 따라서 남성 오르가슴이 일반적으로 사정과 연관되어 있지만 이러한 두 과정은 반드시 함께 일어나는 것은 아니다.

2 여성의 성기의 구조와 기능(김은수 외 역, 1987)

1) 외음부

외음부(vulva)는 여성의 모든 외부 생식구조, 즉 음모, 피부의 접힘, 요도구와 질구를 포함한다. 외음부는 여성의 외부 생식기를 가리킬 때 이 책에서 가장 빈번하게 사용되는 용어이다. 외음부가 질을 가리키는 경우로 종종 잘못 사용되는데 질은 내부구조이며 그 열린 부분만이 외음부에 있다. 사람마다 그 모습이 조금씩 다른 외음부는 특정한 꽃, 조개 또는 자연의 어떤 다른 형태에 비유된다.

① 치구

치구(mons veneris)는 치골을 덮고 있는 부분이며, 치골과 피부 사이의 지방조직으로 이루어진 패드로 구성된다. 치구에는 많은 신경이 있어서 접촉하거나 누르면 성적으로 느낌이 좋아진다. 사춘기부터 치구는 음모로 덮이며 음모는 여성마다 색, 감촉, 굵기 등이 다양하다. 성적으로 흥분되는 동안 질의 분비물과 동반된 냄새가 음모에 의해 머물게 되어 성적인 즐거움을 증가시킬 수 있다. 또한 음모는 불편한 마찰을 줄이며 성교 동안 쿠션으로 작용한다. 대부분의 여성과 그 배우자는 음모가 주는 다양한 관능성을 즐긴다.

② 대음순

바깥쪽 입술 모양의 부위인 대음순(labia majora)은 외음부의 양쪽 편에 걸쳐 치구로부터 아래쪽으로 돌출되어 있다. 허벅지의 옆에서 시작되어 안쪽으로 뻗어 있으며 소음순, 요도구, 질구를 둘러싸고 있다. 허벅지 옆의 대음순은 음모로 덮여 있으며 소음순에 접한 안쪽 부분에는 음모가 없다. 대음순의 표면은 대개 허벅지보다 진한 색을 띤다. 신경이나 지방조직은 치구의 그것과 유사하다.

③ 소음순

안쪽 입술 모양 부위인 소음순(labia minora)은 대음순의 안쪽에 있으며 종종 대음순 사이에 돌출되어 있다. 포피(prepuce) 또는 음핵의 덮개에 연결된 소음순은 털이 없는 주름진 피부이며 요도구와 질구 아래쪽으로 뻗어 있다. 땀과 지방 분비선이 있고 혈관과 신경이 잘 발달되어 있다.

④ 음핵

음핵(clitoris)은 외부의 음핵몸통(shaft)과 음핵귀두(glans) 그리고 음핵몸통의 양쪽에서 안쪽으로 뻗은 내부의 음핵뿌리(crura)로 구성된다. 음핵의 몸통과 귀두는 치구의 바로 아래 소음순이 만나는 곳에 있다. 음핵은 음핵 덮개 또는 포피에 의해 덮여 있다. 생식기의 분비물, 피부세포, 세균이 모여 피지를 형성하는데 이것은 포피 아래에 축적되고 때로는 혹이 되어 성적 흥분이나 성행위 시에 통증을 준다. 포피를 반대 방향으로 잡아당겨 외음부를 씻으면 이 부위에 피지가 축적되는 것을 방지할 수 있다. 이미 피지가 형성된 경우에는 의사의 도움을 받으면 된다.

⑤ 전정

전정(vestibule)은 외음부의 일부이며 소음순 안쪽 부위이다. 이곳에는 혈관과 신경이 많으며, 그 조직은 자극에 민감하다. 요도구와 질구 둘 다 전정 안에 있다.

⑥ 요도구

방광에 모아진 소변은 요도구를 통해 여성의 몸에서 나간다. 요도(urethra)는 음핵과 질구 사이에 있는 요도구와 방광을 연결하는 짧은 관이다.

⑦ 질구와 처녀막

질구(introitus)는 질의 입구로서 요도구와 항문 사이에 있다. 질구를 부분적으로 덮고 있는 조직은 처녀막(hymen)인데 이것은 태어날 때부터 있으며 대개 첫 성교 때까지 그대로 유지된다. 처녀막의 입구는 탐폰을 삽입할 수 있을 정도로 넓다. 가끔 이 조직은 너무 두꺼워서 성교 시에도 잘 파열되지 않는다. 간단한 절개를 위해 의사의 도움이 필요하다. 매우 드문 경우지만 질구가 완전히 막힌 구멍이 없는 처녀막(imperforate hymen)은 생리 분비물이 질의 내부에 모이는 원인이 된다. 이러한 경우에는 의사가 처녀막을 절개하여 구멍을 낼 수 있다. 드문 경우지만, 여성의 처녀막이 그대로 있고 음경이 관통하는 일이 없었는데도 임신하는 것이 가능하다. 만약 정액이 소음순에 놓인다면 정자가 질 안으로 이동할 수 있다. 임신을 원하는 경우가 아니라면 피임을 하지 않고 음경과 외음부를 마찰하는 성행위도 피해야 한다.

⑧ 회음

회음(perineum)은 질구와 항문(대변이 통과하는 괄약근) 사이의 매끈한 피부이다. 회음조직에는 신경이 있으며 접촉에 예민하다. 분만 시 회음 부위를 절개하는 회음절개(episiotomy)는 신생아가 산도를 따라 나올 때 조직이 이리저리 찢어지는 것을 막기 위해 실시하기도 한다.

2) 내부 구조

① 질

질(Vagina)은 소음순 사이에 열려있는 통로로서, 몸의 안쪽으로 뻗어서 등의 허리 부분을 향해 위로 올라가며, 자궁경부와 자궁에 연결된다. 대부분 여성은 자신의 질 내부를 본 적이 없지만, 골반 검진 시 질 내부를 볼 수 있다. 검경을 이용해 질벽이 열린 상태로 유지되는 동안 의사가 거울을 이용하여 여성에게 질을 보게 할 수 있다. 자신의 해부학적 구조를 잘 모르는 여성은 처음으로 탐폰을 질에 넣을 때 어려움을 겪을 수 있다.

자극되지 않은 질의 길이는 대략 7.6~12.7cm이다. 질은 장갑에 비유되기도 하는데 실제 공간이 아니라 잠재력 때문이며, 그 벽은 산도로 이용될 만큼 충분히 팽창할 수 있다. 게다가 질은 성적으로 흥분되면 크기와 모양이 변한다.

② 자궁경부

질의 뒤쪽에 위치한 자궁경부(cervix)는 배 모양이 자궁의 작은 끝이다. 자궁경부에는 점액을 분비하는 선이 있다. 정자는 질을 지나 자궁 경부의 통로(os)인 구멍을 통과하여 자궁에 이른다. 질경(speculum)을 질에 삽입하는 방법을 배우면 여성 자신의 자궁경부를 볼 수 있다.

③ 자궁

자궁(utenrus)은 속이 빈 두꺼운 배 모양의 기관으로 임신을 한 적이 없는 여성의 경우 길이는 약 7.6cm, 두께는 5cm이다(임신 경험 후에는 다소 커진다). 자궁은 인대에 의해 골반강에 붙어 있다. 여성에 따라 자궁의 위치는 앞으로 굽은 위치(배를 향해서 앞으로 기울어짐)로부터 뒤쪽으로 굽은 위치(척추를 향해 뒤로 기울어짐)까지 다양하다. 자궁이 뒤쪽으로 기울어진 여성들은 월경에 따른 불쾌감을 겪기 쉽고 또는 페서리(diaphragm)를 삽입할 때 어려움을 겪는다. 한때는 뒤로 기울어진 자궁은 임신을 어렵게 한다고 생각되었지만, 뒤로 기울었다고 해서 수정을 감소시키는 것은 아니다.

④ 나팔관

나팔관(fallopian tube)은 한 쌍으로 이루어져 있고 각 관의 길이는 약 10cm이다. 골반강의 왼쪽 또는 오른쪽에 있으며 자궁으로부터 난소 쪽으로 뻗어 있다. 각 관의 바깥쪽 끝은 깔때기 모양이며 그 가장자리는 자궁관술(fimbriae)이라고 하는 술장식(프린지) 모양으로 되어 있고 이것은 난소 주변을 맴돈다. 난자가 난소에서 방출되면 자궁관술에 의해 관으로 들어온다.

⑤ 난소

자궁의 양쪽에 있으며 모양과 크기가 아몬드와 비슷한 2개의 난소(ovary)는 나팔관의 끝에 하나씩 있다. 난소는 인대에 의해 골반의 벽과 자궁에 연결되어 있다. 난소는 3종류의 성호르몬을 생산하는 내분비선이다. 2장에서 설명된 바와 같이 에스트로겐은 여성의 육체적 성 특징의 발달에 영향을 주고 월경 주기의 조절을 돕는다. 프로게스테론 성분 또한 월경 주기의 조절을 돕고 임신 준비를 위해 자궁벽의 성숙을 촉진한다.

3) 유방

유방은 내부 또는 외부 여성 생식기의 일부가 아니다. 그보다도 유방은 2차 성징(secondary sex characteristics)이다(남성과 여성을 구별 짓는 생식기 이외의 신체적 특징). 신체적으로 성숙한 여성의 유방 내부는 지방조직과 유선(mammary gland)으로 구성된다. 유방의 선조직은 성호르몬에 반응한다. 사춘기 동안 지방조직과 샘 조직 모두 뚜렷하게 발달한다. 유방은 월경 주기의 단계에 따라, 그리고 임신, 수유 또는 피임약의 영향을 받으면 크기와 감촉이 약간 달라진다(Robb-Nicholson, 2006). 유방의 크기가 다르다고 해도 유방에 있는 선 조직의 양은 여성에 따라 거의 차이가 없다. 따라서 분만 후 만들어지는 모유의 양은 유방의 크기와 상관관계가 없다. 유방의 크기가 다른 것은 주로 선 주위에 분포한 지방조직의 양 때문이다. 한쪽 유방이 다른 쪽 유방보다 약간 큰 것은 흔한 일이다.

유두(nipple)는 유방 외부에 있는 진한 색 부위인 유륜(areola)의 중심에 있다. 유륜에는 피지선(지방을 만드는 선)이 있어서 모유 수유 동안 유두의 윤활을 돕는다. 유선의 열린 끝은 유두에 있다. 어떤 유두는 유방으로부터 바깥쪽으로 나와 있고, 유방과 같은 높이에 있거나, 유방에 함몰되어 있는 경우도 있다. 유두는 접촉, 성적인 흥분 또는 추위에 대한 반응으로 그 아래에 있는 작은 근육들이 수축하면 일어서게 된다. 많은 여성에게 유방과 유두 자극은 자위 또는 성적인 상호작용 동안 즐거움과 흥분의 중요한 원인이 된다. 어떤 사람들은 그러한 자극이 오르가슴에 이르게 하는 성적인 강도를 높이는 데 도움이 된다고 한다. 어떤 사람들은 그 자체를 즐긴다. 어떤 여성들은 유방이나 유두의 자극이 아무런 느낌이 없거나 불쾌한 경험이라고 한다. 유방의 크기와 모양은 다양하다.

4) 여성의 성 기능

① 월경

월경 주기 동안 자궁의 내막은 수정된 난자의 착상을 위해 준비된다. 수정이 일어나지 않으면 내막은 벗겨지고 월경 시 배출된다. 월경 주기의 기간은 월경이 시작된 첫날부터 다음 월경이 시작되기 전날까지로 계산된다. 월경 자체는 보통 2~6일간 지속된다. 월경 분비물의 양(170~226g)이 조금씩 다른 것은 정상이다. 주기의 길이는 여성에 따라 다르다. 주기는 24~42일 사이가 될 수 있는데 수정률은 주기의 길이와 관련이 있을 수 있다.

성적 흥미가 월경 주기의 영향을 받는지에 대한 많은 연구가 있었다. 연구 결과는 변화가 없다는 것부터 배란 시나 월경 도중 또는 월경 며칠 전에 성적 흥미가 증가한다는 것 등 다양했다. 피임, 임신의 두려움, 남성의 영향 등 외부 변인을 통제하기 위하여 한 연구 집단은 여성 동성애자의 월경 주기와 성적 반응과 활동의 관계를 조사하였다. 이 경우, 상대방이나 자신이 시작한 성적 활동의 빈도와 오르가슴은 주기의 중간에 증가하였지만, 성적인 사고와 상상은 월경이 시작되고 나서 3일 동안 최고에 도달하였다(Matteo & Rissman, 1984). 그러나 사람에 따라 많은 차이가 있었다.

부부는 종종 월경 중에 성적 활동이나 성교를 피한다. 의학적 관점에서 보면 월경 중 건강을 이유로 성교를 피할 이유가 없지만 (출혈이 심하거나 다른 월경에 따른 문제가 있는 경우를 제외하고) 많은 부부는 그렇게 한다. 여성이 월경 중 성교를 하지 않는 이유는 다양하다. 유방이 아프거나 월경과 같은 불편한 육체 증상은 성적 욕망이나 즐거움을 감소시킬 수 있고 혼란스러운 감정은 성적인 유쾌함을 방해할 수 있다. 종교적인 믿음 또한 하나의 요인이다. 어떤 사람들은 월경에 대해 문화적으로 발생한 수치심 때문에 성적인 활동을 피한다. 만일 사람들이 월경 동안 성교를 절제한다고 해도 다른 성적인 활동은 여전히 가능하다.

대부분의 여성은 월경 동안 어떤 육체적 또는 감정적 변화를 겪거나 둘 다 겪는다. 많은 경우에 이 변화는 경미하다. 어떤 사람들은 증상 때문에 일상생활이 방해를 받는다. 어떤 여성들은 배란이나 월경 중에 매우 즐거운 감정을 경험한다(McFarlane et al., 1988; 정윤아 역, 2018). 대중매체에 나타난 것처럼, 대중문화는 월경, 특히 월경전증후군(PMS)에 대한 부정적이고 왜곡된 견해를 강조하는 경향이 있다. 78개 잡지 기사를 분석해보면, 131개의 서로 다른 월경전증후군을 열거하며 적응하지 못한 여성에 대한 고정된 관점을 지속적으로 나타냈다. 제목에는 '당신 안의 잔소리 심한 여자 길들이기' '월경 전의 격분' 등이 있다(Chrisler & Levy, 1990). 그렇지만 한 연구에서는 월경의 즐거움에 관한 설문(MJQ)에 대한 여성의 반응을 통상적으로 사용되는 조사방법인 월경의 괴로움에 관한 설문에 대한 반응과 비교하였다. MJQ에 포함된 증가된 성적 욕구, 높아진 원기, 애정, 자신감과 같은 긍정적인 내용에 관한 질문들은 설문 대상자가 나중에 월경에 대해 더 긍정적인 사고방식을 갖고 부정적인 증상에 대해서는 거의 이야기하지 않게 하였다. 이 연구의 결론은 월경이 연구나 대중문화에 의해 그려지는 방식이 여성들이 자신의 월경 주기를 어떻게 생각하는지에 영향을 준다는 것이다(Chrisler et al., 1994).

3 건강한 성관계

1) 만족스러운 관계 유지하기

일반적으로 지속적인 사랑의 관계를 유지하기 위한 요소들로는 자기수용, 상대에 의한 수용, 서로에 대한 인정, 책임, 원활할 의사소통, 현실적인 기대, 공통의 관심사, 의사결정에서의 평등, 갈등을 효과적으로 대처하는 능력들이 있다. 이러한 특징은 정적이지 않다. 오히려 동적으로 진화하며 변화하고 시간에 따라 서로 영향을 받는다. 많은 경우 소중히 발전시킬 필요가 있다.

결혼만족도에 관한 한 연구는 오랜 기간을 유지할 수 있는 성공적인 결혼은 어떤 특별한 특징들을 가지고 있다고 한다(Karney & Bradbury, 1995).

- 두 배우자의 부모가 성공적이고 행복한 결혼생활을 했다.
- 배우자가 비슷한 태도, 관심사, 인격을 가지고 있다.
- 두 배우자 모두 성적 공유에 만족한다.
- 커플이 적정하고 안정적인 수입이 있다.
- 커플이 결혼할 때 여성이 임신하지 않았다.
- 서로 긍정적인 상호작용을 유지하는 것은 만족스러운 관계를 지속하는 데 필수적이다.

"그런 작은 일들이 중요한 것이다"라는 말이 여기서도 특별히 의미가 있다. 배우자가 상대에게 "당신은 더 이상 나를 사랑하지 않는다"라고 말하는 것은 실제로는 "당신이 나를 사랑한다고 표현했던 많은 것을 더 이상 보여주지 않는다"라는 것을 의미한다. 이러한 행동은 종종 사소한 것이어서 상대가 알아채지 못하는 경우가 있다. 그러나 부부가 서로가 사랑을 받는다고 느끼게 할 무언가를 덜 한다면 (또는 완전히 안 한다면), 이러한 부족함은 사랑의 결손으로 나타나게 된다. 지속적인 애정과 사려 깊은 상호작용이 사랑의 감정을 유지시킨다. 또한 파트너에게 이야기할 때 무엇이 특별히 즐거웠으며 새로운 아이디어를 제시하는 것은 지속적인 관계를 유지하는 데 도움이 된다. 황금률(남에게 대접을 받고자 하는 대로 너희도 남을 대접하라)은 사람들의 기호가 서로 다르기 때문에 관계에서도 항상 맞는 것은 아니다. 파트너는 상대가 표현하기 전에는 무엇을 원하는지 알지 못한다. 일상에서 서로 즐겁게 지내고 서로의 진가를 인정하면 서로의 성적 관심과 성생활을 향상시킬 수 있다. 많은 경우 부부들은 감정적으로 친밀함을 느끼지 못할 때 성적 친밀함에 대한 욕구도 줄어든다고 한다(김은수 외 역, 1987).

2) 성반응의 특징

건강한 남성과 여성은 성적자극에 반응하며, 개인적 반응은 똑같지 않으나 기본적 생리는 남녀 모두 같다(Masters & Johnes, 1970). 각 단계별 신체반응을 살펴보면 다음과 같다.

① 흥분기

– 신체반응: 남자의 경우 음경발기, 음낭 주변 피부가 줄어들고, 고환이 상승한다. 반면에 여자의 경우 음핵이 길어지고, 질내부가 2/3 정도 늘어나고 윤활물이 분비된다.

– 성적반응에 걸리는 시간의 남녀 차: 일반적으로는 완전 흥분상태에 도달하는 데에는 여성보다 남성이 더 빨리 흥분된다. 그러나 이는 개인차가 있어 여성이 남성보다 성반응이 늦을 것이라는 생각은 잘못된 것이며, 남성뿐만 아니라 여성도 성적으로 급속도로 흥분되며 몇 분 안에 여러 번의 오르가슴을 경험할 수도 있다.

– 성적흥분자극에 대한 남녀 차이: 남자의 경우 시각적, 후각적 자극에 예민한 반면에 여자의 경우 청각적, 촉각적 자극에 예민하다.

② 고조기

– 신체반응: 남자의 경우 성기는 최대로 커지며, 고환이 상승하고, 귀두 주

변의 색깔이 변한다. 쿠퍼선(Cowper's gland)에서는 윤활물이 분비되고 유지한다. 반면에 여자의 경우 질벽의 근육이 수축하고 자궁이 상승하며, 음핵은 포피 속에 감춰진다. 바톨린 선(Bartholin's cyst)의 윤활물이 분비된다.

③ 절정기

– 신체반응: 남자의 경우 음경 밖으로 정액을 사정하고 이때 극도의 쾌감을 느낀다. 반면에 여자의 경우 질벽의 강하고 리드미컬한 수축이 여러 번 일어나고, 이때 강렬한 쾌감을 느낀다.

④ 해소기

– 신체반응: 남자의 경우, 음경이 축소하고, 고환은 원위치로 돌아간다. 이때 다시 발기하려면 다소 시간이 걸린다. 반면에 여자의 경우 음핵과 음순이 가라앉고, 외음부와 질은 본래 크기와 색깔로 돌아온다.

◆ 성반응의 4단계

성반응의 4단계(Masters & Jonnes)는 일반적으로 흥분기 → 고조기(흥분상승) → 절정기(오르가슴) → 해소기로 이루어진다. 이런 과정은 남녀 공통적이다.

그림 2-1 • 성반응의 4단계

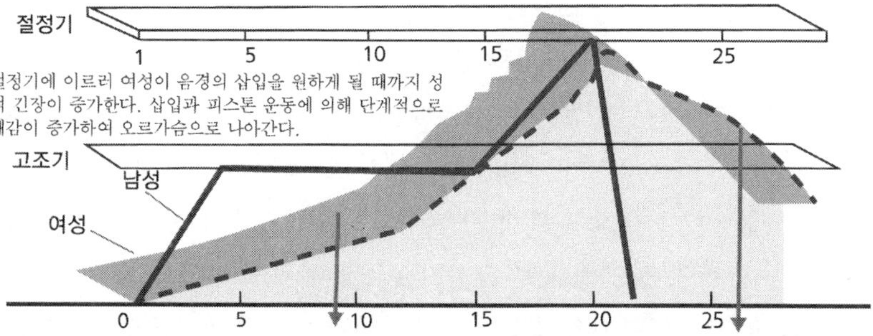

전희를 나누는 동안 남성은 빠르게 흥분되나 여성은 남성보다 서서히 완전 흥분상태가 된다. 고조기에 이르러 이성이 삽입을 원하게 될 때까지 성적 긴장이 증가한다.

절정기가 지나면 남성은 사정 후 빠르게 사그라들면서 흥분이 사라지나, 여성은 남성과는 달리 천천히 본래 상태로 돌아간다.

그림 2-2 • 남성의 외음부 변화

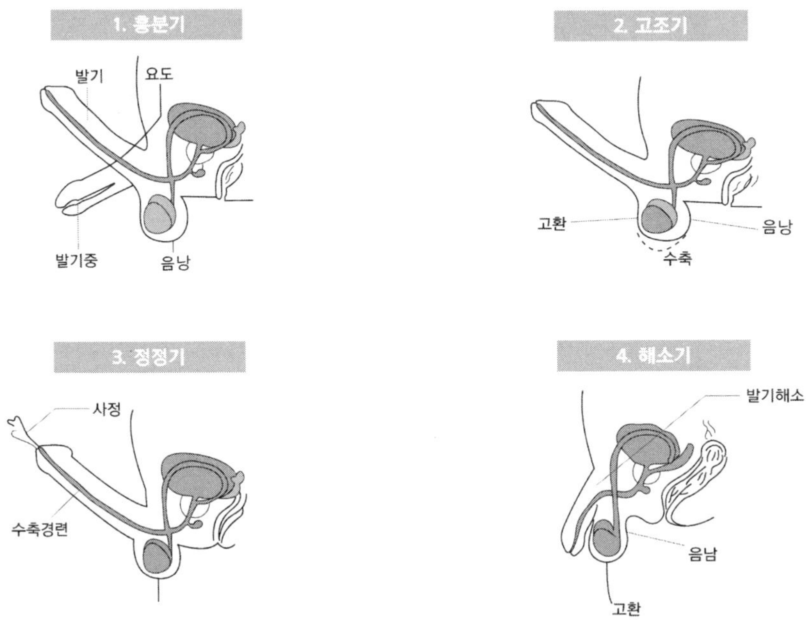

㉠ 여성의 성반응의 특징

Masters와 Johnson(1970)을 비롯한 많은 성 전문가에 의하면 여성의 오르가슴은 음핵(clitoris)으로부터 시작한다고 믿었다. 반면, G-spot을 발견한 독일의 산부인과 의사인 Grafenberg는 질 내의 G-spot이 자극을 받아 오르가슴이 시작된다고 주장하였다(채규만, 2006, 재인용). 많은 연구자는 성교를 통해서 경험하는 오르가슴과 자위를 통해서 경험하는 오르가슴은 분명히 차이가 있다고 하였다(Fisher & Fisher, 1973; Robertiello, 1970; Singer & Singer; 1972). 자위를 통한 오르가슴은 상당히 강렬하게 짧게 지속되며 질의 표면에서 경험되며 만족감이 부족하지만, 반면에 성교를 통한 오르가슴은 천천히 도달하고 급격한 절정이 없고, 오래 지속되며, 더 내적으로 느끼고 상당한 이완감과 만족감이 든다.

여성에게 진동기(바이브레이터)로 음핵을 자극하는 것과 진동기로 음핵을 자극하면서 질에 자위기구를 삽입하여 자극하게 했을 때의 오르가슴의 정도를 비교한 결과 두 번째 음핵과 질에 기구를 삽입했을 때 느낌이 더 좋았다고 보고하였다. 자위로 인한 오르가슴도 더 세분화하여 분류하였는데 파트너가 있을 때와 없을 때 오르가슴을 경험하는 것이 다르다고 보고하였으며, 파트너가 있을 때 경험하는 오르가슴은 더 만족감이 크며 친밀감을 더 많이 느끼며 깊은 감정을 느낀다고 하였다(Rebertiello, 1970).

오르가슴을 다양하게 분류하는 것에 대해서, Michael과 Bentler(1983)는 오르가슴을 두 가지 차원으로 나누는 것과 세 가지 차원으로 나누는 것 중 어느 것이 더 여성의 오르가슴 유형을 설명하는 데 적합한지 검증하였다. 그 결과 세 가지 유형이 여성의 오르가슴 유형을 설명하는데 더 적합하다는 것을 밝혔다. 즉 성교 시 느끼는 오르가슴, 혼자 자위할 때 느끼는 오르가슴, 그리고 파트너와 함께 자위해서 경험하는 오르가슴으로 구별하는 것이 적절하다.

한편, 멀티오르가슴이란 성교 1회 시 오르가슴을 2회 이상 경험하는 것이며, 멀티오르가슴은 상당한 만족감, 정서적인 느낌과 관련이 있으며 여성의 14~16%정도 경험한다고 보고한다(Darling et al., 1991). Darling 등(1991)은 멀티오르가슴을 느끼는 여성과 단일 오르가슴을 느끼는 여성의 성행동, 파트너의 성행동, 성만족 등을 비교하였다. 그 결과 멀티오르가슴을 느끼는 여성은 성 행동에서 더 모험적이고 탐험적인 경향이 있었고, 자위를 통해 음핵을 자극시키는 비율이 높았으며, 성 관련 자료를 더 많이 보는 것으로 나타났다. 그리고 체위나 전희 방식도 더 다양했다. Darling 등(1991)은 성만족도에서 유의미한 차이는 없었지만 멀티오르가슴을 경험하는 여성의 성만족도 점수가 더 높았다고 보고하였다(이윤미, 2008).

여성과 남성의 성적인 반응 사이클이 다르다. 남성은 생리적인 성, 여성은 잠재적인 성을 추구하는 경향이 있다. 여성은 성관계 후 생기가 나고 삶의 의욕을 느끼는 경향이 있다. 남성은 성적 친밀감을 여성은 정서적 친밀감을 원한다. Jung(1961)은 "대부분의 남성은 그들의 에로스와 성을 혼동하는 돌이킬 수 없는 실수를 범하고 있다는 사실을 모르는 애정의 맹인이다. 남성은 여성을 성적으로 소유하면 자신이 그녀를 소유했다고 생각한다. 그러나 그는 그녀를 소유한 것이 전혀 아니다. 왜냐하면 여성에게는 에로틱한 관계만이 진정으로 의미가 있기 때문이다. 여성에게 있어 결혼은 관계이며 성은 부가적인 것이다"라고 그 차이를 이야기하고 있다. 여성은 마음이 통해야 성적인 사랑이 가능하다. 함께 산책하고 이야기를 나누고 분노의 감정을 풀고 정서적으로 친밀감을 느끼는 것이 선행되어야 한다(이영애 외, 2010).

가장 큰 성별 차이 중 하나는 성적 반응 주기에서의 변화 범위이다. [그림 2-3]과 [그림 2-4]의 그래프가 개인차를 반영하지 않지만, 여성 반응에 있어서 더 넓은 범위를 말해준다. 한 패턴은 남성에 대해 약술되어 있고, 여성에 대한 3개의 패턴이 그려져 있다.

여성의 그래프를 보면, 1에 나타나 있는 성적 반응 패턴이 남성의 패턴과 가장 유사한 것이다([그림 2-3] 참조). 하지만 중요한 것에 차이가 있는데 정체기 수준 이하로 떨어지지 않고 추가적인 오르가슴이 가능하다는 것이다. 2는 상당히 다른 여성 패턴을 나타내는데, 흥분을 통해 반응하는 여성이 얼마 동안 오르가슴을 경험하지 않고 있을 수 있는 정체기 수준으로 원활하게 전진할 수 있다는 것이다. 그 후 해소기는 더 길어진다. 3은 한 번의 강렬한 오르가슴과 빠른 해소 후에 따라오는 흥분이 빠르게 증가한다는 것을 나타낸다.

그림 2-3 • 여성의 오르가슴 유형

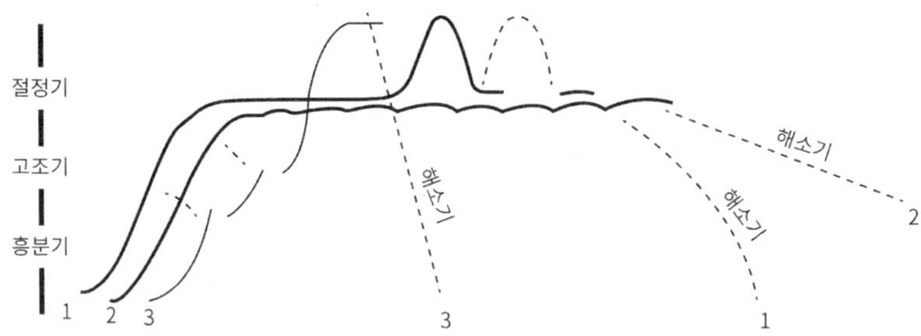

여성 성반응의 3가지 변이

1. 다중성 오르가슴을 보이는 형
2. 오르가슴에 도달하지 않고 흥분지속기에 머무는 형
3. 흥분기에서 몇 차례의 흥분저하가 온 후에 급속한 해소기가 오는 형

3) 남성의 반응 특징

여성들이 보통 남성보다 좀 더 다양한 성적 반응 패턴을 가지는 것으로 나타났지만, 모든 남성이 정확히 같은 방식으로 반응주기를 경험한다는 것을 말하는 것이 아니다. Masters & Johnson(1970)은 상당한 변이가 있다는 것을 보고하는데, 사정 후의 몇 번의 온화한 오르가슴 절정, 정액 방출 후에 골반 수축의 연장, 하나의 긴 오르가슴으로 느껴지는 사정 전에 길어진 강렬한 흥분기간 등을 포함한다(Zilbergeld & Vllman, 1978). 즉, 성적 반응의 패턴이 단 하나만 있는 것도 아니고, 하나의 '정확한 방식'이 있는 것도 아니다. 모든 형태와 차이는 (다른 시간과 상황에서 성적 자극에 대해 다르게 반응하는 것을 포함하여) 모두 정상이다. 남성의 주기에서 무반응기는 성적 반응에 있어 가장 유의적인 성별 차이 중 하나이다. 남성은 보통 또 다른 절정을 경험하기 전에 오르가슴 후에 특정한 최소한의 시간이 지나야 한다. 대부분의 여성은 그런 생리학적으로 강요되는 중단의 기간이 없다.

그림 2-4 · 남성의 오르가슴 유형

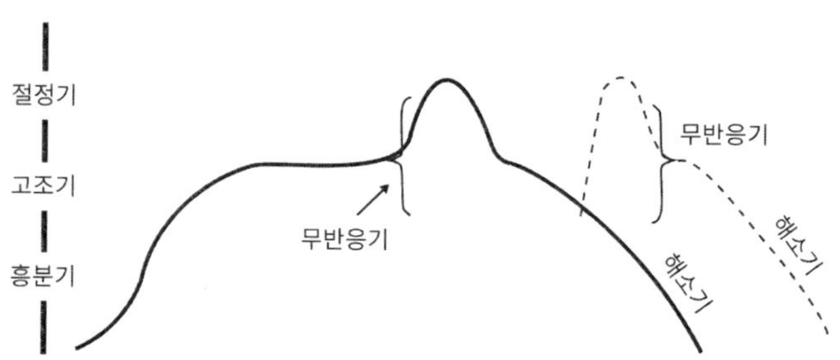

남성 성반응의 가장 전형적인 형. 점선은 또다른 형을 나타냄.
두 번째 오르가슴과 사정은 무반응기가 끝난 후에 일어난다.

왜 남성만 무반응기가 있는가에 대한 추론은 중요하다. 첫 번째 단기 신경적 억제 메커니즘이 사정에 의해 일어난다는 추론은 그럴듯해 보인다. 이 개념은 영국 과학자들이 수행한 흥미로운 연구로 지지된다(Barfield et al., 1975).

이 연구자들은 잠을 제어하는 것으로 알려진 통로 중에 중뇌와 시상하부 사이에 있는 특정 화학 통로가 남성의 오르가슴 후 억제와 관련이 있을 것이라 추측했다. 이 가정을 시험하기 위해, 연구자들은 쥐의 이 통로를 따라 복측중앙융대(ventral medial lemnicus)라는 특정 부위를 파괴시켰다. 비교를 위해, 다른 쥐의 시상하부와 중뇌 지역에 있는 세 개의 다른 지역을 외과적으로 제거했다. 성적 행동 후에 관찰에서 복측중앙융대를 제거하면 무반응기에 급격한 효과를 낸다는 것을 발견했는데, 그 기간이 반으로 줄어들었다.

둘째, 어떤 사람들은 무반응기의 수수께끼에 대한 답은 오르가슴 중에 정액이 빠져나가는 것과 관련이 있을 것이라고 생각한다. 대부분의 학자는 이 생각에 대해 회의적인데, 방출된 정액에는 알려진 에너지가 빠져나가는 것을 설명하는 물질이나 현저한 호르몬 감소나 함축된 생화학적 근거가 없기 때문이다.

셋째, 남성과 여성에서 오르가슴 후에 풍부하게 분비되는 뇌하수체 호르몬인 프로락틴이 남성의 무반응기를 이끌어내는 생물학적 '스위치 끔'이 될 수 있다(Kruger et al., 2003; Levin, 2004). 이 해석은 그럴듯하지만 여성의 무반응기가 없다는 것을 설명하지 못한다. 그에 대한 이유가 뭐였든 간에, 무반응기는 인간 남성뿐만이 아니라 실험을 통해 데이터를 얻은 쥐, 개, 침팬지를 포함해 거의 대부분의 다른 종의 수컷에서도 공통된 특징이다(김은수 외 역, 2010).

4 피임과 유산

현재는 과거보다 더 많은 커플이 피임 결정을 함께 한다는 사실이 연구 결로 밝혀졌다(Grady et al., 2010). 피임의 책임을 공유하는 것은 관계를 증진시키며 인간적이고 성적 주제들에 관해 의견 교환 연습을 하는 좋은 방법이 될 수 있다. 피임과 관련한 대화에 실패하면 남성이 모든 책임을 자신에게 떠넘기려 한다며 여성들을 화나게 할 수 있다. 더욱이, '여성은 자신을 알아서 돌본다'라고 생각하는 어리석은 남성들이 있다.

많은 여성이 장기간 관계를 유지하지 않으면 규칙적인 피임을 하지 않거나, 일부는 잘못된 피임 방법을 사용한다(Trussell et al., 1999). 피임을 하지 않는 것은 두 파트너의 성적 경험과 행복에 대한 일반적인 감정들에 부정적인 영향을 미칠 수 있으며, 원치 않았던 임신은 처리하기 곤란한 문제가 된다(Brooks, 2002). 커플 모두 피임법을 선택하고 사용하는 데 열성적으로 참여하는 것이 가장 좋다.

피임에 대한 책임을 공유하는 첫 번째 단계는 처음 성관계를 하기 전에 파트너에게 피임에 관하여 물어보는 것이다. 연구에서 남녀 대학생들에게 피임에 관해 이야기하는 방법의 개발 필요성이 밝혀졌다. 여성은 피임기구들을 구입하는 데 보다 적극적일 필요가 있으며, 남성은 효과적인 피임기구 없이 성관계를 맺는 것을 단호히 거절하는 것을 배울 필요가 있다(Gilliam, 2006; Van den Bossche & Rubinson, 1997). 콘돔의 사용이나 성교 없는 성행위를 피임법으로 사용할 것인지 아니면 일시적인 대체 방법으로 사용할 것인지에 관해 열린 마음을 갖는 것은 커플들이 피임에 대한 책임을 공유하는 또 다른 방법이다.

커플들은 많은 피임 방법을 사용할 수 있다. 그러나 100% 효과적이고, 완벽하게 안전하며, 부작용이 없고, 가역적이며, 성행위와 분리되고, 값싸며, 얻기 쉽고, 양쪽성이 사용 가능하며, 사용자의 기억력에 의존하지 않는다는 이상적인 방법은 현재 존재하지 않는다(Mills & Barclay, 2006). 현재 사용되는 각각의 방법은 효과, 부작용, 가격, 편리성 등에서 장단점이 있다. 대부분의 사람이 성적으로 활발한 기간 중에 여러 종류를 사용하므로, 사용 가능한 다양한 방법에 익숙해지는 것이 좋다(김은수 외 역, 2010).

1) 호르몬에 기반한 피임약

① 경구피임법

경구피임법은 40년간 호르몬의 화학적 구조식과 적량에 대한 변이체를 개발하여 진화하였으며, 그 결과 선택의 폭이 넓어졌다(Calderoni & Coupey, 2005). 경구피임법은 대학생을 포함한 미국의 여성들에 의해서 가장 널리 사용되는 피임방법이다. 세계적으로 1억 명 이상의 여성이 피임약을 복용한다

(Hatcher et al., 2000). 오늘날 4개의 기본적인 경구피임약이 시판된다. 일정 복용량의 복합약(constant-dose combination pill), 삼상약(triphasic pill), 확장된 주기약(extended cycle pill), 프로게스틴 단일약(progestin-only pill) 등이 있다.

경구피임약을 복용한 대부분이 여성은 전반적으로 건강이 증진된다(Speroff & Fritz, 2005). 그러나 특정 질병에 대한 내력이 있는 여성은 경구피임약을 복용하면 안 된다. 이러한 질병은 혈전, 뇌졸중, 순환기 이상, 심장 이상, 황달, 유방이나 자궁암, 원인 모를 성기 출혈 등을 포함한다. 또한 간 질환이나 임신이 의심되거나 임신한 여성들도 피임약 복용을 금지해야 한다. 흡연 여성이나 편두통, 우울증, 고혈압, 간질, 당뇨나 당뇨 전 증상, 천식이나 정맥류를 보이는 여성은 매우 신중하게 가능한 위험성을 고려해야 하고 의사와 긴밀히 상의하여 피임약을 복용해야 한다.

② 질 고리와 피부흡수 패치

누바링(NuvaRing)과 이브라패치(EVERA)는 매일 약으로 복용하지 않아도 되는 두 가지의 호르몬 기반의 피임법이다. 합성 에스트로겐과 프로게스틴이 지름 약 5cm의 부드럽고 투명한 질 고리(누바링)나 베이지색의 작은 성냥갑 크기의 피부흡수 패치에 포함되어 있다. 누바링과 오르또에브라(Ortho Evra)는 그것에 묻혀 있는 호르몬을 질의 내층과 피부를 통하여 혈액 속으로 방출한다. 그 호르몬들은 경구피임약과 같은 원리로 임신을 막는 작용을 한다.

③ 피임주사

데포-프로베라(depo provera)는 주사할 수 있는 호르몬 기반 피임방법이다. 이것은 1992년에 미국 식품 의약청(FDA)의 승인을 받았다. 또 다른 주사 피임법인 루넬(Lunelle)은 2000년에 승인을 받았다. 데포-프로베라의 주요 활성 성분은 프로게스틴인데, 이것은 생식선자극호르몬(gonadotropin)의 분비를 막고 여포 성숙과 배란을 억제한다. 이러한 작용은 또한 자궁내막을 얇게 하여, 수정란의 착상을 막는다. 프로게스틴은 또한 자궁경부의 점성을 바꾼다. 루넬은 복합 약처럼 프로게스틴과 에스트로겐이 혼합되어 있다.

의사는 매 12주에 한 번씩, 이상적으로는 월경이 시작된 후 5일 이내에 데포-프로베라를 주사한다. 여성이 임신하기 위해서는 대개 데포-프로베라 사용 중지 후 10개월이 걸린다. 루넬은 매월 주사해야 하는데, 주사를 중지하면 곧바로 수정 능력이 회복된다.

④ 이식 피임법

임플라논(implanon)은 길이 3.8cm의 성냥개비 크기의 가느다란 막대이다. 이것은 팔 위쪽의 피부 아래에 삽입되어 피임 호르몬들을 분비한다. 임플라논은 미국에서의 사용을 위해 2006년 식품 의약청의 승인을 받기 전인 1998년 이래 30개국 이상에서 팔렸다.

임플라논은 일정량의 프로게스틴을 느리게 분비하여 프로게스틴 단일 소형 알약과 동일한 방법으로 임신을 막는다. 임플라논은 의학적으로 적정한 체중보다 30% 이상 무거운 여성들에게는 효과적이지 않을 것이다.

2) 차단과 살정제 방법

① 콘돔

프로필락티스(prophylactics)나 러버(rubber)라고도 하는 콘돔(condom)은 남성이 일시적으로 사용할 수 있는 유일한 피임법이며, 에이즈를 비롯한 성병의 전염을 효과적으로 감소시킬 수 있는 유일한 방법이다.

콘돔은 얇은 외과 수술용 라텍스나 폴리우레탄 또는 (양의 소장에서 기원한) 자연적인 막으로 만들어진다. 일부 콘돔은 특별한 모양을 가지며, 색깔이나 향이 있다. 트로잔 홍분 연장 콘돔(Trojan's Extended Pleasure)은 안쪽에 불감제가 있어 사정을 연장시키는 데 도움을 준다. 일부 콘돔은 끝에 저장팁이라고 하는 꼭지가 있으며, 다른 것들은 등고선 모양이나 직물 무늬 표면을 가진다. 대부분의 콘돔은 말려서 호일이나 플라스틱에 싸여 있으며, 윤활제를 발랐거나 윤활제 없이 제공된다. 윤활제를 바른 콘돔은 그렇지 않은 것에 비해 찢어질 염려가 적으며, 일부 남성들에 따르면, 성교 시에 남성의 성감을 떨어뜨린다고 한다. 자연막 콘돔은 라텍스 콘돔보다 비싸지만 성감을 덜 떨어뜨리는 경향이 있다.

그러나 자연막 콘돔은 작은 구멍들이 있어서 AIDS, 성기 허피스(herpes), 간염(hepatitis)과 같은 몇몇 성병과 연관된 바이러스가 통과할 수 있다.

② 질 살정제

일부 질 살정제(verginal spermicide)가 처방전 없이 구입 가능하다. 거품, 좌약, 스펀지, 크림과 젤리 그리고 피임 필름. 피임 거품은 면도 크림과 유사한 흰색 물질이다. 이것은 압축 캔에 들어 있으며 플라스틱 적용 기구를 포함한다. 질 내 좌양은 달걀 모양이고, 스펀지는 도넛 모양의 살정제 함유기구로서 정자를 빨아들여 죽인다. 질 피임 필름(VCF)은 2×2인치 크기 종이 두께의 얇은 판이며 살정제를 포함한다. 이것은 성냥갑 모양의 상자에 10~12장씩 포장되어 있다.

③ 자궁경부차단(cervical barrier) 기구들

페서리(pessary), 자궁경부 마개, 펨캡(FemCap), 리즈쉴드(Lea's Shield) 등이 살아 있는 정자가 자궁경부에 접촉하는 것을 막기 위해 질 살정제와 함께 자궁경부를 막는 네 가지 물리적 도구들이다. 이들은 열린 구조 쪽에 테두리가 있는 돔형구조이다. 페서리는 자궁경부에서 치골 밑까지 질벽의 위쪽을 덮는다. 자궁경부 마개는 자궁경부에만 맞는다. 펨캡과 리즈쉴드는 자궁경부를 둘러싸는 질 벽에 의지하는 테두리와 제거되는 가죽띠를 가지고 있다. 다른 기구들과는 달리 리즈쉴드는 자궁경부로부터 질로의 단일방향으로 액체가 흐를 수 있으나 정액이 자궁경부와 접촉하는 것을 막는다(김은수 외 역, 2010).

3) 자궁 내 기구

일반적으로 자궁 내 기구는 자궁에 삽입하는 작은 플라스틱 물건이다. 세 가지 가장 일반적인 자궁 내 기구는 코퍼-T(파라가드), 프로게스타트-T 그리고 미레나(mirena)이다. 코퍼-T는 구리선으로 감싼 플라스틱 줄기 본체와 측면 팔의 소매 부분에 구리를 포함하는 T자 모양이다. 프로게스타트-T는 천천히 프로게스테론을 분비하는 T자 모양 플라스틱이다. 미국시장에서 최신 자궁 내 기구인 미레나는 프로게스테론을 포함하는 실린더를 가진 폴리에틸렌 T이다(Akert, 2003). 세 가지의 자궁 내 기구들은 모두 가느다란 플라스틱 실이 붙어 있다. 그 실들은 자궁경부로부터 질까지 걸리게 고안되었다(김은수 외 역, 2010).

4) 응급피임법

콘돔이 벗겨졌거나 이혼한 커플이 피임 없이 (즐거웠던 옛 추억으로) 예기치 못하게 관계하는 경우, 커플이 콘돔이 준비되지 않아 피임 거품만을 사용한 경우, 여성이 야간 수업을 끝내고 자신의 차로 걸어가던 중 강간을 당한 경우, 여성이 새로운 상자의 피임약을 2일 늦게 복용했을 때, 여성이 파티에서 취한 상태에서 예기치 못하게 성교했을 경우, 여성이 누바링을 5주 이상 착용했을 때, 아이를 새롭게 낳은 커플이 피임을 시작하기 전에 성교했을 경우에 어떻게 해야 할까? 다행스럽게, 이러한 경우와 다른 많은 경우에, 응급피임법(EC)을 사용하여 임신을 막을 수 있다. 피임을 준비하지 않은 성교 후, 호르몬 약을 복용하거나 코퍼-T 자궁 내 기구를 삽입하는 것은 응급피임법의 방법들이다. 호르몬 알약이 가장 널리 사용되는 방법이다. 성교 후 24시간 이내에는 95% 임신을 막을 수 있다. 72시간 후에는 75% 효과적이며, 120시간 후에도 어느 정도 효과가 있으나, 물론 빠를수록 좋다(Peterson et al., 2004; Yakush, 2005).

5) 가임능력 인지법

이제까지 우리가 논의한 피임법들은 알약이나 기구를 필요로 한다. 이들 방법 중 일부는 사용자에게 심각한 부작용을 낳을 수 있는데, 경구피임약이나 자궁 내 기구의 사용과 관계된 심각한 위험이 있을 수 있다. 우리가 살펴보았던 차단 방법들-콘돔, 질 내 살정제 그리고 페서리는 부작용이 적지만 성교할 때마다 사용해야 한다.

① 표준일법

표준일법(standard days method)은 자연피임법의 가장 새로운 시도이다. 이것은 월경 주기가 26~32일인 여성들에게 적당하다. 커플들은 각 월경 주기의 8~19일 사이에 보호되지 않은 성교를 피한다. 이 '가임 구간'은 배란주기의 주변일과 한 주기와 다음 주기 사이의 배란시간의 가능한 변화시간을 고려한 것이다. 표준일법은 의학적으로 테스트 되었으며, 자연 피임법 중 가장 높은 효율성을 보여준다(Arevalo et al., 2002). 여성은 달력에 날짜를 추적해놓거나 날짜를 추적하기 위해 주기 염주알(CycleBeads)을 사용할 수 있다.

② 점액법

배란방법(ovulation method)이라고도 하는 점액법(mucus method)은 여성의 주기 중 가임기간을 알 수 있는 자궁경부 점액의 주기적 변화에 기초한다. 이 방법을 사용하기 위해 여성은 질 분비물의 양과 성질을 '해석'하고 변화를 일간 도표로 기록하는 방법을 배워야 한다. 여성은 자신의 손가락을 질 내에 넣어 점액을 해석하고, 분비물의 농도를 알아야 한다.

③ 달력법

리듬법(rhythm method)이라고도 하는 달력법(calendar method)을 사용하여 여성은 달력상에서 그녀의 배란과 가임기간을 예측할 수 있다. 이 방법을 사용하기 위하여 여성은 그녀 주기의 길이에 대한 도표(1년 단위가 좋을 것)를 작성해야 한다(이 기간 동안 여성은 경구 투여 피임약을 사용할 수 없다. 왜냐하면, 피임약은 그녀의 고유주기와는 다른 주기를 만들기 때문이다).

④체온법

높은 가임기간을 예측하는 다른 방안은 기초체온법(basal body temperature method)을 통하여 온도를 이용하는 것이다. 배란 직전에 기초체온(BBT, 아침에 일어나서 쉬는 상태에서의 체온)이 약간 떨어진다. 배란이 끝난 뒤 황체(corpus luteum)는 프로게스테론을 더 분비하는데, 이 때문에 체온이 약간 올라간다(0.2℉), 이들 온도 변화가 매우 미미하기 때문에, 쉽게 읽을 수 있는 온도계가 사용되어야 한다. 기초체온 측정을 위한 특별한 전자 온도계가 개발되었는데, 주기 중 가임기간을 알아내는 데 효과적이다(김은수 외 역, 2010).

5 성 관련 질환들

성병은 전염되는 병으로 병균을 가진 사람과의 성 접촉에 의하여 남녀노소 누구나 걸릴 수 있다. 성병은 특히 성교나 수혈을 통해 감염되거나 산모가 성병에 걸려 태아에게 감염될 수도 있으며 일상생활 속에서는(예: 손잡는 것, 변기 사용, 접촉, 입맞춤, 포옹 등) 이들 병에 걸리는 일은 거의 없다. 이 같은 성병은 현대의 사회적인 성 개방 풍조와 직업여성의 증가, 성도덕의 타락과 환락 퇴폐적인 사회 분위기, 성병에 대한 지식과 성병의 폐해에 대한 인식 부족 등으로 기하급수적으로 증가하고 있다.

1) 임질(Gonorrhea)

임질의 감염에 의한 것으로 제2차 세계대전 이전에 가장 흔했던 병이다. 남성은 불결한 성교 후 배뇨통과 요도에서 고름이 나오는 요도염이 발병한다. 여성은 방광염이나 자궁에 감염증이 발생한다. 제2차 대전 전에는 무릎관절염을 일으켜 무릎을 못 쓰게 되는 여성도 있었다.

2) 매독(Syphillis)

매독은 트레포네마(Treponema)라고 하는 스피로헤라균 감염에 의한 것이다. 매독균이 있는 사람과의 성행위로 10일에서 90일 이내에 감염될 확률이 30%이다. 매독에는 초기, 제2기, 잠복기, 그리고 제3기의 4단계가 있다. 매독은 치료를 하지 않더라도 초기와 2기 단계가 지나면 사라진 것처럼 보이는 매우 다루기 힘든 병이다. 또한 매독은 수년간 발견되지 않다가 수십 년이 지난 후 실명, 귀머거리, 중풍, 정신병, 결국엔 죽음과 같은 치명적인 결과를 가져올 수 있다. 증상은 10일에서 90일이 지나면 초기 단계이고, 접촉 부위에는 작은 돌기가 나타난다. 그 돌기는 통증이 없는 단단한 종기가 된다. 단단한 종기를 발견하면 즉시 의사의 진찰을 받아야만 한다.

3) 비임균성 요도염, 자궁경관염

클라미디아, 트라코모나스의 감염에 의한 요도염은 남성 비임균성 요도염의 절반 정도에 해당한다. 여성에게는 자궁경관염을 일으키며 더 깊이 침범하여 난관염이나 골반 내 염증을 일으킨다. 임산부의 클라미디아는 신생아에 결막염이나 폐렴을 일으켜 최근 관심이 높아져 클라미디아의 검사도 꽤 널리 행해지게 되었다.

4) 성기 허피스(Herpes)

단순 허피스 바이러스 1형, 2형이 성기에 감염되면 소음순에 발성의 제양이 생기고 통증이 심하고 배뇨 곤란이나 보행 곤란이 되기도 한다. 2~3주일이면 개선되지만 같은 곳에 여러 차례 재발한다. 재발증상은 처음 감염 때보다는 가볍고 2형에 의한 것이 많다. 성기 허피스가 신생아에게 감염되면 전신증상이나 국부에 증상이 나타나며, 특히 전신형과 중추신경형은 예후가 나빠서 사망하는 수가 많으므로 제왕절개에 의해서 분만하고 항바이러스 약제를 투여한다.

5) B형 간염바이러스

동성애나 또는 남녀 성관계에 의해서 감염되는데, B형 간염 바이러스는 모친에서 태아 신생아에 수직감염이 중요시된다.

6) 에이즈(AIDS)

AIDS는 후천성 면역결핍증(Acquired Immune Deficiency Syndrime)의 준말이며 원인은 HTLV 또는 HIV라는 바이러스인데 혈액에서 항체를 생성하는 T-림

프구를 파괴시키거나 활동을 억제하는 작용을 한다. 그러므로 이 병에 걸리면 몸 안의 면역 기능이 없어져 가벼운 병이라도 중병이 되고 이윽고 죽게 된다.

AIDS는 감염된 사람과의 성적 접촉, 감염된 혈액이나 혈액 제제, 오염된 주사기나 주삿바늘, 감염된 산모로부터 출생하는 신생아, 감염된 사람으로부터 장기나 조직, 정액을 받는 경우에 감염된다. AIDS에 감염되어도 감염 기간, 환자의 체질 등에 따라 증상은 다르게 나타나며 잠복기를 거치는 경우도 있다. 대개 초기에는 1개월 이상 마른기침이 계속되거나 설사, 발열, 식은땀, 평균 체중 10% 이상 감소, 전신 피로 등이 일어나며 증세가 더 진행되면 임파선 비대와 임파구 감소, 피부암의 일종인 카포시 육종, 폐렴 등이 생기고 신경에 침투하여 정신장애를 일으키기도 한다.

빠른 속도로 번져가고 있는 AIDS는 100% 예방이 가능함에도 아주 무서운 공포의 대상이 되고 있으며 AIDS 바이러스에 대한 예방제나 치료제는 아직 없는 실정이다. 따라서 AIDS 바이러스가 감염되는 경로를 원천적으로 차단하는 수밖에는 없다. 안전한 성행동은 AIDS 공포로부터 벗어날 수 있으나 상대를 가리지 않는 무절제한 성행위는 감염 위험이 있음을 주시해야 한다(안빈 외, 2002).

6 건강한 성생활을 위한 Tip

성적 의사소통은 친밀한 관계의 만족도에 매우 크게 기여할 수 있다. 성적 욕구와 관심에 관한 좋은 대화는 성적 관계를 만족시키고 지속시키고 발전시키는 데 있어 귀중한 자산이다(Byers & Demmons, 1999). 그러나 이것은 매우 많은 대화가 모든 성적 공유에 필수적이라는 의미는 아니다. 말로 하는 의사소통이 건설적이기보다는 부정적일 때도 있다. 그런데도 관계에서 성적인 면에 대해 전혀 이야기하지 않은 파트너는, 상대의 요구와 바람을 이해함으로써 서로의 거리를 줄이고 기쁨을 증가시킬 수 있는 기회를 거부하는 것이다(김은수 외 역, 2010).

1) 파트너의 요구 발견하기

파트너를 즐겁게 하는 것이 무엇인지를 알아내는 것은 성적 친밀감에서 매우 중요한 부분이다. 많은 커플은 서로의 선호도를 알기를 원하지만 어떻게 알아내야 하는지 확신이 서지 않는다. 다음은 파트너가 무엇을 원하고 요구사항이 무엇인지를 효과적으로 알아내는 방법을 소개하겠다.

파트너의 요구사항을 알아내는 최선의 방법 중 하나는 단순하게 물어보는 것이다. 그러나 여기에는 몇 가지 방법이 있다. 어떤 것들은 도움이 되나 어떤 것들은 효과적이지 못하고 때론 역효과를 낼 수 있다.

◆ 네/아니오 질문

- 이게 좋아?
- 구강성교가 좋아?
- 내가 이런 식으로 애무해주는 게 좋아?

언뜻 보기에는 이러한 질문은 합리적인 말인 것 같다. 그러나 이들은 효과를 줄일 수 있는 한 가지 특징만을 가지고 있다. 이들 모두는 한마디 대답만을 요구하는 반면 사람들의 사고와 감정은 그렇게 단순하지는 않다.

예를 들어 질문 2 '구강성교가 좋아?'라는 질문에 대한 대답은 '응, 좋아' 또는 '아니, 싫어'뿐이어서 커플에게 논쟁거리에 대해 논의할 기회를 제공하지 못하다. 분명히 논의의 여지가 존재한다. 그럼에도 성적인 의사소통은 최적의 환경에서도 대화의 어려움을 겪기 때문에 질문하는 사람은 단지 특정 정보만을 얻기도 한다. 물론, 어떤 상황에서는 '네' 또는 '아니오'의 간단한 대답이 필요할 때도 있다. 그러나 반응을 하는 사람은 예를 들어 구강성교에 관해 복합적인 생각을 가질 것이고 이러한 질문은 사고나 감정을 너무나 단순화시킨다. 열린 질문, 즉 반응하는 사람이 자신의 선호를 표현할 수 있게 하는 질문은 파트너에게 보다 더 정확한 답변을 유도할 수 있게 한다.

① 열린 질문

열린 질문은 특히 파트너의 욕구를 알아내는 데 도움이 된다. 다음의 질문들은 열린 질문의 예시이다.

- 우리가 사랑을 나눌 때 뭐가 제일 큰 즐거움을 주는 것 같아?
- 우리의 성적 관계에서 어떤 점이 우리에게 가장 큰 변화를 가져다주지?
- 구강성교를 할 때 당신의 느낌은 어때?

이러한 열린 질문들의 장점은 파트너에게 자신이 실제로 가지고 있는 어떠한 감정이나 정보에 대해서도 표현할 수 있는 자유를 부여한다는 것이다. 어떠한 제한이나 한계도 없이 파트너의 요구에 대해 단순히 '네/아니오'식의 대답이 줄 수 있는 것보다 훨씬 많은 것을 알게 될 것이다. 열린 질문의 한 가지 가능한 문제점은 일반적인 질문에 대해 답변을 할 때 어디에서부터 시작해야 하는지를 모를 수 있다는 것이다. 만약 "사랑을 만드는 데 무엇이 가장 중요하다고 생각하는가?"라는 질문이 있으면 이러한 비구조화된 질문을 좋아하는 사람도 있다. 하지만 어떤 이들은 특별히 성에 관해 자유롭게 의논하는 데 익숙지 않아서 대답을 찾는 데 어려움을 느끼기도 한다. 이런 경우는 보다 더 구조적인 접근이 대화를 이끄는 데 효과적일 수 있다. 구조적 접근방법에는 몇 가지가 있다. 그중 하나는 '선택형 질문'을 사용하는 것이다.

② 선택형 질문

다음과 같은 질문이 선택형 질문의 예이다.

- 사랑을 나눌 때 불을 켜기를 원해? 아니면 끄는 것이 더 좋아?
- 이런 식으로 애무해주는 것이 좋아? 아니면 다른 식으로 애무해야 할까?
- 지금 이야기할까? 아니면 나중에 이야기할까?

선택형 질문은 열린 질문들보다 더욱 구조적이고, '네/아니오' 질문보다는 적극적인 참여를 유도한다. 많은 경우 사람들은 몇 가지 선택에서 고르기를 좋아한다.

질문하는 것 이외에도 다른 식으로 파트너의 성적 요구사항을 알 수 있는 방법이 있다(김은수 외, 1987).

일반적으로 사람들은 사람의 마음을 잘 모른다. 그런데도 많은 연인은 파트너가 본인이 원하는 것을 (아마도 직관에 의해) 잘 알고 있다고 가정하는 것 같다. 이런 태도로 성에 접근하는 사람들은 자신의 쾌락에 대하여 전적으로 책임을 지지 않는다. 성적인 만남이 만족스럽지 못하다면, 자신의 요구를 표현하지 않는 것이 문제임을 인정하기보다는 종종 파트너를 더 쉽게 원망한다. "당신은 나의 요구에는 관심이 없어." 무엇을 원하는지를 말하지 않은 채, 파트너가 이미 알고 있다고 기대하는 것은 큰 문제를 일으킨다. 많은 사람은 원하는 것을 요구할 필요가 없다고 생각한다. 그러나 사실 파트너에게 어떤 행동을 요구하는 것은 두 사람에 도움이 되는 긍정적이고 책임 있는 행동이다.

2) 자신의 쾌락에 대해 책임지기

직관으로 상대방의 요구를 알고자 하는 사람은 다음과 같이 말한다. "당신에게 나의 요구를 알게 하는 것은 내 몫이 아니라 당신의 몫이다." 추론에 의해 "나의 요구가 만족 되지 않는다면, 이는 당신의 잘못이지 나의 잘못은 아니다." 말할 것도 없이, 이는 잠재적으로 파괴적인 접근방식이고 이는 비난과 오해를 일으키고 만족하지 못하는 섹스를 이끌 수 있다.

우리의 요구를 얻는 최선의 방법은 말하는 것이다. 서로의 욕망을 이야기하고 개인의 쾌락에 대한 책임을 지고자 하는 두 사람은 효과적이고 만족하는 성적 친밀감을 위하여 뛰어난 틀을 만들 것이다. 본인 자신의 만족을 위해 책임지겠다는 결정은 중요한 단계이다. 자신의 요구를 표현하기 위해 우리가 선택하는 방법도 중요하다.

3) 구체적으로 요구하기

요구가 구체적일수록 상대방은 이해하기 쉽고 주의 깊게 들을 것이다. 연인은 종종 모호한 언어로 그들 관계의 성적인 측면에 변화를 요구한다. 이런 구체적이지 않은 요구는 파트너를 불편하게 하고 심지어 불안을 유발하기도 한다. 어떻게 반응할까? 아마도 어떤 요구가 있다 하더라도, 애매하게 요구할 것이다.

파트너 모두에게 불필요한 스트레스를 예방하는 핵심은 요구를 가능한 확실하고 명확하게 전달하는 것이다. "나는 다르게 만져주길 원해"라는 모호한 말 대신에 "내 성기를 직접 만져주는 대신에 성기 주위를 부드럽게 만져주기를 원해"와 같이 분명히 표현하는 것이 필요하다.

직접적인 표현이 항상 효과적이지는 않다. 일부 사람들은 자신이 의사 결정하기를 원할 것이고, 이들은 성관계 동안에 파트너로부터의 요구를 친절하게 받아들이지 않을 것이다. 파트너의 직접적인 요구는 이들을 화나게 할 것이다. 성적인 교감 전에, 당신은 이 행동이 파트너가 원하는 행동인지 알기를 원할 것이다. 그 이유는 이렇게 하는 것이 당신에게 어색한 상황을 피하게 할 수 있기 때문이다. 이를 결정하기 위한 한 가지 방법은 공개적인 질문을 하는 것이다. "섹스를 하는 동안에 이런 식으로 물어보는 것에 대해 어떻게 느끼는가" 아니면, 당신은 성 활동 동안에 기다리고 답을 찾고자 할 것이다. 어쨌든, 상대방이 직접적 요구에 반응하지 않는다면, 당신은 당신의 전략을 재평가하기를 원할 것이다. 아마도 파트너가 당신의 욕망을 생각하도록 하기 위하여, 성적인 교감 활동 동안보다는 다른 시점에 당신의 요구를 알려주는 것이 당신의 파트너에게 여유 있는 시점을 제공할 것이다. 그럼에도 당신이 당신의 요구를 요청하는 배경이 어떻든지 '나'라는 언어를 사용하기를 강력하게 추천한다(김은수 외 역, 2010).

03 성 기능 장애

정상적인 성행위는 성 욕구 단계, 고조 단계, 절정 단계, 해소 단계 네 단계를 거치면서 이루어지는데, 성 기능 장애는 성 반응주기의 한 단계 이상에서 문제가 발생하는 경우를 말한다. 좀 더 정확히 말하면 성 반응주기의 네 단계 중 마지막 해소 단계를 제외하고 한 단계 이상에서 장애가 나타나는 것이 성 기능 장애이다. 성 기능 장애는 흔히 심리적 요인에서 발생하기 때문에 정신장애의 하나로 분류되고 있다(김희수, 2018).

성 기능 부전은 사정지연, 발기장애, 여성극치감장애, 여성성적관심/흥분장애, 성기-골반통증/삽입장애, 남성성욕감퇴장애, 조기사정, 물질/약물치료로 유발된 성 기능 부전, 달리 명시된 성 기능 부전, 명시되지 않은 성 기능 부전 등이 포함된다. 성 기능 부전은 여러 장애로 구성된 이질적인 집단이며 보통 임상적으로 개인의 성적반응 또는 성적 즐거움을 경험하는 능력에 현저한 장애를 가진다는 특징이 있다. 각 개인은 동시에 여러 가지 성 기능 부전을 가질 수도 있다.

성적문제가 불충분한 성적 자극 때문에 생겨난 문제가 아닌지를 임상적으로 판단하여야 한다. 이러한 경우, 치료는 필요할 수 있지만 성기능부전이 진단되어서는 안 된다. 이러한 경우는 이 상황에 국한되는 것은 아니지만 효과적인 자극에 대한 지식의 부족이 흥분 또는 극치감을 경험하는 것을 방해하는 상황이 포함될 수 있다(APA, 2015).

여성들이 후천적으로 흥분이나 오르가슴을 얻지 못하게 되면, 대부분이 파트너와의 관계에서 파생된 갈등문제에 시달린다(Palace, 1995; Rosen & Leiblum, 1995). 상당수의 여성은 성적 상호작용에서 남성에게 성적 능력이 있어야 한다고 믿으며, 오르가슴에 도달할 때까지 그들에게 의존한다. 그러나 남성이 한 여성을 상대로 성적으로 거의 항상 무능했다면, 그는 그녀를 비롯한 여성들에 대한 적개심, 불안 등을 느끼게 된다. 반면 그녀는 그의 행동을 이기적으로 여기거나 그녀 자신이 부적합하다고 스스로를 비난하기도 한다. 남성들이 느끼는 여성에 대한 적개심, 불안은 신체적 학대에 이르기까지 교활하게 전이된 반면, 여성들은 이에 대하여 격노, 슬픔, 공포, 무기력 등으로 반응한다. 이처럼 여성이 성적으로 흥분이나 오르가슴을 느끼지 못하는 것은 흔히 남성과의 상호작용에 의한다.

기혼여성이 성 기능 장애를 경험한다면 남편의 책임도 어느 정도 작용한다. 예를 들면, 신혼 초기를 벗어나면서 여성은 남편에게 매력을 잃지 않기 위하여 미용이나 체중조절 등에 신경을 쓰더라도 남편이 어떤 사람인가에 따라 여성 노력은 물거품이 될 수 있다. 곧 남편이 대중매체에서 강조하는 매력과 부인으로부터 얻는 현실적인 자극이 동일하지 않다고 느끼는 사람이라면 아내에 대한 관심이 전보다 줄어든다. 현실과 이상적 매력의 차이를 힘들게 느끼는 남편은 주말이 되어도 혼자서 야구장을 찾아가거나 친구들과 어울려버린다. 혹시 집에 있더라도 남편은 잠자리에 들어가 부인과 의무적인 성교를 하고서 바로 잠들어버린다. 부인은 자기가 남편의 관심 밖에 있다고 느끼면, 친교의 부재, 이용만 당하는 쓸모없는 존재, 단순한 성적 상대자라는 사실에 불만을 갖게 된다. 결과적으로 부인은 이미 성적으로 반응을 보이지 못하며, 분노와 후회 그리고 자존감 저하 때문에 신체적으로 움츠러들게 된다(윤가현, 1999).

① 성 기능 장애의 원인

성 기능 부전을 평가할 때는 많은 요인이 고려되어야 한다. 다음에 주어진 요인들은 병인 및 치료와 관련 있을 수도 있고, 개인의 병의 정도를 다양화하는데 기여할 수 있다. ① 동반자 요인(예: 동반자의 성적 문제, 동반자의 건강상태 등), ② 관계요인(예: 불량한 의사소통, 성적 활동의 욕구에 대한 차이 등), ③ 개인의 취약성 요인(예: 불량한 신체상, 성적 또는 정서적 학대의 과거력), ④ 문화적 또는 종교적 요인(예: 성적 활동이나 즐거움에 대한 금기로 인한 억제, 성에 대한 태도 등), ⑤

예후, 경과, 치료와 관계도니 의학적 요인 등이 있다.

성 기능 부전의 임상적 진단은 문화적 요인을 고려해야 한다. 이는 기대감에 영향을 미칠 수 있고, 성적 즐거움의 경험에 대한 금기를 만들 수도 있다. 노화는 정상적인 성적 반응의 감소와 연관이 있을 수 있다. 성적 반응은 아직은 보통 개인 내적, 대인 관계적, 문화적 맥락에서 경험하는 것으로 여겨지지만, 생물학적인 뒷받침이 필수적이다. 따라서 성적 기능은 생물학적, 사회문화적, 심리적 요인들 간의 복잡한 상호작용이 관련되어 있다. 많은 임상적 상황에서 성적문제의 병인에 대한 정확한 견해는 밝혀지지 않았다. 그렇더라도 성 기능 부전의 진단에는 물질의 효과에 의하거나(예: 약물 또는 치료약물), 또는 의학적 상태(예: 골반신경 손상), 또는 심각한 관계의 고통, 동반자의 폭력, 또는 다른 스트레스 요인들 같은 비성적인 정신질환으로 설명 가능한 문제의 배제가 필요하다(APA, 2015).

마스터스와 존슨(1970)은 성행위 시의 즉각적 원인에 의해 성 기능의 문제가 발생하지만, 근원적으로는 과거의 여러 가지 경험이 성 기능에 영향을 미친다고 주장한다. 이처럼 성 기능 장애를 유발할 수 있는 역사적 원인에는 종교적 신념, 충격적 성 경험, 동성애적 성향, 잘못된 성 지식, 과도한 음주, 신체적 문제, 사회문화적 요인 등이 포함된다. 이러한 요인들이 복합적으로 작용하여 성적 수행에 대한 두려움과 관찰자적 역할을 형성하게 된다.

1) 종교적 신념

성을 죄악시하거나 성에 대한 부정적 의미를 부여하는 종교적 신념은 성 기능 장애의 간접적인 원인이 될 수 있다. 대부분의 종교는 성을 억제하거나 금기시하는 경향이 있다. 우리나라에도 성을 금기시하는 유교적 전통이 있어서 성적인 욕구를 드러내거나 부부관계에서 적극적인 태도를 보이는 여자는 천박하다는 암묵적인 인식이 남아 있다.

이처럼 성에 대해 부정적인 종교적 신념은 가정의 성 윤리로 받아들여지게 되어 부모의 자녀 양육에 영향을 미치게 된다. 성적 쾌락의 추구를 죄악시하는 엄격한 종교적 신념을 지닌 부모 밑에서 성장한 사람들은 성에 대해서 부정적인 태도를 지녀, 자신의 성적 욕구나 흥분을 자연스럽게 받아들이지 못하고 죄의식을 느끼거나 억제적 태도를 지니게 되어 성 기능 장애를 나타낼 가능성이 높다.

2) 충격적인 성 경험

성 기능 장애를 나타내는 사람 중에는 어린 시절에 성추행이나 성폭행을 당한 경우가 많다. 이처럼 매우 충격적인 성 경험을 성적 외상이라고 한다. 성적 외상 경험은 마음속에 깊이 남아 성에 대한 부정적 태도를 지니게 한다. 성은 즐거운 것이 아니라 공포스럽고 고통스러운 것이라는 뿌리 깊은 기억이 성인기의 성생활에 악영향을 미칠 수 있다. 이처럼 성에 대한 심한 두려움과 혐오감은 성 기능 장애를 유발할 수 있는 주요한 원인으로 여겨지고 있다. 따라서 충격적인 성 경험을 했다면 사건 직후에 적절히 해소하여 악영향을 최소화하는 것이 성 기능 장애를 방지하는 데에 중요하다.

3) 동성애적 성향

동성애적 성향이 이성과의 성관계에서 성 기능 장애를 유발하는 원인이 될 수 있다. 특히 발기에 문제가 있는 남자와 절정감에 도달하지 못하는 여자의 경우, 그들이 지닌 동성애적 성향 때문에 이성 간의 성관계를 즐기지 못할 수 있다. 이성과 결혼생활을 하고 있는 동성애자인 경우에는 성적인 성향의 차이로 인해 원만한 부부관계에 문제가 발생하게 된다. 동성애자의 수가 증가하는 최근의 추세에서는 이러한 동성애적 성향을 탐색하는 과정이 성 기능 장애의 치료에 포함되어야 한다.

4) 잘못된 성 지식

성장 과정에서 습득한 성에 대한 잘못된 지식이 성 기능에 영향을 미칠 수 있다. 중학교나 고등학교 학생들은 종종 또래 집단에서 성에 대한 잘못된 정보를 접하게 된다. 또한 성인의 경우 주변의 가까운 사람들로부터 성에 대한 지식을 얻게 되는데, 이런 정보의 많은 부분은 과학적인 근거가 부족한 잘못된 신념일 수 있다. 또한 어떤 성직자들은 성 기능의 문제가 종교적 죄악에 대한 신의 처벌이라고 여기기도 한다. 성에 대한 그릇된 지식이나 진위 여부를 가릴 수 없는 신념은 성 기능에 직간접적으로 악영향을 미칠 수 있다.

5) 과도한 음주

과도한 음주 역시 성 기능에 문제를 초래할 수 있다. 술이 성 기능을 향상시키고 성적 흥분을 증가시켜준다고 생각하는 사람들이 많다. 그러나 이러한 술의 효과는 알코올에 의한 것이 아니라 술을 마신 사람이 지닌 술의 효과에 대한 믿음에 의한 것일 뿐, 술은 성적 흥분을 감소시킨다. 특히 많은 양의 술을 마신 사람은 발기에 어려움을 겪게 된다. 이 경우에 일시적인 발기 곤란을 술에 의한 것으로 생각하기보다 성 기능 자체의 문제로 생각하여 지나치게 걱정하게 되고 그 결과 발기 장애로 발전할 수 있다.

6) 신체적 문제

성 기능 장애는 성병, 신체적 질병, 약물복용, 폐경과 같은 신체 생리적 문제에 의해 촉발될 수 있다. 성기나 주변 부위에 나타나는 감염성 성병으로 인해 성 욕구가 감퇴 되고 성관계를 회피할 수 있다. 특히 당뇨병은 발기 장애를 초래할 수 있으며, 진통제나 안정제와 같은 약물 역시 성적 흥분을 감소시킬 수 있다. 질경련증과 성교 통증은 신체 생리적 문제로 인해 발생하는 경우가 많다. 특히 폐경기에 접어든 여성의 경우는 질 분비물이 부족하기 때문에 성교 시에 통증을 느끼게 된다.

7) 사회문화적 요인

성이나 성 역할에 대한 왜곡된 신념을 심어주는 사회문화적 요인 역시 성 기능에 부정적인 영향을 미칠 수 있다. 특히 여성의 성 기능 장애는 이러한 사회문화적 영향에 의한 경우가 많다. 여러 문화권에서는 여성이 적극적인 성적 행동을 나타내는 것을 금기시하고 있다. 이러한 문화 속에서 여성은 성적 욕구를 억압하고 성행위 시 소극적인 역할을 하도록 요구받는다. 그러나 여성은 남성보다 더 강렬한 성적 쾌감과 여러 번의 절정감을 느낄 수 있는 신체적 특성을 지니고 있다. 따라서 여성은 성생활에서 자신의 억제적 성 역할과 활발한 성 반응 사이에서 더 많은 심리적 갈등을 지니게 된다. 이런 점에서 마스터스와 존슨은 사회문화적 요인이 여성의 성 기능 장애를 유발하는 중요한 요인이라고 보았다.

2 성 기능 장애의 해결책 및 예방법

1) 마스터스와 존슨의 해결책

Masters & Johnson(1970)이 제시한 성 치료 방법은 몇 가지 독특한 특징을 지니고 있다. 첫째는 성 기능 장애를 지닌 개인보다는 부부를 주요 치료 대상으로 삼는다는 점이다. 이것은 부부관계를 이해함으로써 성 기능 장애의 유발 원인을 포괄적으로 파악할 수 있으며, 부부간의 협동적 노력이 치료에 필수적이라는 입장에 근거하고 있다.

둘째, 치료진도 남녀 두 명의 치료자로 구성된다. 흔히 한 사람은 성 치료 전문가이고 다른 한 사람은 보조치료자의 역할을 맡게 된다. 두 명의 치료자는 치료적 면담 시 부부와 함께 만나 대화를 나눌 뿐만 아니라 실제 성행위 기술을 훈련시키는 과정에도 직접 참여하게 된다. 두 치료자는 각각 남녀의 관점에서 부부의 문제를 좀 더 잘 이해할 수 있는 동시에 부부에게 건강한 모델의 역할을 할 수 있다.

셋째, 치료에 앞서 신체검사와 심리 사회적 검사를 통해 성 기능 장애의 증상과 관련된 요인을 다각도로 평가한다. 이러한 검사를 통해 성 기능 장애에 관련될 수 있는 신체적 요인과 심리 사회적 요인을 종합적으로 평가하여 치료에 반영할 수 있을 뿐만 아니라, 검사 결과의 해석 과정에서 성 기능에 관한 신체적, 심리 사회적 요인을 설명해줌으로써 치료 효과가 증진될 수 있다.

넷째, 짧은 치료 기간 내에 적극적인 방법을 통해 치료한다. 보통 2주의 치료 기간 동안 매일 부부와 치료적 면담을 하는 형태를 취한다. 이처럼 단기적이고 집중적인 치료는 부부가 적극적으로 치료에 참여할 수 있도록 유도할 뿐만 아니라 치료자가 처방한 성적 과제에 대한 반응을 즉시 확인하고 논의할 수 있게 한다. 흔히 마스터스와 존슨의 성 치료에서는 치료 기간 동안 부부가 치료기관에서 가까운 호텔에 머물도록 함으로써 일상적인 업무나 사회적 부담감에서 해방되어 자신들의 관계에만 집중하도록 만든다.

마지막으로, 마스터스와 존슨의 성 치료는 행동주의적 치료 이론에 기초하고 있다. 즉 성 기능 장애와 관련된 무의식적 갈등이나 역동을 다루기보다는 성 기능 문제를 개선하는 구체적인 행동방법을 제시하여 연습시키고 이를 부부관계에서 시행하도록 지도한다.

2) 캐플란의 해결법

Kaplan(1974)의 성 치료는 몇 가지 독특한 특성을 지닌다. 첫째, 한 명의 치료자가 부부를 대상으로 치료한다. 부부를 치료 대상으로 한다는 점은 마스터스와 존슨의 성 치료와 같지만, 한 명의 치료자가 치료한다는 점은 다르다. 캐플란에 따르면, 한 명의 치료자만으로도 두 명으로 구성된 치료팀만큼 치료효과를 거둘 수 있으며 따라서 치료비가 경감될 수 있다.

둘째, 2주간 매일 집중적인 치료가 이루어지는 마스터스와 존슨의 방식과 달리, 캐플란의 성 치료는 치료자가 환자와 매주 1~2회 정도 만나 치료하게 되며 치료 기간에 제한이 없으므로 좀 더 장기적이고 융통성 있게 환자의 성 기능문제를 살펴보고 개선을 도울 수 있다.

또한 캐플란의 성 치료는 환자 개개인의 성 기능 문제에 따라 각기 다른 방법을 적용한다. 모든 환자에게 신체검사를 실시했던 마스터스와 존슨과는 달리 신체검사가 필요하다고 판단된 부부에게만 검사를 실시한다. 치료 방법에서도 모든 환자에게 동일한 치료 프로그램을 적용하기보다는 환자 개개인의 특정한 성 기능 문제에 따라 필요한 과제만을 제시한다. 또한 성적 과제를 수행하는 대상이나 장소를 제한하지 않고 있다.

3) 약물치료와 외과적 치료

성 기능 장애는 심리적 원인과 더불어 신체적 원인이 복합적으로 관련되는 경우가 많다. 또한 성기능장애를 극복하는 데에는 약물복용이나 수술과 같은 여러 가지 물리적 방법을 통해 도움을 얻을 수 있다.

① 약물치료

성 기능 장애의 치료에 사용되는 약물은 신체적인 성적 반응에 영향을 줄 뿐만 아니라 심리적 불안과 긴장을 완화시키는 데에도 도움이 된다. 성 기능 장애의 치료에 흔히 처방되는 약물은 다음과 같다.

우선, 진정제나 항불안제가 성 기능 장애의 치료에 사용된다. 이러한 약물은 중추신경 억제제로서 대개 심한 불안이나 불면증에 사용된다. 적은 용량을 복용하게 되면 심리적 불안과 신체적 긴장을 감소시켜 성 욕구가 증가 되고 성적 흥분이 지속되는 효과를 나타낼 수 있다. 그러나 많은 양을 장기간 사용하면 오히려 성 반응이 억제되어 성 기능 장애를 악화시킬 수 있다. 알코올도 이와 유사한 효과를 지니고 있다. 여러 가지 항정신병 약물이 성 기능 장애에 처방되기도 한다. 성 기능 장애는 여러 가지 정신장애(예: 우울증, 정신분열증 등)로 인해 파생될 수 있다. 따라서 정신장애를 치료하는 약물을 복용하게 되면 성 기능 장애가 개선될 수 있다. 항우울제는 우울증을 완화시킴으로써 성 욕구가 증진되고 성행동이 활발해질 수 있지만, 발기문제나 사정 곤란의 부작용이 나타날 수 있다. 이 밖에 항정신병 약물은 정신분열증과 같은 심각한 정신장애를 치료함으로써 간접적으로 성 기능에 긍정적인 효과를 나타낼 수 있다. 그러나 이런 약물을 다량으로 복용하면 성욕이 감퇴하거나 발기 불능이 나타날 수 있다.

성 기능 장애의 치료에 흥분제가 사용되기도 한다. 코카인이나 암페타민과 같은 흥분제는 중추신경계를 자극하고 교감신경계의 기능을 향상시켜서 성 욕구 단계, 고조 단계, 절정 단계의 성적 반응을 증진시킨다. 그러나 과도하게 복용하면 오히려 발기를 억제하거나 절정감을 방해한다. 다양한 호르몬제도 성 기능에 영향을 미친다. 이러한 약물은 중추신경계의 성 중추를 자극하여

성기의 반응에 영향을 주는 것으로 알려져 있다. 예컨대, 안드로겐(androgen)은 남녀 모두에 있어서 성 중추를 자극하여 성욕을 높여주고 음경과 음핵의 기능에 영향을 미친다.

이 밖에도 중추신경계에 영향을 미치는 다양한 약물이 사용된다. 드문 경우지만, 성적 욕구와 절정감을 증대시키기 위해서 환각제가 사용되기도 한다.

지금까지 소개된 약물들은 직접적으로 성 기능에 영향을 미치기보다는 다른 질환을 치료하기 위해 사용되는 약물로서 부수적인 약리효과로 인해 성 기능에 영향을 주는 것이라고 할 수 있다. 약물치료는 짧은 시간에 간단한 노력으로 효과를 거둘 수 있다는 장점이 있지만, 약물 의존성과 같은 여러 가지 부작용의 문제점을 안고 있다.

② 외과적 수술

성 기능 장애를 치료하기 위해 외과적 수술방법이 사용되기도 한다. 그러나 외과적 수술은 매우 극단적인 방법이므로 신중하게 결정해야 한다. 대부분의 전문가는 성 기능의 문제가 다른 치료 방법으로 해결되지 않을 경우에 한하여 외과적 수술을 권유한다.

남성의 발기 장애를 치료하기 위한 방법으로 음경에 인공보형물을 삽입하는 방법이 사용된다. 여기에는 크게 세 가지 유형이 있다. 첫째는 음경에 일정한 크기의 보형물을 삽입하여 발기가 영속적으로 지속되게 하는 방법이다. 둘째는 영속적인 발기를 유지되지만 음경의 각도와 모양을 바꿀 수 있도록 하는 방법이다. 마지막 방법은 액체나 공기를 외부에서 주입하여 발기 상태를 조절할 수 있는 보형물을 음경에 삽입하는 방법이다. 이 경우에는 한쪽 고환 부위에 작은 펌프를 삽입하여 필요한 경우에만 발기하게 할 수 있다. 그러나 이러한 수술을 받은 남성들을 장기간 관찰한 결과, 성 기능이 여전히 저하된 경우가 많았다. 발기하여 성교하는 데에 더이상 성적인 욕구와 흥분이 필요하지 않기 때문에 성생활의 장기적 적응에는 부정적인 영향을 준 것이다. 성 기능의 문제는 대부분 심리적 요인과 신체적 요인이 복합적으로 작용하여 발생하듯이, 심리적 요인들이 해결되지 않은 채 단지 신체적 요인만을 수술로 호전시킨다고 해서 장애가 온전히 극복될 수는 없다.

조루증에 적용되는 외과적 수술방법의 하나가 최근에 개발된 복합 음경 확대술이다. 이 방법은 남성의 성기가 지나치게 작은 음경왜소증과 조루증을 동시에 치료하는 효과를 지닌 것으로 알려져 있다. 복합 음경 확대술은 두 단계로 진행된다. 먼저 포경수술과 마찬가지로 음경의 피부를 잘라내고 귀두 부위에 흩어져 있는 신경의 일부를 차단하여 귀두의 예민성을 둔하게 하는 수술을 시행하고, 엉덩이 부위에서 절제한 피부 지방층을 귀두 부위에 이식하여 봉합하면 6주 후에는 성생활이 가능해진다. 수술 효과로 음경의 길이와 굵기가 확대되었을 뿐만 아니라 조루증이 현저하게 개선되었다는 보고가 있다.

이 밖에도 발기 장애를 치료하기 위해 음경의 해면체에 혈액을 공급하는 혈관을 수술하는 방법이 있다. 음경은 동맥을 통해 해면체에 혈액이 들어옴으로써 발기되고, 정맥을 통해 혈액이 빠져나감으로써 발기가 약화된다. 노화현상이나 동맥경화증으로 인해 음경에 혈액이 잘 공급되지 않아 발기문제가 생기는 경우 외부 동맥을 음경으로 이어주는 수술을 한다. 반대로 음경에 들어간 혈액이 너무 쉽게 빠져나와 발기력이 약해지는 경우에는 음경정맥의 일부를 묶어준다. 이 방법은 성공률이 비교적 낮은 편이며 효과도 일관되지 않아서 꼭 필요한 환자에게만 시술한다. 하지만 이 수술은 성공하기만 한다면 인공보형물 삽입 수술과는 달리 성적 욕구와 흥분을 경험해야 발기가 되므로 정상적인 성 기능을 회복할 가능성이 높다.

발기문제를 해결하기 위해 다양한 도구가 개발되어 있다. 그 일례가 공기펌프식 압축기구이다. 유리관 형태의 기구를 음경 위에 씌우고 공기펌프를 사용하여 유리관 안의 공기를 빨아내면 음경이 부풀게 된다. 이렇게 음경이 커진 상태에서 고무밴드를 사용하여 음경의 뿌리 부분을 묶어주면 발기 상태가 유지된다. 이 방법은 성교 시마다 그 직전에 기구를 사용해야 한다는 불편함이 있지만, 기구의 가격이 저렴하고 부작용이 거의 없다는 장점이 있다(홍성묵, 1999).

4) 성 기능 장애의 자가 치료

성 기능 장애는 친한 친구 사이에서도 쉽게 털어놓고 상의하기 어려운 고민거리이다. 또한 성 치료 전문가를 찾아가 도움을 청할 용기를 내는 일도 결코 쉽지 않다. 따라서 성 기능 문제를 지닌 사람들은 뾰족한 해결책을 찾지 못한 채로 혼자 고민하며 시간만 보내는 경우가 흔하다. 성 기능 문제가 부부생활이나 정신건강에 심각한 영향을 미치고 있을 경우에는 전문가의 도움을 받아 해결될 수 있는 문제를 쑥스럽고 부끄럽다고 해서 혼자 고민하는 것은 어리석은 일이다. 그러나 성 기능 문제를 털어놓기 어려운 경우에는 스스로 문제해결을 위해 적극적으로 노력해야 한다. 이처럼 스스로 성 기능 문제를 해결하고자 하는 독자를 위해서 자가치료법을 소개한다. 무엇보다도 성 기능 문제를 방치하지 말고 해결하겠다는 적극적인 마음 자세가 중요하다. 이를 위해서 성 기능 문제에 대한 정확하고 과학적인 지식을 습득하도록 노력해야 한다. 이 밖에도 성 기능 장애에 대한 책이나 문헌들을 읽어봄으로써 자신의 문제를 잘 이해하는 것이 자가 치료의 첫 걸음이다.

아울러 성 기능 문제의 치료를 위해서는 조급해하지 말고 꾸준한 노력이 필요하다는 점을 인식해야 한다. 흔히 성 기능 문제를 지닌 사람들은 획기적 방법을 통해 단기간에 빨리 문제를 해결하기를 원한다. 그래서 특별한 약물, 식품, 기구와 같은 비법을 찾으려 하지만 비용과 시간만 소비할 뿐 효과를 보지 못하는 경우가 대부분이다. 서로 공개하지 않을 뿐 성 기능 문제를 지닌 사람들이 의외로 많다는 점을 인식한다면 자신만이 이런 문제를 지니고 있다는 불안과 좌절감을 느끼지 않을 것이다. 초조하고 조급한 마음을 버리고 차근차근 해결의 실마리를 찾아나가는 자세가 필요하다.

앞에서 설명하였듯이, 성 기능 장애는 스트레스, 부부관계의 갈등, 과도한 음주나 흡연과 같은 심리적 요인에 의해 유발되는 경우가 많다. 따라서 직장활동이나 대인관계에서 느끼는 스트레스를 줄이는 노력이 필요하다. 심리적으로 편안하고 신체적으로 건강한 상태를 만드는 것이 성 기능 문제를 극복하는 관건이다. 또한 부부관계에 갈등이 있는 경우에는 이를 해결하도록 노력해야 한다. 대화하는 방식의 개선, 갈등에 대한 허심탄회한 대화, 친밀감 증진 및 애정의 회복 등의 노력이 함께 이루어져야 한다. 아울러 과도한 음주나 흡연도 삼가는 것이 좋다. 이러한 노력이 없이는 어떠한 치료 방법도 성 기능 문제를 만족스럽게 해결할 수 없다(윤가현, 1999).

04 성범죄와 예방법

1 성범죄의 유형

1) 성폭력

◆ **성폭력범죄의 처벌 등에 관한 특례법**

제2조(정의) ① 이 법에서 "성폭력범죄"란 다음 각 호의 어느 하나에 해당하는 죄를 말한다. <개정 2013. 4. 5., 2016. 12. 20.>

1. 「형법」 제2편제22장 성풍속에 관한 죄 중 제242조(음행매개), 제243조(음화반포등), 제244조(음화제조등) 및 제245조(공연음란)의 죄
2. 「형법」 제2편제31장 약취(略取), 유인(誘引) 및 인신매매의 죄 중 추행, 간음 또는 성매매와 성적 착취를 목적으로 범한 제288조 또는 추행, 간음 또는 성매매와 성적 착취를 목적으로 범한 제289조, 제290조(추행, 간음 또는 성매매와 성적 착취를 목적으로 제288조 또는 추행, 간음 또는 성매매와 성적 착취를 목적으로 제289조의 죄를 범하여 약취, 유인, 매매된 사람을 상해하거나 상해에 이르게 한 경우에 한정한다), 제291조(추행, 간음 또는 성매매와 성적 착취를 목적으로 제288조 또는 추행, 간음 또는 성매매와 성적 착취를 목적으로 제289조의 죄를 범하여 약취, 유인, 매매된 사람을 살해하거나 사망에 이르게 한 경우에 한정한다), 제292조[추행, 간음 또는 성매매와 성적 착취를 목적으로 한 제288조 또는 추행, 간음 또는 성매매와 성적 착취를 목적으로 한 제289조의 죄로 약취, 유인, 매매된 사람을 수수(授受) 또는 은닉한 죄, 추행, 간음 또는 성매매와 성적 착취를 목적으로 한 제288조 또는 추행, 간음 또는 성매매와 성적 착취를 목적으로 한 제289조의 죄를 범할 목적으로 사람을 모집, 운송, 전달한 경우에 한정한다] 및 제294조(추행, 간음 또는 성매매와 성적 착취를 목적으로 범한 제288조의 미수범 또는 추행, 간음 또는 성매매와 성

적 착취를 목적으로 범한 제289조의 미수범, 추행, 간음 또는 성매매와 성적 착취를 목적으로 제288조 또는 추행, 간음 또는 성매매와 성적 착취를 목적으로 제289조의 죄를 범하여 발생한 제290조제1항의 미수범 또는 추행, 간음 또는 성매매와 성적 착취를 목적으로 제288조 또는 추행, 간음 또는 성매매와 성적 착취를 목적으로 제289조의 죄를 범하여 발생한 제291조제1항의 미수범 및 제292조제1항의 미수범 중 추행, 간음 또는 성매매와 성적 착취를 목적으로 약취, 유인, 매매된 사람을 수수, 은닉한 죄의 미수범으로 한정한다)의 죄

3. 「형법」 제2편제32장 강간과 추행의 죄 중 제297조(강간), 제297조의2(유사강간), 제298조(강제추행), 제299조(준강간, 준강제추행), 제300조(미수범), 제301조(강간등 상해·치상), 제301조의2(강간등 살인·치사), 제302조(미성년자등에 대한 간음), 제303조(업무상위력등에 의한 간음) 및 제305조(미성년자에 대한 간음, 추행)의 죄

4. 「형법」 제339조(강도강간)의 죄 및 제342조(제339조의 미수범으로 한정한다)의 죄

5. 이 법 제3조(특수강도강간 등)부터 제15조(미수범)까지의 죄

② 제1항 각 호의 범죄로서 다른 법률에 따라 가중처벌되는 죄는 성폭력범죄로 본다.

(국가법령정보센터 http://www.law.go.kr)

1983년 한국여성의전화가 '여성에 대한 폭력'으로 정의하기 시작했으며 1991년 무렵에는 「성폭력특별법」 제정을 둘러싼 여성 단체들 간 토론의 결과, 성적인 것에 초점을 둔 '성폭력'으로 재개념화되기 시작했다(이성은, 2005; 181). 이후 한국성폭력상담소를 중심으로 「성폭력특별법」 제정과 성폭력 피해자 보호에 앞장서온 여성운동 단체들은 성폭력을 성별 권력관계의 문제이자 근절해야 할 폭력으로 설명하기 시작했다. 성폭력은 여자로서 '부끄러운 일' '여자들의 팔자' '정조의 문제'가 아니라 성적 자기 결정권의 침해로 이슈화한 것이다.

여성운동의 오랜 노력의 결과, 우리 사회에서 성폭력은 '본인의 의사에 반

하는 성적 접근이나 행위'로 강간, 강제추행, 추행, 성희롱 등을 포괄하는 폭넓은 개념으로 인식하게 되었다. 폭력의 개념을 넓힌 여성운동의 성과로, 여성들은 자신의 다양한 경험을 새롭게 해석할 수 있게 되었고 여성의 성적 권리에 대한 사회적 인식 또한 변화시켰다.

하지만 기존의 여성다움, 남성다움에 대한 젠더 규범을 그대로 수용하고 오히려 강화하게 되었다는 새로운 문제에 부딪히게 되었다. 다시 말해 여성의 피해를 강조하기 위해 기존의 가부장제 사회가 여성에게 요구한 순진하며 나약한 여성(성)을 본의 아니게 강조하게 되었고, '성적 대상으로서의 수동적 여성'과 강한 성적 욕망의 능동적 남성성에 기반한 '잠재적 가해자 남성'이라는 통념을 재생산한다는 우려가 제기됐다. 여성주의자들은 여성들의 경험으로 성폭력을 정의하고자 했지만 역설적으로 이러한 시도가 여성들의 모든 성적 경험은 피해로, 남성들의 성적 행위는 폭력으로 해석해버릴 수 있는 가능성을 만들었다고 스스로 성찰하기 시작했다.

따라서 최근에는 성폭력을 젠더 권력관계가 반영된 것이자, 성적인 폭력으로서 젠더-섹슈얼리티에 기초한 폭력이라 이해하기도 한다. 실제로 성폭력은 남녀 간 발생하는 경우가 많지만 같은 성별끼리도 성적인 폭력이 발생할 수 있으며, 이를 통해 폭력의 피해자가 결과적으로 수동적이고 나약한 '여성(성)' '여성화된 지위'로 격하된다. 그러므로 성폭력은 개개인 간의 우연적이고 사사로운 갈등, 성차에 따라 본질적으로 다른 성적 욕망에 의해서라기보다 우리 사회에 공고화된 다양한 권력관계, 사회 구조적인 성차별과 밀접히 관련되어 있으며, 여성의 낮은 사회적, 경제적 지위와 문화적 편견(성적 편견), 젠더, 인종, 민족, 계급, 나이 등에 관한 통념 등이 긴밀하게 얽힌 결과이다(이남희 외, 2014).

2) 성매매

성매매는 남성에게 쌓인 스트레스의 해결책이자, 순결하게 보호해야 할 아내(또는 미래 아내감)에 대한 배려 행위다. 남성은 성매매 여성과 부담 없이 성행위를 하지만 애인은 건드리지 않는 것이 진정한 사랑이라고 생각할 수도 있다. 또한 많은 여성조차도 남성의 감정이 배제된 성매매 여성과의 성행위는 모르는 척하며 넘어간다. 남성은 자신이 보호하고 먹여 살려야 하는 여성인 아내와는 달리 그렇지 않은 여성인 성매매 여성을 자본의 논리에 의해 착취하는 것이다. 그럼에도 불구하고 남성은 응분의 대가인 돈을 지불했기 때문에 죄의식에서 벗어나고 뒤돌아서면 깨끗하게 잊어버린 채 똑같은 일을 반복하게 된다. 결국 남성도 타락한 성문화 속에서 의식하지 못하고 함께 추락하고 있는 것이다.

일부 학자들은 여성이 자유롭게 성매매를 직업으로 선택하는 한 이를 제한할 이유가 없다고 주장한다. 다만 여기서 자유로운 선택으로서의 성매매는 여성이 다른 종류의 일에 동등하게 참여할 수 있는 기회를 갖게 될 때를 의미한다. 그러나 노동시장의 불평등과 성 상품화 현상이 심화되는 상황에서 여성에게 주어지는 선택의 자유는 매우 제한적일 수밖에 없다. 따라서 이들이 주장하는 자유롭게 선택된 직업으로서의 성매매업은 이를 정당화하려는 가부장적 자본주의 논리에 악용될 소지가 있다는 점에서 위험하다(이기숙 외, 2010).

3) 디지털 성범죄

우리 사회에서 해결해야 할 시급한 문제 중 하나인 불법촬영은 해마다 증가하고 있다. 특히 경찰은 초소형 카메라 탐지기를 활용해 공공화장실과 탈의실 등을 꼼꼼히 점검하고, 범죄예방진단팀을 투입해 범죄 불안 요인을 집중적으로 제거하려는 의지를 보여주고 있다.

성폭력 범죄의 처벌 등에 관한 특례법 제14조(카메라 등을 이용한 촬영)는 카메라나 그 밖에 이와 유사한 기능을 갖춘 기계장치를 이용하여 성적 욕망 또는 수치심을 유발할 수 있는 다른 사람의 신체를 그 의사에 반하여 촬영하거나 그 촬영물을 반포·판매·임대·제공 또는 공공연하게 전시·상연한 자로 5년 이하의 징역 또는 1천만 원 이하의 벌금을 부과하게 되어 있다. 더불어 촬영물을 SNS 및 인터넷 등에 유포하는 경우에도 처벌 대상이 된다(스마트 서울경찰).

성폭력범죄에 대응하기 위해 법무부는 다양한 정책을 내놓고 있다. 그럼에도 성폭력범죄는 더 늘어났는데, 그 이유는 바로 '카메라 등을 이용한 촬영' 범죄가 늘어났기 때문이다. [표 2-1]과 [표 2-2]를 보면, 2011년 이후 강간 등 상해/치상 범죄나 강간, 추행의 비율은 점점 낮아지고 있는 반면, 카메라를 이용한 촬영 범죄는 급속도로 늘어나고 있다. 카메라가 장착된 휴대폰이 보편화되고 영상의 촬영과 편집이 쉬워지면서 촬영과 관련된 성범죄가 많이 생겨난 것이라고 해석할 수 있다.

표 2-1 • 성폭력범죄 주요 유형별 구성비 추이(2005~2014년)

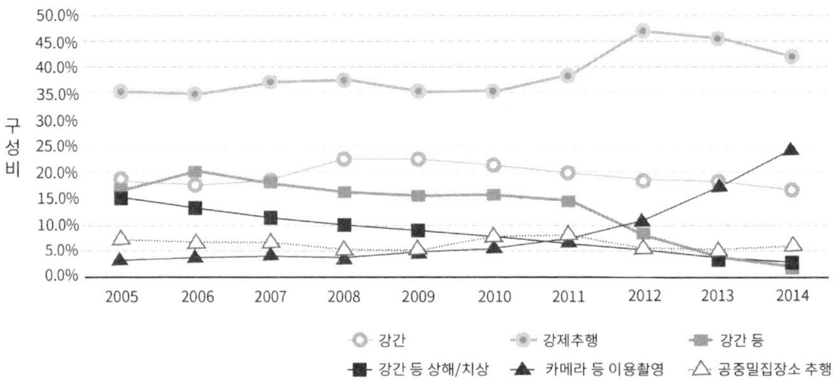

출처: 대검찰청

표 2-2 • 디지털 성범죄 발생 건수

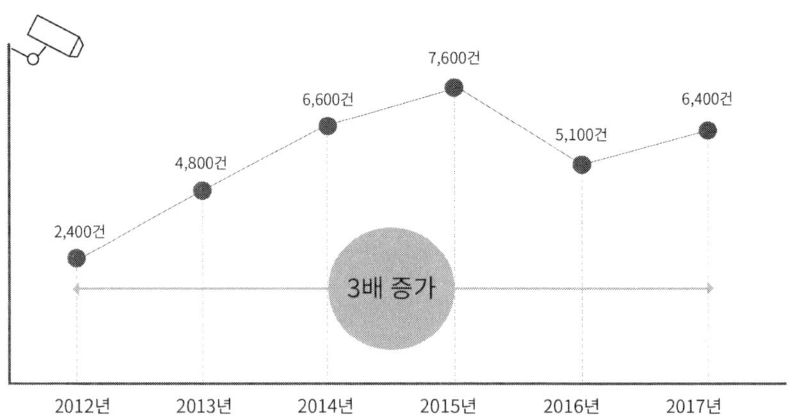

출처: 경찰청

어떤 사람은 누굴 만진 것도 아니고, 그냥 사진만 찍었을 뿐이며 남에게 공유할 것도 아니고 혼자만 간직할 건데 왜 죄가 되느냐고 묻기도 한다. 하지만 그런 행위는 상대방의 성적 수치심과 불쾌감을 일으킬 수 있고, 누군가를 몰래 찍는다는 행위 자체가 보편적인 성적 도덕관념에도 부합하지 않기 때문에 이 역시 성폭력에 해당한다. 성폭력은 강간이나 성희롱, 강제추행 등 모든 성범죄를 포함한다(법무부 블로그).

4) 데이트 폭력

데이트 폭력이란 미혼의 연인 사이에서 한쪽이 가하는 폭력이나 위협을 말한다. 폭력적인 행위를 암시하면서 정신적인 압박을 가하여 권력관계에서 우위를 차지하는 것이나 언어폭력 등 비물리적인 행위도 포함된다. 연인이라는 친밀한 관계의 특징상 지속적, 반복적으로 발생하고 재범률 또한 약 76%로 높은 편이다.

성적인 폭력뿐 아니라 과한 통제·감시·폭언·협박·폭행·상해·갈취·감금·납치·살인미수 등 복합적인 범죄로 나타난다. 2015년에 신고 접수된 사건을 기준으로 7,692건이 발생하였고 이는 하루에 21건 이상의 범죄가 발생한 것이다. 사적인 문제로 생각하여 가볍게 넘어가는 인식 때문에 더 큰 피해를 불러일으키기도 하므로 사소한 증상에도 주의가 필요하다.

■ 데이트 폭력 시 나타나는 증상 체크리스트

- **감정적 데이트 폭력**
  교제 상대가 두렵다.
  교제 상대를 화나게 만드는 것이 두려워 의견에 반대할 수 없다.
  다른 사람 앞에서 공개적으로 모욕한 적이 있다.
- **정신적 데이트 폭력**
  폭력을 행사할 것이라고 위협하거나 교제 상대가 자해를 하거나 헤어지면 자살하겠다는 등의 협박을 한다.
- **성적 데이트 폭력**
  성관계를 강요하고 이를 거부하기 두렵다.

상대를 존중하지 않고 자신의 성적 욕구를 충족하는 데만 관심이 있다.

- **물리적 데이트 폭력**

  조금이라도 물리적 공격을 받은 적이 있다.

  교제 상대가 억지로 눕히기, 밀기, 주먹으로 치기, 발로 차기, 물건 던지기 중 어떤 것을 한 적이 있다.

- **통제권력적 행동**

  다른 친구를 만나지 못하게 한다.

  가족과 연락하는 것에 제한을 가한다.

  가족 및 다른 친구들과 교제 상대 중 양자택일을 하라는 강요를 받는다.

  언제 어디에 있었는지 모두 알려고 하고, 모든 것을 교제 상대에게 해명하도록 요구한다.

  다른 이성과 대화를 하면 교제 상대가 분노한다.

  의료 행위를 받기 전에 교제 상대의 허락을 받기를 원한다.

  옷이나 머리 모양 등 외적인 모든 부분을 교제 상대가 결정한다.

출처: [네이버 지식백과] 데이트 폭력 (시사상식사전, 박문각)

② 성범죄 가해자의 특징

1) 가족관계의 문제

성범죄자는 성장 과정에서 성적 학대나 다른 폭력의 피해 경험이 있는 경향이 많고 가족과의 관계도 문제가 있다고 한다(Hall & Barongan, 1997). 부모는 사회의 규범과 가치, 신념을 전달하고 다른 사회구성원들에 대한 애착을 증진시키는 역할을 하는데, 비일관적인 감시와 훈육 그리고 친사회적 모델의 부재, 무시, 학대는 범죄와 폭력 행동을 이끈다는 많은 증거가 있다(McCord, 1983; Straus, 1991; Widom, 1989).

성범죄자의 경우 부모와의 관계가 제대로 형성되어 있지 않아서 타인과의 관계 형성에도 어려움을 보이는 등 초기 대인관계부터 장애가 있다. 이들은 자존감이 낮으며, 사회적 상황에서의 자신감이 부족하다. 부모를 모두 적대시하고(Levant & Bass, 1991), 어머니와의 관계가 상호적이지 못하다. 어머니와의 긍정적인 의사소통 빈도가 낮고 이러한 경향은 강압 등을 통한 성범죄와 관련되어 나타난다(Tingle et al., 1986).

또한 부모의 약물중독은 자녀의 성적 일탈로 이어질 가능성을 나타내는데, 성범죄자들의 청소년기에 보호자들은 대부분 약물에 중독되어 있었다. 알코올중독의 경우 17%에서 43%에 달했고 모친의 약물중독은 43%, 부친의 약물중독은 62%에 이른다는 보고(Graves et al., 1996)가 있었다. 이는 성범죄와 부모의 약물, 알코올의 남용이 무관하지 않은 관계성을 지닌다고 하겠다.

2) 성격적 특성

성범죄자는 반사회적, 병리학적 생활방식과 같은 특징적 생활양식을 보인다. 이들은 높은 수준의 반사회적 성향을 지니며, 타인에 대한 감정이입 및 자기 행동에 대한 자책감이 부족하고 자신의 행위를 숨기고자 하는 성향을 보인다(Malamuth & Brown, 1994). 특히 자신의 행동으로 상해를 입게 되는 피해자에 대한 감정이입 능력이 현저히 떨어진다. 즉, 정서 공감 능력의 결핍이 나타나는데, 이들은 대부분 분노를 혐오로, 두려움을 놀라움으로 잘못 인식한다(Hudson, et al., 1993). 자기보고식 질문에 의하면, 이들은 여성의 주장은 적대적으로, 다정한 것은 유혹하는 것으로 보며 여성의 감정을 해석하는 데 무능했고(Malamuth & Brown, 1994), 강간범은 피해자 역시 성관계를 하기를 원하고 즐긴다는 잘못된 인식을 가지고 있다. 또한 이들은 자기도취적 성향을 가진다. 이들은 성-공격적인 행동에 몰입하여 자신의 권위나 힘을 나타내려고 하고 성범죄를 통해 자신의 부족함과 나약함을 잊고자 한다. 이들에게 나타나는 정신분열적 성향은 사회성부족, 소외감, 둔마된 단조로운 정서 행위 등이다.

친구와 또래집단이 부족하며 주요한 타인과의 관계가 매우 빈약하고 사회관계 자체가 정상적으로 발달하지 못한 경우가 많다. 이들의 경계선적 성향은 대인관계를 매우 불안정하게 하고 소유욕을 강하게 하며, 질투심을 유발하고 의존 성향을 높게 만든다.

사고도 매우 극단적이며 양분적인 경향이 강하며, 자신과 타인 모두의 가치를 인정하지 않는 행위를 보인다. 수동적이고 공격적인 성향은 타인과의 관계에서 자신감을 부족하게 하며, 특히 분노를 표현하는 상황에서는 이와 같은 성향이 두드러진다. 분노의 감정을 직접 표현하기보다는 타인에게 해가 될 수 있는 방해물을 만드는 것과 같은 간접적인 방법으로 표현한다. 해리적 성향은 행동이 의식과 분리되어 표출되는 경우를 의미하는데, 성과 관련된 일탈적 환상에 빠지는 경우가 흔하고, 내적으로 지나치게 몰두하기도 한다. 일상적인 수준에서는 이해하기 힘든 사고와 행동에 몰입하며, 사고와 행동이 성과 관련되는 경우가 많다고 알려진다(Carich, Newbauer & Stone, 2001). 경험적 연구 자료를 통해 성범죄자들의 대표적인 성격특성으로 가장 많이 설명되는 요인은 정서 공감 능력의 결여와 고립이다.

3) 인지적 특성

① 성경험과 신념, 일탈적 성적충동

성범죄자는 성에 대한 왜곡된 인식, 올바른 의사소통 능력의 부족 등으로 인해 자신의 행동, 타인의 반응, 상황 등을 적절하게 인식하지 못한다(Carich, Newbauer & Stone, 2001). 성범죄자들은 자신의 행위가 일반인에게는 경멸적인 것임에도 인지적 왜곡 과정을 통한 일탈 행위를 수행하여 자기만족을 추구하고 이를 통해 자기존중감을 유지하고자 노력한다. 많은 성범죄자는 자신의 행위를 정당화하는 방법으로 피해자가 유혹했다는 주장을 하기도 한다(Becker,1988; Bethea-Jackson & Brissett-Chapman, 1989; Fillmore, 1987; French, 1989). 이들의 이러한 인지적 왜곡은 자신의 행동을 정당화하고, 핑곗거리를 제공하며 행위 자체를 부정하고 최소화함으로써 성 관련 일탈 행위를 지속하게 하는 중요한 요인이 된다. 왜곡된 인지 과정은 성범죄자가 일탈적인 범죄행위를 지속하는 핵심 역할을 수행하는 것이다(Carich, Newbauer & Stone, 2001).

성범죄자의 성에 대한 그릇된 신념은 청소년기부터 시작한다고 볼 수 있다. 30개 주 1,600명의 청소년 성범죄자를 대상으로 실시한 연구(Bonner, Marx & Thomson, 1998)가 그 예다. 해당 연구에서는 참가자의 3분의 1만이 성관계를 다른 사람에 대한 마음이나 사랑을 증명하기 위한 하나의 방식으로 인식했으며, 나머지는 성관계를 권력과 지배력을 느끼기 위해서거나(23.5%), 분노를 해소하기 위해(9.4%), 또는 상처 입히고 비하하거나 벌주기 위한(8.4%) 도구로 받아들였다. 한편 남자 대학생과 성인 성범죄자를 대상으로 한 연구에 따르면 일탈적인 성적 충동이 성적으로 강압적인 행동과 강력한 상하 관계를 가지고 있다(Hunter & Becker, 1994; Knight & Prentky, 1993).

② 성적환상과 강간신화

가학성범죄의 동기 원인으로 환상의 중요성은 이미 여러 번 밝혀진 바 있다. 가학적 범죄 시 그들의 마음 상태는 성적환상 상태에 놓여 있고, 한 번 성적 살인을 한 사람과 비교했을 때 성적 연쇄살인을 한 집단은 환상과 좀 더 의미 있게 관련되어 있었다(Grubin, 1999). 이러한 성적환상은 관음증과 물품 도착과 같은 행동과 상상에서 나타난 것을 사전 연습하는 범죄와 조직화된 범죄 현장을 남기는 습관을 지닌 범죄자들에게서도 나타났다.

성적환상과 관련된 연구 중 하나는 '왜 가학적 범죄자는 환상 상태에서 범행을 하는가?'에 대한 설명과 '유사한 환상을 지닌 성격장애자들'을 설명하는 방법이다. 여기에서는 범죄자의 나르시시스틱하고 반사회적 특성을 함께 설명한다. 또 다른 접근방법은 과거력과 행동변인을 찾는 것이다. 성적환상은 부모와 분리되었던 과거력, 신체적, 성학대와 가학적 범죄자에게 있는 성도착적 행동에 의해 강한 영향을 받는다. 좀 더 나아가 초기 애착관계, 초기 외상, 폭력적 환상의 일상, 환상과 행동이 그들의 사고패턴에 반복적으로 영향을 미친다(Burgess, Hartman, Ressler, Douglas, & McCormack, 1986; Dietz, Hazelwood, & Warren, 1990). 환상과 관련된 연구결과를 살펴보면, 환상은 틀림없이 가학성 범죄자에게 중요한 위험요인이지만, 성적환상 그 자체가 성범죄를 구성하는 것은 아니고 환상의 전이, 단계적인 행동 실행이나 범죄가 고무된 불분명한 고리 등이 함께 작용해야 가학적 성범죄가 형성됨을 알 수 있다(Grubin, 1999).

3 성범죄 대처법

1) 일반적인 성범죄 대처 원칙(한국성폭력상담소)

성폭력상담소는 비밀을 보장할 의무가 있으므로 피해 시기, 장소, 당시 정황, 지속성, 의료적 필요 여부, 가해자와 피해자의 관계, 증인, 증거 유무와 내용을 알리고 논의할 수 있다. 그리고 피해자는 자신의 대응이 부족했다고 생각하지 않도록 한다. 자신이 해온 모든 것이 자신의 힘을 발휘했던 과정이라는 것을 먼저 생각하고, 내 안에 숨어 있는 힘과 강점을 발견하여 앞으로 할 수 있는 일을 그려보는 것이 일단 중요하다.

① 상황 인식하기: 나의 건강상태와 피해 상황 살피기

- 피해로 인해 발생한 나의 감정은? 피해가 일상생활에 미친 영향은?
- 피해로 입은 외상이나 내상은? 식사나 수면 등 건강은?
- 피해 극복에 발휘할 수 있는 나의 힘은? 피해 대응에 쓸 수 있는 시간은?
- 가해자로부터 지속적 성폭력, 협박 등의 피해를 입고 있는지?
- 다른 사람들이 해치거나 비난할 것이라는 불안이 있는지?
- 피해 후 관계가 깨진 주변인은? 피해로 인한 물질적인 손해는?
- 가해자에게 받아내야 할 약속이 있는지?

② 원하는 해결에 집중하기: 필요한 지원, 가해자에게 요구할 내용, 처벌유무, 바꾸고 싶은 환경 생각하기

- 심리적 지지 또는 치유, 손해배상, 가해자의 법적 처벌
- 가해자의 사과, 소속집단의 문화 바꾸기

③ 사건 해결의 목표와 한계 결정하기: 다양한 가능성 열어두기

- 사건의 의미, 감당할 수 있는 정도, 일상생활에 미칠 영향은?
- 사건 해결에 쏟을 수 있는 시간, 체력, 정신력은?
- 직장, 학교, 가족 등 주변 상황은?
- 원하는 해결이 어려울 때 받아들일 수 있는 정도는?

④ 해결방법의 장점과 어려움 검토하기: 다양한 정보 수집

- 사과문 받기 등 개인적 해결 - 구체적 방법과 약속을 어길 시 대처는?
- 법적 해결 - 절차, 공소시효, 증거수집 가능성과 방법은?
- 소속집단 내의 해결 - 소속집단 내 절차, 근거 규정, 지지집단은?

⑤ 주변 지지체계 검토하기: 자신의 강점 파악, 신뢰할 수 있는 사람, 자신이 어려운 문제를 해결해온 방식과 자신의 강점 찾기

- 나의 말을 지지하며 들어줄 사람은?
- 가해자 대응과정에서 도와줄 사람은? 도움을 받을 수 있는 기관은?

2) 데이트 폭력 대처하기

① 상대의 폭력에 단호한 모습을 보인다. 상대가 용서와 화해를 구하고, 눈물을 보이며 설득하려 해도 흔들리지 않는다. 단 한 번의 폭력도 그냥 지나치지 않는다. 폭력은 어떤 이유로도 용서할 수 없다는 태도를 보이도록 한다.

② 가족, 동료, 친구, 선생님 등 믿을 수 있는 사람에게 이야기한다. 특히 성폭력상담소 등 도움을 받을 수 있는 전문기관에 상담을 받는 것이 좋다. 지지자원은 문제를 해결하고 치유하는 데 큰 버팀목이 될 수 있다. 한편, 주변 사람은 피해자를 믿고 지지하며 문제를 해결해나갈 수 있도록 적극적으로 도와주어야 한다. 또한 피해자가 안전한 상황인지를 살피고, 안전을 확보할 수 있는 방법을 함께 생각해보도록 한다.

③ 폭력을 행한 상대방과 절대 단둘이 만나지 않는다. 꼭 만나야만 한다면 안전하고 편안한 시간과 장소를 선택하고, 믿을 만한 사람과 함께 접촉하는 것이 중요하다.

④ 상대방이 폭력(언어적·정서적·경제적·성적·신체적)을 행사한 날짜와 시간 등 사건일지를 자세히 기록하고, 문자나 메일, 대화 녹음 등 증거도 남겨두도록 한다. 신체적·성적인 폭력이 발생했다면 반드시 112에 신고하고 여성폭력피해자 ONE-STOP 지원센터에 도움을 청해야 한다. 신고하지 못한 경우에도 몸의 상처나 폭력의 흔적을 사진으로 찍어두고 병

원에 꼭 다녀오는 것이 필요하다(되도록 병원에 피해 사실을 알리고 진단서를 끊어놓는다). 분실의 위험을 대비해 증거물을 안전한 곳(속옷 등의 증거물은 코팅되지 않은 종이봉투)에 별도로 보관하는 것이 좋다. 의학적인 증거는 48시간 안에 수집이 가능하므로 몸을 씻지 말고 바로 병원으로 가는 것이 필요하고, 성병 등의 감염이나 임신을 피하기 위한 조치(응급피임약 72시간 이내 복용)는 반드시 필요하다. 그리고 현재 법적 대응을 고려하지 않았더라도, 지금이 아니면 확보하기 어려운 증거를 확보하는 것이 폭력에 대응할 수 있는 힘이 됨을 명심하도록 한다.

3) 스토킹 피해의 대처법(한국여성의 전화)

① 일단 스토킹이라는 의심이 들면 단호하고 분명하게 '싫다'라는 태도를 보여주며 절대 반응을 보이지 않는 것이 중요하다.

② 타이르거나 설득하려 하지 말고, 상대방에게 말려들지 않도록 대화는 간단히 끝내야 한다.

③ 혼자서 해결하려 하지 말고, 주변 사람에게 피해 사실을 알리고 도움을 요청해야 한다.

④ 피해 내용을 육하원칙에 맞게 자세히 기록하고, 증거를 수집해둔다(사진, 쪽지, 문자, 메일, 대화 녹음 등 피해와 관련된 증거를 모두 보관하는 것이 좋다).

⑤ 필요한 경우 전화번호를 변경하거나 이사하는 등 적극적으로 피하는 방법도 고려한다.

⑥ 상담소나 경찰에 도움을 청해 법적 보호를 받을 수 있는지 알아보고, 단호한 입장을 보여주기 위해 미약한 처벌이 나오더라도 112에 신고하는 것이 좋다. 당장 법적인 대응을 하지 않더라도, 경찰 신고기록은 중요한 증거로 활용할 수 있다.

⑦ 스토킹이 범죄임을 인식하고 처벌 법안을 제정하는 데 적극적으로 참여하는 것도 필요하다.

④ 성범죄 예방에 도움이 되는 인지전략

1) 반드시 버려야 할 위험천만한 생각들

① 내가 잘하면 상대가 변할 것이다: 내가 노력하고, 상대방에게 더욱 맞추고, 잘해주면 상대방이 변할 것 같나요? 지금까지 관계 유지를 위해 충분히 노력하지 않았나요? 이제는 당신이 변할 때가 되었어요. 상대방은 당신과의 관계에서만큼은 변할 이유도 필요도 못 느끼는 사람임을 알아차려야 해요.

② 결혼하면 달라질 것이다: 데이트 폭력이 결혼으로 이어지면 '아내 폭력'이 된다는 사실을 기억하여야 해요.

③ 사랑하니까: 폭력은 폭력일 뿐. 사랑이 웬말? 사랑과 폭력이 무엇인지를 알아내는 힘을 갖고 당신을 스스로 구하여야 해요.

2) 성범죄를 예방하기 위한 주요한 사고들

평범한 남성의 작은 변화가 모든 것을 바꾼다. 우리는 이 사회의 여성과, 어린 여자아이들을 대상으로 벌어지는 폭력의 일차적 원인이 남성들에게 있다고 본다. 여성 폭력문제 개선을 위한 노력은 언제나 여성 단체에 맡겨져왔다. 문제해결을 위해서는 자신이 여성 폭력문제의 일부라는 의심조차 않는 선한 남성들의 적극적인 참여가 필요하다.

① 남성중심주의는 사라져야 한다.

여성을 향한 폭력과 차별은 남성중심주의에서 시작되었다. 남성중심주의는 왜곡된 남자다움을 만든 주범이기도 하다. 오늘날 남자다움의 정의는 세 가지 큰 축으로 구성되어 있다. 첫째, 여성은 남성보다 열등하다는 인식이다. 둘째, 여성은 남성의 소유물이라는 인식이다. 셋째, 여성은 남성의 성적 도구라는 시각이다. 이런 인식은 여성을 향한 폭력과 차별문화를 조장하는 역할을 해왔다.

② 가정 폭력과 성폭력을 근절하려는 노력은 전적으로 남성들의 몫이다.

여성을 표적으로 하는 가정 폭력, 성폭력 및 다른 모든 종류의 학대 행위를 멈추려는 노력은 전적으로 남성들의 책임이다. 남성들은 서로에게, 어린 소년들에게, 주변 청소년에게 건강하고 바람직한 남성성을 가르치고 홍보할 의무가 있다.

③ 폭력과 차별은 종류와 관계없이 사라져야 한다.

여성에게 자행되는 폭력과 차별 중 일부만 문제 삼아서는 안 된다. 여러 종류의 폭력과 차별 행위는 뒤섞여서 나타나곤 한다. 따라서 특정 폭력 행위만 골라서 문제를 제기한다면 여성 폭력 문제의 통합적인 해결이 불가능하다.

④ 여성들이 내는 목소리에 귀 기울여야 한다.

남성들이 자행하는 여성에 대한 폭력을 없애는 데에는 남성들의 역할이 주가 되지만 그 과정에서 여성들의 목소리와 의견과 경험을 필수적으로 참고되어야 한다. 종류가 무엇이든 학대를 멈추려면 피해자의 처지부터 이해해야 한다.

⑤ 여러 억압 행위에는 교차점이 존재한다는 점을 기억해야 한다.

우리는 목적의식을 가지고 통합적인 해결책을 고민해야 한다. 그러기 위해서는 여성들과 힘없는 이들이 다양한 종류의 억압 행위에 노출되어 있다는 점을 이해해야 한다. 이런 인식 없이는 '눈에 잘 띄는' 특정 문제에만 매달리는 결과를 맞게 될 것이다. 여성 폭력 문제를 뿌리 뽑기 위해선 억압 행위가 여러 방면에서 다양하게 작용함을 깨닫는 것이 중요하며, 모든 남성의 전방위적인 노력이 필요하다.

⑥ 지역사회에 기반을 둔 참여를 유도해야 한다.

여성 폭력 문제를 근절하려면 여러 사회계층과 지역을 아우르는 공동의 노력이 필요하다. 다양한 기관과 조직들이 지역 문화와 환경에 적합한 폭력 방지 프로그램 구상에 참여하고 그 과정을 이끌어야 한다.

⑦ 남성 스스로 남성에 대한 희망을 가져야 한다.

대다수 남성은 여성 폭력을 저지르는 당사자가 아니다. 그들에게 잘못이 있다면 여성 폭력 행위가 만연할 수 있도록 남성 위주의 문화를 조성하고 유지함으로써 편의를 취해왔다는 점이다. 이런 현실에 눈을 뜨는 남성들에게는 희망이 있다(김영진 역, 2016).

제3부

행복한 결혼생활

01 결혼의 의미

02 결혼생활 계획하기

03 부부갈등과 건강한 의사소통 기술

01 결혼의 의미

1 결혼의 의미

전통사회에서 결혼은 일정한 연령에 도달한 남녀에게 있어서 당연히 거쳐야 할 통과의례로 받아들여졌다. 그러나 최근에 들어 생활양식의 변화로 인해 독신이나 기타 다양한 생활양식을 추구하는 사람이 많아지면서 결혼은 누구나 해야 하는 필수적인 과정이 아니라 여러 다양한 생활방식 가운데 하나인 선택적인 것으로 인식되고 있다. 그러나 아직도 대부분의 성인 남녀는 보편적인 삶의 방식으로 결혼을 선택하고 있다는 점에서 결혼은 여전히 그 중요성을 가지고 있음을 알 수 있다. 현대적 의미에서 결혼이란 적정한 연령에 도달한 남녀가 자유로운 이성교제를 통해 애정과 신뢰를 확인하고 자유의사에 의하여 정신적·육체적으로 결합하는 것을 의미한다. 이제까지 성장하고 생활해왔던 자신의 생식가족을 떠나 배우자와 더불어 새로운 자신들만의 가족을 형성하기 위해서는 결혼이라는 의례를 거치게 된다. 이것은 남녀 두 사람의 결합이라는 단순한 의의와 더불어 가족과 사회집단 유지에 기여하는 제도적 의의를 지니게 된다.

전통사회에서는 일정한 연령에 도달한 남녀는 결혼을 해야 한다는 결혼규범이 자식으로서의 의무이자 인간으로서 필수적으로 거쳐야 하는 통과의례로서 자연스럽게 받아들여져왔다. 결혼해서 아이를 낳아 키우는 활동을 통해 종족을 보존하고 인간의 성욕을 지속적이고 합법적으로 충족시킬 수 있었다. 그러나 최근에 결혼관의 변화로 인해 독신 인구가 늘어나고 있으며 결혼을 선택적 삶의 한 방향으로 보는 경향이 증가하고 있다.

결혼을 할 것인가, 하지 않을 것인가는 개인의 자유의사에 달려 있지만 대부분의 남녀는 결혼을 선택한다. 사람들은 사랑하기 때문에, 경제적 안정을 얻기 위해서, 정서적으로 안정되기 위해서, 동반자를 갖기 위해서, 가족과 자녀를 얻기 위해서, 그리고 성적 충족을 얻고 보호받기 위해서, 가족의 기대 때문에 등 여러 가지 이유에서 결혼을 한다. 결혼을 함으로써 이 모든 것이 한꺼번에 만족스럽게 달성되는 것은 아니지만 대부분의 사람이 결혼하는 이유는 역시 결혼이 이러한 목적들을 이룰 수 있는 기능과 가능성을 가지고 있다고 믿기 때문이다(이정덕 외, 2002).

학자들은 결혼에 대한 개념을 다양한 관점에서 정의하고 있다. 이정덕(2002)은 결혼을 "적절한 연령에 도달한 남녀가 자유로운 이성교제를 통해 애정과 신뢰를 확인하고 자유의사에 의해 정신적·육체적으로 결합하는 것"으로 정의하고 있다. Olson & Defrain(1994)은 결혼을 "정서적 · 신체적 친밀감과 다양한 과업 및 경제적 자원을 서로 공유하는 두 사람의 정서적 · 법적 책임관계"라고 정의하였다. 이러한 결혼에는 사회적으로 규정된 권리와 의무를 따르겠다는 것에 동의한 법적 결혼(legal marriage)과 법적 구속력이 없는 동거(cohibitation)나 사실혼(common law of marriage)과 같은 사회적 결혼(social marriage)이 있다. 일반적으로 말하는 결혼이란 법적 결혼을 의미한다. 이러한 개념적 정의에 비추어본다면 결혼은 다음과 같은 특성을 갖는다고 볼 수 있다.

첫째, 결혼은 법률적 계약이다. 결혼은 어디까지나 사적인 일이지만 법률적으로 결혼이 성립되기 위해서는 일정한 조건을 충족해야 하며, 결혼 이후에도 법률이 정한 권리와 동시에 의무를 가지게 된다.

둘째, 결혼은 경제적 측면을 공유하는 것이며, 결혼의 법적 계약요소 중에 가장 중요하게 여기는 것도 경제적 책임이다.

셋째, 결혼은 상호 간에 친밀한 관계를 발전해나가는 기회가 된다. 결혼은 법적인 계약이기도 하지만 동시에 정서적인 측면이 강하게 작용하며, 서로에 대한 사랑, 정직, 존중에 대한 약속이기도 하다.

넷째, 결혼은 다양한 삶의 여러 대한 가운데 가장 보편적인 방식이다. 소수의 사람은 여러 다양한 삶의 방식을 선택하지만 결혼은 가장 많은 사람이 선택하는 가장 보편적인 삶의 방식이다.

다섯째, 결혼은 부부 상호 간에 성적 소유를 선언하는 것이다. 즉, 결혼을 통해 두 사람은 합법적으로 성적 욕구를 충족시킬 수 있다.

여섯째, 결혼을 통해 두 사람은 또 하나의 새로운 사회적 단위를 형성하며, 이를 통해 사회는 존속된다.

일곱째, 결혼은 두 사회관계망의 결합이다. 결혼은 개인과 개인 간의 결합이 아니라 두 가족망의 결합이다. 이를 통해 서로 상이한 두 개의 문화를 접하게 되고 상호적응과정에서 어떤 요소는 정교해지고 전수되는 반면, 어떤 요소는 수용되지 않거나 여과된다.

이와 같이 결혼이란 두 남녀의 신체적, 정서적, 사회적 결합을 의미한다. 인간은 결혼을 통하여 성욕을 지속적이고도 합법적으로 충족시키며, 자녀를 출산하고 양육하며 종족보존을 한다. 또한 결혼을 통하여 정서적, 애정적 안정을 취하며, 사회적으로 인정받게 된다. 결국 인간은 결혼은 결혼을 통하여 개인적 욕구충족과 아울러 사회적인 인정을 받음과 동시에 책임을 지게 되는 것이다(정옥분, 2008).

2 결혼에 대한 태도 변화

가족이 결혼에서 비롯된다기보다 오히려 결혼이 가족에서 비롯된다는 말처럼 결혼은 가족의 성격이나 사회의 특성을 그대로 반영해준다. 결혼관에서의 변화는 혼인율의 감소나 혼인연령의 상승, 이혼율의 상승에서 두드러지게 나타나고 있다.

1) 혼인율의 감소

전통적인 의미에서 혼인은 성인이 되면 누구나 치러야 하는 일종의 성인식이자 통과의례였다면, 최근에는 그것이 선택이라는 인식이 확산되고 있다. 아직도 대부분의 사람이 혼인에 대해 긍정적인 시각을 가지고 있으나, 이를 필수적인 것으로 생각하기보다는 선택적인 것으로 생각하는 사람들이 점차 증가하고 있다. 이러한 사고를 반영하듯 젊은 세대는 흔히 '결혼은 선택, 연애는 필수'라고 말한다. 그 결과, 점차 혼인율은 감소하고 독신이나 동거를 선택하는 사람들의 비율이 증가하고 있다.

2002년 통계청이 발간한 통계분석연구 최근 호에 따르면 5년 주기로 실시하는 인구주택총조사를 분석한 결과, 평생독신율로 간주되는 45~49세 연령층 가운데 미혼자 비율이 남자는 1970년 0.2%에서 2000년 2.4%로, 여자는 0.1%에서 1.7%로 크게 높아진 것으로 나타났다.

지금까지의 독신은 '결혼경사(傾斜)현상(marriage gradient)'으로 인해 자신의 배우자를 구하지 못한 비자발적인 독신이 주류를 이루었지만, 최근에는 자발적 독신이 주를 이루는 것이 특징이다. "며느리는 낮은 데서 데려오고 딸은 높은 데로 보낸다"라는 표현처럼 우리나라는 전통적으로 남성의 경우에는 다소 하향혼을 선호하며, 여성은 이와는 반대로 상향혼을 지향하는 경향이었다. 그 결과, 자신과 유사하거나 높은 지위의 배우자를 선택하지 못한 고학력 여성의 비자발적인 독신이 주를 이루었다. 반면, 최근의 경향은 자발적인 독신이 많은 비율을 차지한다는 점에서 앞으로도 혼인율은 계속 감소할 것으로 예측할 수 있다.

동거율의 증가도 혼인율의 감소와 관련이 있다. 최근의 동거율 증가는 자녀양육자로서의 역할상실, 부부관계의 불안정성, 둥지로서의 가족의 해체라는 탈근대 가족의 특성과도 관련이 있다. 탈근대 가족에서 나타나는 이 같은 가족관계의 불안정성으로 인해 결혼이라는 제도적 틀을 거치지 않으면서 동시에 이와 유사한 경험을 할 수 있는 동거는 꾸준히 증가할 것으로 예측할 수 있으며, 궁극적으로 혼인율을 감소시키는 요인이 된다.

2) 초혼연령 상승

우리나라의 초혼연령은 1925년부터 이전의 조혼 풍습에서 서서히 변화되기 시작하여 점진적으로 초혼연령이 증가하고 있다. 통계청에서 2004년에 발표한 '2003년 혼인통계치'에 의하면 우리나라의 평균 초혼연령은 남자 30.1세, 여자 27.3세로 1993년에 비해 남자는 2세 여자는 2.2세 증가한 것으로 나타났다. 특히 초혼연령에서 여성의 증가 현상이 보다 두드러지게 나타나고 있으며, 그 결과 남녀의 연령차는 감소하는 추세이다.

궁극적으로 결혼의 시기를 결정하는 것은 개인이지만, 이는 출산력과 밀접한 관련이 있으므로 사회에 미치는 파장이 크다. 그러한 결정에는 개인의 결혼관이나 그가 속해 있는 가족이나 사회의 여러 요인이 영향을 미치게 된다. 한 개인의 결혼관이 결혼에 대해 큰 의미를 두지 않거나 개인적 성취나 지위를 중요시하는 경우 결혼 시기는 늦어지는 경향을 보인다. 특히 여성의 초혼연령은 결혼에 대한 가치관과 상관이 높다. 긍정적인 결혼관과 강한 결혼규범의식을 가질수록 여성의 초혼연령은 빨라지며(최새은·옥선화, 2003), 반면 결혼에 대해 부정적인 생각은 만혼의 원인이 되기도 한다.

특히 최근의 초혼연령 상승은 출생가족의 영향으로도 설명할 수 있다. 조혼이나 만혼은 출생가족에서의 불행한 경험 등과 관련이 있다. 불행하고 복잡한 원가족으로부터 도피하는 방편으로 조혼하는 경향도 있으나, 일반적으로 그 반대의 현상이 나타나게 된다. 부모의 이혼을 경험한 많은 젊은 세대는 자신의 결혼도 부모와 유사하게 끝날지도 모른다는 생각을 하며, 그들 부모의 경험을 답습하지 않기 위해 더 신중해질 수밖에 없다. 그 결과 결혼연령은 높아지게 된다. 또한 이혼은 하지 않았다 하더라도 친밀한 관계를 형성하는 데 실패한 부모세대의 결혼생활을 익히 보아온 젊은 세대는 결혼이라는 제도에 대해 회의감을 갖게 되며, 그 결과 결혼연령이 점차 높아지는 것으로 증명할 수 있다. 출생순위별로는 장녀는 역혼(逆婚)을 금하는 우리 사회의 규범 때문에 제 시기에 결혼하는 경우가 많다(이인수, 1994). 그러나 부모의 사회경제적 지위가 중하류층 이하인 경우에는 초혼연령은 늦어진다(최새은·옥선화, 2003). 남성의 경우에는 사회경제적 지위에 따라 상이하다. 상류층에서는 장남이 차남보다 일찍 결혼하는 경향을 보이며, 하류층에서는 차남 이하가 장남보다 일찍 결혼하는 경향을 보인다. 이러한 사실은 부모에 의해 전략적 차원에서 자녀의 초혼연령 증가가 진행되었음을 의미하는 것이기도 하다(한경혜, 1991).

산업화, 교육수준, 경제적 상황 등과 같은 사회적 요인도 초혼연령의 결정에 영향을 미치게 된다. 산업화로 인하여 고용기회가 확대되고 임금을 벌어들일 수 있는 직업을 얻게 됨에 따라 젊은이들은 부모의 통제에서 벗어나 결혼

시기를 스스로 조절하게 되었고, 그 결과 초혼연령의 상승을 가져왔다는 것이다. 특히 여성의 경우 교육수준이 높을수록 결혼이 늦어지는 현상이 뚜렷하게 나타난다. 최근의 만혼 현상은 바로 여성의 교육수준 향상과 직업적 성취에 대한 욕구를 반영한 것으로 해석할 수 있다. 성 규범의 약화로 인해 결혼이 주는 성욕 충족이라는 보상이 줄어드는 것도 결혼 시기를 늦추는 중요한 요인이다. 그 외에도 사회적 규범, 가임 능력 등의 생물학적 조건, 성비 등의 인구학적인 조건이나 결혼 이외의 다른 대안을 선택함으로써 받게 되는 보상에 따라서도 결혼연령은 달라질 수 있다.

그러나 이와는 달리 결혼연령의 상승은 이러한 구조적 요인이 주요인이 아니라 포스트모던의 가치체계에 그 원인이 있다고 보고 있다. 다시 말해 일찍 결혼하는 것은 가정성·모성성·낭만적 사랑을 중시하는 근대 가족의 논리에서 나온 것이고, 늦게 결혼하는 것은 자녀양육자로서의 역할상실, 부부관계의 불안정화, 둥지로서의 가정의 해체라는 포스트모던 가족의 논리에서 발생한 것이라고 보는 것이다(서수경, 2002, 재인용).

3) 이혼율 급증

대다수의 결혼식에서 부부들은 '검은 머리 파뿌리 될 때까지' '죽음이 우리를 갈라놓을 때까지' 서로를 소중히 여기고 사랑할 것을 맹세하였다. 1990년대 초반까지도 우리나라의 이혼율은 지금의 1/3 수준에 불과했으며, 부부를 갈라놓는 것은 배우자의 죽음이었으며 이혼은 거의 없었고, 있다 하더라도 이를 부끄럽게 생각하는 사회적 분위기였다. 아직도 많은 사람은 이러한 가치를 소중하게 생각한다. 그러나 최근 이혼율의 급상승으로 2004년 통계청에서 발표한 '2003년 이혼지표'는 하루에 835쌍이 결혼하고 458쌍이 이혼 것으로 나타낸다. 물론 이러한 혼인지표에서는 혼인건수는 미혼자 중에서 2003년 한 해 동안 일어난 혼인건수의 합인데 비해, 이혼건수는 2003년도 및 2002년도 이전에 혼인한 모든 유배우자 중에서 일어난 이혼건수의 합을 의미함으로 실제 이혼율과는 차이가 있다. 그러나 이러한 차이를 감안하더라도 이는 전년도에 비해 15%나 증가한 것으로, 우리나라의 이혼율은 급격히 증가하고 있으며 결혼에서의 안정성이 상당히 낮아지고 있음을 의미하는 것이다. 즉, 혼인율이 지속적으로 감소하고 이혼율은 지속적으로 증가하는 경향을 보이는 것이다.

특히 최근 황혼이혼의 증가는 젊은 세대뿐 아니라 모든 세대에서 결혼생활의 안정성이 위협받고 있음을 반영해준다. 이는 부부간의 애정적·정서적 유대보다는 도구적·자녀중심적 가치를 우선시하였고, 그래서 개인의 희생을 감수하고 인내했던 세대에서조차도 개인의 권리가 전통적인 가족의 가치보다 더 중요한 의미를 갖게 되었음을 보여주는 것이다(정옥분, 2008).

사회의 급격한 변화에 따라 현대인의 삶의 방식에 많은 변화가 일어나고 있으나 오늘날에도 대부분은 결혼하여 가족을 이루면서 생활해오고 있다. 전 세계적으로 어떤 지역에도 가족이 없는 사회가 없었고, 역사 이전의 시대로부터 시작하여 현재에 이르기까지 가족은 중요한 사회제도로 존재해왔다는 점에서 가족제도는 시간과 공간을 초월한 보편성을 지니고 있다. 결혼은 가족을 조직하기 위한 전제조건이 되고 가족은 결혼으로 형성되는 산물이므로, 결국 결혼과 가족은 불가분의 관계에 있다고 할 수 있다.

4) 행복한 결혼의 전제 조건

보우만과 스파니어(Bowman & Spanier, 1978; 이정덕 외, 2002, 재인용)는 성공적인 결혼을 위해서 다음의 몇 가지 측면에서 전환이 이루어져야 한다고 제시하였다.

① 나의 생활에서 우리의 생활로

② 독신의 불안정한 성생활에서 공인된 두 사람의 완전한 성생활로

③ 낭만적 생활에서 현실과 관련된 책임감 있는 태도와 능력으로

④ 개인적 구매에서 배우자의 가족원을 위한 구매로

⑤ 자녀의 입장에서 배우자의 입장으로

⑥ 개인적 습관에서 가족 중심의 습관으로

그림 3-1 • 결혼의 세 가지 요소

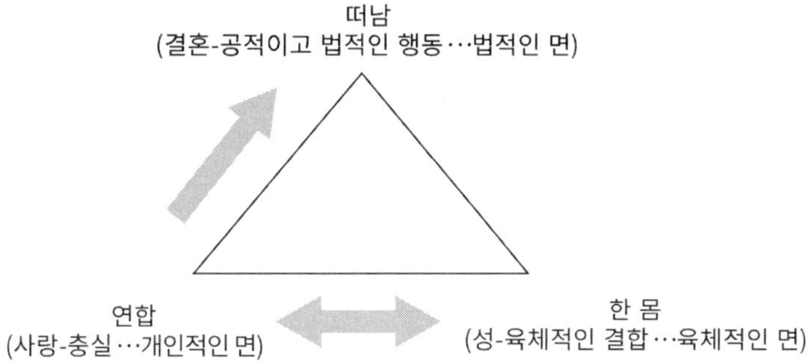

출처: 이정덕 외, 2002

- 떠남 - 결혼을 결혼답게 하기 위해 수반되어야 할 공적이고 합법적인 행동임. 결혼은 육체적 교류를 위한 하나의 장막으로 그 속에서 보호받는다는 느낌으로 만족감과 안도감을 경험 → 사랑으로 더욱 강화되고 발전시킴. 서로 사랑하고 성적인 교제도 있지만 합법적으로 결혼하지 않은 경우: 잃어버린 결혼
- 연합 - 결혼에는 사랑이 필요하며 사랑으로부터 그 완성과 기쁨을 얻을 수 있게 되는 것. 사랑은 모험심과 그칠 줄 모르는 기대감을 공급하고 결혼을 살아 있는 것으로 만듦.
  사랑이 결핍되면 → 성과 결혼 사이에 금이 감: 공허한 결혼
  사랑은 육체적 결합으로부터 힘을 얻고, 반대로 그 한 몸을 이루는 결합에도 힘을 주게 됨.
- 한 몸 - 결혼의 육체적인 면을 말하며, 이는 법적이고 개인적인 측면과 같이 결혼에 필수적인 것임. 단순한 육체적 결합 이상의 의미를 가지는 것으로 모든 것을 함께 공유하는 것. → 한 몸이 된다는 것은 두 사람의 육체와 영혼이 완전히 하나가 되면서도 둘 다 별

개의 한 사람으로 남아 있는 것을 의미함.

한 몸을 이루지 못하면: 충족되지 못한 결혼

위의 그림과 같이 결혼은 발이 셋 달린 의자와 같다. 다리가 하나 없다면 그 의자는 지탱될 수가 없다.

02 결혼생활 계획하기

사람들은 각자 결혼에 대한 제 나름의 기대를 가지고 있으며 이러한 결혼에 대한 기대와 실제 간에 큰 괴리가 있을 경우 결혼에서의 전반적인 만족도는 감소하게 된다.

일반적으로 신혼부부들은 신혼여행에서 돌아와, 다시 일상생활을 지내게 되면서부터 많은 실망을 경험하고 자신이 현실적이지 못했음을 깨닫게 된다. 이들은 다음과 같은 잘못된 기대에 차 있었기 때문이다. 자신들의 결혼은 남들과는 다를 것이며, 자신들은 서로를 행복하게 할 것이며, 상호 간의 불일치는 심각하지 않고 쉽게 적응해나갈 수 있을 것이며, 상대는 자신이 필요로 하는 것을 모두 가지고 있다는 잘못된 기대를 가지는 것이다.

결혼을 할 때 우리는 상대방에 대한 기대를 가지고 출발한다. 그러나 이러한 기대는 현실적일 수도 있지만 환상일 가능성도 있다. 서로에 대한 기대로 인해 많은 문제가 생길 수 있으며, 그러한 경우 자신의 환상과 결혼생활에서의 실제가 다르다고 상대를 비난하고 책임을 전가하면 그 관계는 파괴적이게 된다. 혼전기간의 착각으로부터 벗어나 현실을 직시하고, 상대방이 나의 요구수준을 만족시켜주기를 기대하는 것을 멈추었을 때 관계는 보다 더 우호적이게 된다.

결국 이러한 기대의 차이는 어떤 방향으로 발전시켜나가는가는 이후의 노력에 좌우된다. Piaget(1983)는 유기체가 자신의 욕구와 환경과의 사이에서 조화를 구하고 그 욕구를 충족시키는 과정을 적응(adaptation)이라고 하고, 유기체의 적응과정을 동화(assimilation)와 조절(accomodation)의 개념으로 설명하고 있다. 동화는 외부의 환경을 자신에게 맞게 받아들이는 과정이라면 조절은 자신이 환경에 맞추어나가는 과정이다. 이러한 동화와 조절의 개념은 부부관계에도 적용될 수 있다. 서로 다른 가정에서 자란 두 사람이 만족스러운 관계를 유지하기 위해서는 상호 간에 맞추어나가려는 지속적인 노력이 필요하다. 결혼은 '나'와 '너'가 만나 '우리'라는 공동의 각본을 형성해가야 한다.

Bowman & Spanier(1978)는 성공적인 결혼생활을 위해 다음의 몇 가지 측면에서 전환이 있어야 한다고 하였다.

- 나의 생활에서 우리의 생활로
- 독신의 불안정한 성생활에서 공인된 두 사람의 완전한 성생활로
- 낭만적 생활에서 현실과 관련된 책임감 있는 태도와 능력으로
- 개인적 구매에서 배우자와 가족원을 위한 구매로
- 자녀의 입장에서 배우자의 입장으로
- 자녀의 입장에서 며느리, 사위의 입장으로
- 개인적 습관에서 가족 중심의 습관으로

1 결혼의 절차

최근 우리나라의 혼례는 전통혼례와 서구의 혼례문화가 혼합된 형태로 행해지고 있다. 우리나라에 서구식 혼례가 처음 소개된 것은 1920년 왕세자 이은과 방자 여사의 혼인에서였다. 이후 청첩장이나 답례품, 피로연 등의 서구식 혼례문화와 우리의 전통혼례와 합쳐져 현대식 결혼문화를 형성하였다.

결혼식이란 남녀 두 사람의 결합을 사회적으로 인정받는 통과의례로 부부가 되었음을 알리는 공적인 발표이며, 신랑 신부 두 사람뿐만 아니라 그들의 가족들에게도 마주 중요한 상징적인 의의를 지닌 의식이다. 결혼식은 사회가 만들어놓은 문화적 의식이기 때문에 사회와 시대에 따라 의식과 절차가 다양하지만 근본적인 목적과 기능은 비슷하다.

결혼식의 목적은 부부에게 개인적·사회적 기능과 새로운 지위를 담당하게 되었다는 사실을 인식할 수 있는 기회를 부여함으로써 자신의 지위와 권리를 더욱 강화하도록 하는 데 있다. 결혼의식이 끝나고 결혼식장을 떠날 때 독신생활을 뒤로 하고 부부역할을 맡으며 성인으로서의 새로운 생활을 시작한다.

우리의 전통적 혼례의식은 현대사회의 생활여건에 적응하면서 변하고 사라지면서 그 의식 일부가 변형된 채 그 틀은 유지되고 있다. 청홍배색의 혼례복은 여성의 순결을 상징하는 흰 웨딩드레스로 바뀌었고 동등했던 신랑 신부의 입장도 신부가 아버지 손에 의해 신랑에게 넘겨지는 형식을 통해 여성의 종속성 및 삼종지도의 격식이 오히려 강화된 모습으로 변화되었다. 한편, 젊은 세대는 새로운 양식의 전통혼례 계승을 시도하거나 예식장을 이용하지 않고 야외나 회관 등에서 결혼을 하기도 한다. 현대결혼식에서 일반적으로 행해지는 절차를 살펴보면 다음과 같다.

최근 개성을 중시하는 경향으로 결혼식 절차나 형식은 점차 다양화되고 있으나, 그 일반적인 과정 및 고려해야 할 점을 살펴보면 다음과 같다(정옥분 외, 2014; 이정덕 외, 2002).

1) 결혼식 날짜 선정

결혼식 날짜를 정하고 결혼 총예산과 혼수 용품 예산 등을 세우고 결혼식장 및 피로연 장소를 정하는 것이 첫 번째 단계이다. 과거에는 신부 측에서 택일을 하였으나 근래에는 신랑 측과 협의하여 정하는 것이 보편적이다. 특히 주말이나 길일(吉日)에 집중현상이 뚜렷하게 나타난다. "평일에 결혼식을 하였다"라고 응답한 비율은 2%에 불과하고, 나머지 98%가 주말과 공휴일에 결혼식을 올린 것으로 나타났다(한국소비자보호원, 2001). 이러한 집중현상으로 인하여 예식장 예약상의 문제 때문에 어떤 경우에는 예식장 이용이 가능한 날에 맞추어 날짜를 선정하기도 한다. 결혼식 날짜 선정은 쌍방이 협의하여 당사자 및 양가의 직업, 예식장 사정, 신부의 생리일, 손님들이 참석하기 좋은 날, 혼수준비 등을 고려하여 날짜를 정한다. 요즘에는 예식장 형편과 참석자를 고려하여 주중이나 야간에도 하는 추세이다.

2) 예식장소 예약

신부 집 대청마루나 앞마당에서 혼례를 올리는 풍습은 거의 사라지고, 예식장이나 호텔, 회관, 야외나 사찰, 교회, 성당 등을 이용한다. 다른 나라와는 달리 우리나라는 예식장에서 결혼을 올리는 비율이 상당히 높게 나타난다. 외국의 경우 미국이나 영국은 종교시설을, 일본과 대만은 호텔을, 그리고 싱가포르는 음식점이 주요 예식장소이며, 상업예식장이 있는 국가는 우리나라와 일본뿐이다(한국소비자보호원, 1997). 예식장소는 일반예식장이 64.4%로 과반수 이상을 차지하고, 무료 또는 저렴한 비용으로 이용이 가능한 공공기관 및 회사의 강당 등은 5.2%에 불과하였다(한국소비자보호원, 2001). 최근에는 자신들의 직업적 특성을 살려 낙하산을 타고 내려오면서 혹은 러닝머신 위에서 결혼을 하는 방식도 나타나고 있다.

늦어도 3개월 전에는 예식장 예약이 끝나야 하며, 그렇지 않으면 원하는 날짜에 맞추기가 어렵다. 무엇보다도 예식장은 교통이 편리한 곳으로 선정하는 것이 좋다. 지하철역 주변이 좋고 주차시설도 넉넉한지를 살펴보아야 한다. 예식장 선택 시 고려해야 할 10가지 항목을 5점 척도로 조사해본 결과, 교통의 편리성(4.08), 비용의 경제성(4.0), 충분한 주차 공간(3.88)에 대하여 상대적으로 높은 점수가 나타났다(한국소비자보호원, 2001). 비용은 양가에서 공동으로 부담하는 것이 일반적이다.

또한 예식장을 선정할 때에는 피로연 장소의 규모와 음식 수준도 고려해야 하며, 어떤 음식으로 할 것인지는 양가 부모와 함께 상의하는 것이 좋다.

3) 신혼집 준비와 신혼여행지 선정

예식장 예약이 끝나면 함께 살 신혼집을 알아보고 신혼집에 대한 내부 수리나 인테리어에 대한 계획도 필요하다. 신혼여행지도 미리 알아보는 것이 비용을 절감하는 방법이다.

4) 주례위촉

주례는 평소에 친분이 있고 존경하는 분으로 결혼 이후에도 자주 찾아뵙고 여러 가지 문제를 상의할 수 있는 분이 좋다. 주례가 결정되면 최소한 2주일 전에는 직접 찾아뵙고 부탁을 드리는 것이 예의이다. 또한 결혼식 사회자를 결정하고 사전 촬영이나 웨딩드레스, 신부화장도 예약한다.

5) 청첩장

결혼식에 꼭 참석하여야 할 하객의 명단을 작성하고 예상 인원보다 다소 여유 있게 청첩장을 준비한다. 청첩장은 결혼식 3주일 전쯤에 보내는 것이 적당하며 늦어도 1주일 전에는 도착하도록 해야 한다. 최근에는 인터넷이나 신문의 지면 광고를 통해 자신들의 결혼식을 알리는 색다른 방법들도 선호하고 있다.

청첩장은 자신들의 결혼을 진심으로 축복해줄 사람에게만 보내는 것이 예의이다. 우리나라의 결혼식 하객 수는 평균 340명에 달하고, 이는 서구의 3~5배이며, 현대결혼에서는 약혼식에 사주를 보내기도 하고 별도로 결혼식 전날 저녁 또는 며칠 전 저녁에 사주와 함을 보내기도 한다. 함 속에는 채단은 물론 알맞은 예물을 넣는데 형식은 전통혼례의 납폐형식을 취하고 있다(한국소비자보호원, 2001).

6) 혼수, 예물, 함

결혼식과 관련된 제반 사항이나 신혼여행지에 대한 최종점검이 필요하다. 신혼살림에 필요한 가구, 침구, 가전제품이나 그릇 등을 구입하고, 신혼집에 짐을 들여놓고 배치한다. 예단이나 예물을 예산의 한도 내에서 준비하고, 예복과 혼례 당일에 사용할 자동차를 준비해둔다.

전통혼례의 납폐에 해당하는 함은 일반적으로 결혼식 1주일 전쯤에 보낸다. 함은 그 형식은 달라져도 근본 목적은 신랑 측에서 신부 측에 허혼에 대한 감사의 표시로 보내는 것이다. 원래 나무상자를 사용하였지만 최근에는 신혼여행 가방으로 대신하고 있다. 옛날에는 함진아비에게 수고의 대가로 '노자'를 주던 것이 최근에는 신랑 친구들에게 '함 값'을 주는 것으로 바뀌었으며, 지나친 함 값으로 인한 부담도 문제시되고 있다.

7) 결혼식

결혼식의 진행에서 일정하게 정해진 절차는 없다. 현대혼례에서 일반적인 절차는 개식-신랑입장-신부입장-신랑신부맞절-혼인서약-예물증정-성혼선언-주례사-내빈께 인사-행진-폐식의 순서로 진행되며, 신랑과 신부가 동시에 입장하거나 종교적인 의미가 있는 특별한 절차가 추가되기도 한다. 최근에는 주례사 없이 신랑 신부의 부모가 하객과 신랑 신부에게 감사와 축하의 인사를 건네는 방식을 선택하기도 한다. 식이 끝나면 기념촬영이 있고, 이어 폐백실에서 폐백을 드린 후 피로연 장소로 가서 하객들에게 인사를 올린다. 폐백을 생략하는 경우도 많다. 신혼여행을 떠남으로써 결혼의식은 끝나게 된다. 신혼여행을 다음 날 떠나는 경우도 많아서 정해진 규칙이랄 것 없이 자신들에게 의미 있는 결혼식을 연출하고 있다고 하겠다.

그러나 결혼식 또한 두 사람의 결합을 사회적으로 인정하는 중요한 통과의례이다. 그러한 의미에서 전통사회에서는 결혼식에 상당한 의미를 부여하고 일정한 절차를 요구하였으며, 최근에도 이러한 형식은 답습되고 있다. 우리나라를 포함하여 동양문화권에서는 의례를 특히 중요시해왔으므로 결혼식은 단순히 의례의 차원을 넘어 의식을 통한 가치관을 볼 수 있다는 데 그 중요성이 있다. 그러므로 우리의 전통혼례는 어떠했으며, 현대의 혼례문화는 어떠한지, 또 개선해나가야 할 부분은 무엇인지에 대해 살펴보는 것은 단순히 혼례의식 이상의 의미가 있다.

① 전통혼례

우리나라의 가례(家禮)는 주자가례를 그 근간으로 삼고 있다. 주자가례는 송(宋)나라 때 주자가 주(周)나라 때의 육례(六禮)를 간소화시킨 사례(四禮)를 기본으로 하고 있다. 조선조의 사대부층은 이를 근거로 우리나라 혼례의 이상형을 제시하였으며, 사례편람(四禮便覽)은 그 대표적인 형식이다. 사례편람의 혼례는 의혼(議婚), 납채(納采), 납폐(納幣), 친영(親迎)의 네 단계로 이루어진다.

㉠ 의혼

의혼은 중매인으로 하여금 양가를 왕래하게 하면서 신부 집의 허락을 받아내는 과정이다.

㉡ 납채

납채는 신랑 측 혼주가 사주를 보내고 신부 측에 연길을 청하는 절차이다. 수소문과 탐색이 끝나고 양가가 성혼하기를 결정한 다음 신랑 측에서는 신랑될 사람의 '생년월일시'를 백지에 적은 사주단자(四柱單子)와 혼인을 청하는 납채문을 써서 신부 측에 보낸다. 신부 측에서 사주를 받으면 일단 혼인을 승낙한다는 것을 의미하므로 사주단자는 혼주가 나와 정중하게 받아들인다. 사주를 받은 신부 집에서는 혼인 날짜를 잡는데 이를 택일 혹은 연길(涓吉)이라고 한다. 양반가에서는 연길과 함께 허혼서를 보내게 된다.

㉢ 납폐

납채가 끝나게 되면 결혼식 전날 신랑 측에서는 신부 측에 신부용 혼수와 혼서 및 혼수함을 보내게 되는데 이를 납폐라 한다. 혼서(婚書)는 결혼문서로 소중하게 간직하여 죽을 때 관속에 넣어서 가져간다고 한다. 신랑이 가난할 경우에는 혼서와 함께 채단(采緞)만을 보내는데 채단은 청·혼의 비단 치맛감을 말한다. 여유 있는 집에서는 옷감을 더 넣어 보내기도 하는데 이를 봉채(封采) 혹은 봉치라고 한다. 그러나 예물은 두 가지 이상으로 하되 많아도 열 가지를 넘지 않도록 '사례편람'에 규정되어 있다. 이는 사치를 방지하고 정성으로 예물을 보내는 풍습을 정착시키려는 의도에서 비롯된 것으로 볼 수 있다.

㉣ 친영

친영은 오늘날의 결혼식에 해당하는 것으로 혼례절차 중 가장 중요한 의식이라고 할 수 있다. 신랑은 성복하고 혼주와 함께 사당에 가서 고하고 집을 나서 신부 집에 도착하여 대문 밖에서 기다린다. 이때 신부 집 혼주는 사당에 고하고 신랑을 맞이한다. 신랑은 들어가 기러기를 드리고 북향재배(北向再拜)하고 신부를 가마에 태운다. 신랑집에 도착하면 대례청으로 들어가 혼례를 올린다. 이튿날 신부는 시부모를 뵙고 사당에 고하며, 사위는 신부의 부모를 뵙고 인사를 올린다. 그러면 신부 측에서는 신랑에게 상을 차려 대접하는 것으로 사례편람의 혼례는 끝나게 된다.

② 한국의 혼인관행

우리나라 전통사회에서 실제로 행해진 혼례는 주자가례에서 이상형으로 제시된 혼례의 내용과는 다소 차이가 있었으며, 그 정도는 지역이나 계층에 따라 상이하였다. 혼례의 절차를 표현하는 용어도 의혼이 아니라 혼담이었으며, 납채가 아니라 사성을 보내는 것이었다. 대례에 해당하는 친영례(親迎禮)에서는 신랑이 신부를 신랑의 집으로 데리고 가서 그곳에서 결혼식을 거행하고 영구적으로 살게 되어 있었지만, 실제 조선사회에서 대례는 신부 집에서 결혼식을 올리는 것이 보편적인 관행이었다. 또한 유교적 절차라는 통념과 달리 민간신앙적인 요소가 지배적이었다(박혜인, 1988).

㉠ 혼담

사례편람의 의혼을 민간에서는 혼담(婚談)이 오간다고 한다. 신랑, 신부의 양가에서 중매인을 보내어 상대방의 집안이나 사람됨, 형제 관계 등을 수소문하고, 친척 중에서 신임할 만한 사람을 보내어 탐색하게 하기도 한다. '간선'이라고 하여 지나가는 사람인 체하면서 상대방을 엿보는 수도 있다. 이러한 과정을 통해 집안 어른들 사이의 협의가 이루어지면 궁합을 본 다음 청혼을 하게 된다.

㉡ 사주 보내기와 택일

혼인하기로 결정하면 신랑 측에서는 '살진 날'이나 '손 없는 날'을 택해 중매인이나 첫아들을 낳고 다복한 사람을 골라 청혼서와 함께 사주를 보내며, 이를 '사성 보내기'라고 한다. 사주를 가져가면 신부 집에서는 상위에다 정중하게 받아놓고 사주를 받아온 사람에게 음식을 푸짐하게 대접하였다. 사성을 받았다는 것은 약혼을 의미하는 것이므로 신부 집에서 혼사를 거절하려면 사성을 받지 말아야 한다. 사주는 잘 보관했다가 혼수를 보낼 때 함께 보내어 신부의 옷장 속에서 평생 간직하도록 하였다.

신부 측에서는 사주에 따라 운세를 가늠해보고 길일을 택하여 택일을 하게 된다. 택일을 '날받이' 혹은 '연길(涓吉)'이라고 하며, 택일도 사성과 같이 한지를 다섯 번이나 일곱 번으로 접고 봉투에 넣은 뒤, 청홍 보자기에 넣어 복 많은 사람이 가져간다.

ⓒ 예물 보내기

택일을 하여 신랑집에 보내면 신랑 집에서는 혼서와 예물을 함에 넣어 신부 집에 보낸다.

ⓓ 대례

사례편람과 가장 차이가 있는 부분은 대례이다. 민간에서 대례는 신랑이 대례를 올리기 위해 집을 떠나는 초행에서 시작하여 신부 집에 가서 대례를 올리고 신방을 치른 후 신부를 신랑 집으로 데려오기까지의 과정이다. 신랑의 초행길을 인도하는 사람을 '상객'이라고 하며 이는 주로 신랑의 아버지가 되지만 조부가 생존한 경우에는 조부가 된다. 초행에는 함진아비가 동반하여 힘을 가지고 가며, 함을 '봉치' 또는 '송복'이라고도 한다. 함 속에는 혼서지와 예물이 들어 있다. 예물은 보통 청·홍색의 치마저고릿감으로 하고 가세에 따라 차이가 있다. 파란 치맛감은 붉은 종이에, 붉은 치맛감을 파란 종이에 싸서 근봉(謹封)을 써서 함 보자기 매듭 끝에 봉한다. 함은 신랑 일가에서 가장 복 많은 남자가 지고 갔다.

신랑 일행은 정방에서 머문 후 대례시간이 되면 함진아비가 앞장서고 신랑은 뒤를 따른다. 먼저 함진아비가 함을 신부 집에 전해주러 가는데 이를 '함판다'라고 한다. 결혼식 전에 행해지는 요즈음의 관행과는 달리 전통혼례에서는 함을 전달하는 납폐가 혼례식 당일에 행해졌다.

3) 혼례문화의 문제점

'인륜지대사(人倫之大事)'라고 하는 혼례의 중요성에 비추어볼 때, 혼인의례에서 다소 형식적인 절차가 필요한 것은 사실이다. 그러나 이러한 인식 때문에 지나치게 형식이 과대포장 되는 과정에서 파생되는 문제점도 고려해봐야 한다.

① 혼례비용 실태

한국소비자보호원이 조사한 결혼비용 실태를 보면 우리나라의 결혼비용은 계속 증가추세를 보이고 있으며 2003년 결혼 총비용은 평균 8,664만 원으로 나타났다. 신랑과 신부의 부담액은 각각 5,915만 원(68.3%), 2,749만 원(31.7%)으로 나타났으며, 신랑의 결혼비용 가운데 700만 원은 대출로 이루어진 것이다. 특히, 그중에서 부모가 부담하는 비율이 상당 부분을 차지하고 있는데, 신랑 측 지출 중 신랑 본인이 지출하는 비용은 2,423만 원(41.0%)이고 신랑 측 집안에서 지출하는 비용은 3,492만 원(59.0%)이며, 신부 측의 경우 신부 본인이 지출하는 비용은 1,099만 원(40.0%), 신부 측 집안의 지출비용은 1,649만 원(60.0%)으로 나타났다. 즉, 신랑 신부 모두 결혼비용의 60%가량을 부모님으로부터 도움받고 있으며, 학력이 높을수록 의존도는 더욱 높게 나타나고 있다. 이처럼 과다한 혼례비용이나 부모에 대한 높은 의존도는 우리나라의 군 복무기간이나 높은 주택가격도 그 요인으로 작용한다고 볼 수 있다. 군 복무기간으로 자립 기간은 짧고 폭등하는 주택가격으로 인해 부모의 도움을 받지 않고 출발하기에 현실적으로 어려움이 많다.

결혼비용을 주택자금과 살림살이를 포함한 신혼살림 준비비용과 각종 결혼 관련 의례비용으로 나누어 보면, 각각 74.2%, 25.8%를 차지했다. 2001년 결혼한 부부가 결혼비용으로 전체 사용한 비용을 살펴보면 주택마련 비용이 63.2%로 가장 많았다. 다음으로는 살림살이 준비비용(11.0%), 결혼식 비용(피로연 포함)(9.4%), 예단비용(7.4%), 예물비용(5.2%), 신혼여행 비용(3.1%)의 순이었다. 주택마련을 제외한 소비성 비용이 매년 9.3%씩 증가추세에 있다. 조사대상자들이 결혼식당일 신랑, 신부 양가를 합쳐 지출한 예식비용은 평균 244만 원이고 피로연 접대비용은 평균 639만 원으로 두 가지 비용을 합친 총비용은 83만 원으로 나타났다. 이는 1997년 634만 원에서 39.2% 증가한 것으로 그간의 물가 상승률을 감안하더라도 예식비용은 오히려 늘어나는 추세에 있는 것으로 나타났다(한국소비자보호원, 2001). 이러한 혼례비용은 주택마련자금과는 달리 소비성 지출이므로 다소 줄여나가는 지혜가 필요하다.

② 혼례비용에 대한 인식

결혼비용에 대한 전반적인 인식에서 "처음부터 무리하게 준비할 필요 없다"라는 응답은 7.5%에 불과하였다. 부모의 도움을 성의표현(75%), 독립의 상징(14%), 상속(2%)의 의미로 받아들이고 있으며, 보태준다면 군말 않고 받고 싶다는 것이 자녀세대의 주류를 이루었다. 또한 부모도 지위 과시나 상속기회, 재산증식기회로 긍정적으로 간주하는 것으로 나타났다. 그러나 혼례소비문화 전반에 대해서 설문응답자의 77.8%가 '허례허식적'이라고 응답했으며, 개선되어야 할 혼례소비문화에 대해 조사를 해본 바, 과다한 혼수와 호화사치 결혼식(53.1%), 과도하게 많은 하객초청(16.8%), 축의금 받기 및 식사 접대 관행(15.7%) 등이 개선이 필요한 주요사항으로 나타났다. 반면, "결혼식 하객은 많아야 한다"라는 설문에 대해서는 35.4%는 "그렇다"라고 응답하였고 28.9%는 "그렇지 않다"라고 응답하여, 결혼식 하객의 수를 중시하는 의견도 상대적으로 높음을 보여준다(한국소비자보호원, 2001).

③ 혼수용품과 예단

혼례의식은 자본주의식 시장경제의 발달로 점차 의식 자체가 화려해지고 상업화되고 있으며, 그 대표적인 예가 혼수이다. 혼수나 예단은 최근에 등장한 새로운 풍습은 아니며, 결혼 과정에서 사회경제적 지위에 따라 예물을 주고받는 풍습은 역사적으로 존재해왔던 풍습이다. 지방에 따라 다소 차이는 있으나 조선조에서는 납폐 때 예물(함)로 청홍단 옷감, 혼서지, 집안의 패물을 신랑 집에서 신부 집으로 보냈으며, 신부 측에서는 폐백 때 시댁 식구의 선물로 시부모 옷이나 침구, 버선 등을 비롯하여 자신이 사용할 생활용품이나 의류, 침구를 가져왔었다. 그러나 신분이 높을수록 예물이나 돈을 많이 보내는 것은 격이 낮다고 하였던 점에 비추어보면 혼수는 어디까지나 성의의 표시이지 신분과시 수단은 아니었음을 알 수 있다. 그러나 최근의 혼수는 생활용품은 물론 승용차나 아파트까지로 범위가 확대되고 있다. 실제로 결혼 과정에서 혼수 문제로 결혼을 포기하는 경우가 많으며, 20% 정도가 혼수 시비를 경험한 것으로 보고되고 있다(동아일보, 2003. 10. 1.). 혼수의 문제는 결혼 과정에서 뿐 아니라 결혼 후에도 계속 이어져 이로 인해 가정불화를 경험하거나 이혼까지 간 사례도 적지 않다.

과다혼수는 교환혼적인 성격을 다분히 반영하는 것이기도 하다. 상대방의 능력에 상용해 혼수가 교환되는 양상을 띠고 있다. 동시에 우리나라의 높은 주택마련비용과도 관계가 있다. 일단 주택마련에 목돈이 들어가며 대부분 주택마련을 남성 쪽에서 부담하기를 기대하고 있다. 그 결과 여성 쪽에서는 이에 상응해서 과다한 혼수를 마련하게 된다. 하루가 다르게 치솟는 우리나라의 주택가격은 이러한 문제를 더욱 어렵게 만들고 있다. 최근에는 주택구입까지 포함하여 결혼에 소요되는 모든 비용을 공동으로 부담하는 것이 추세이며, 이는 오히려 바람직한 현상이기도 하다.

④ 개선되어야 할 혼례문화

앞서 살펴본 바와 같이 형식적이고 판에 박힌 예식과 이를 통해 사용되는 혼례비용이 과다해짐으로써 "건전가정의례 정착 및 지원에 관한 법률"이 제정되었다([표 3-1] 참조).

[표 3-1]의 내용은 위헌 판결을 받았던 가정의례준칙이 그대로 답습되고 있고 상당히 현실과는 동떨어진 내용이 규정되어 있다. 물론 모든 혼인비용이나 관행을 법률적으로 규정해야 하는 것은 아니다. 그러나 지나친 혼인비용의 문제는 사회적인 쟁점으로 부각되었고 국가가 방관할 수만은 없으며, 따라서 보다 현실적이고 기본권을 침해하지 않는 범위 내에서 적절한 제재가 요구된다. 특히 사회지도층이나 상류계층의 호화롭고 사치스러운 소비문화 형태는 곧바로 다른 계층에도 파급되는 모방효과가 지대하므로, 사회지도층 및 공직사회가 솔선수범하여 간소하고 절제된 혼례를 치르고 건전한 혼례문화를 주도해 나가는 분위기를 만들어야 할 것이다. 건전한 혼례문화가 정착되기 위해서는 무엇보다도 먼저 개인의 의식변화가 선행되어야 한다. 국민 개개인의 의식전환을 통한 올바른 가치관의 정립이 중요하다. 언론매체를 통해 국민들에게 건전한 혼례문화에 대한 가치관을 지속적으로 홍보하고 향후 혼례의 당사자가 되는 청소년들에게 학교교육을 통해 바람직한 가치관을 정립하도록 할 필요가 있다.

결혼이 가문의 결합이 아니라 당사자의 결합이자 선택으로 바뀌고 있는 상황에서 혼수를 부모에게 의존하는 것은 문제가 있다. 그러므로 예물은 당사자들에게 기념이 될 만한 것으로 마련하고, 예단은 가족에게 한정하며, 살림살이는 꼭 필요한 것만 구입하고 살아가면서 하나씩 구입하도록 한다. 간소하게 혼례를 치르고 여유가 생기는 돈은 주택마련에 보태는 것이 후일을 위해 보다 바람직할 것이다. 또한 국가 차원에서도 값싼 임대주택의 건립과 같은 주택마련에 대한 지원도 필요하다. 결혼준비는 결혼식 자체나 혼수 및 생활용품을 준비하는 것보다는 결혼 이후의 적응을 위한 준비가 보다 중심이 되어야 할 것이다(정옥분·정순화, 2014).

표 3-1 • 건전가정의례 정착 및 지원에 관한 법률 〈제3장 혼례〉

제 7조 (약혼)

① 약혼을 하는 경우에는 약혼 당사자와 부모 등 직계가족만 참석하여 양가 상견례를 하고 혼인의 제반사항을 합의하되, 약혼식은 따로 거행하지 아니한다.

② 제1항의 경우에 약혼 당사자는 당사자의 호적등본과 건강진단서를 첨부하여 별표 2의 규정에 의한 약혼서를 교환한다.

제 8조 (혼인)

③ 혼인의식을 거행하는 경우에는 다음 각호의 사항을 준수하여야 한다.

1. 혼인예식의 장소는 혼인 당사자 일방의 가정, 혼인예식장 기타 건전혼인예식에 적합한 장소로 한다.
2. 혼인당사자는 혼인신고서에 서명 또는 날인한다.
3. 혼인예식의 복장은 단정하고 간소하며 청결한 옷차림으로 한다.
4. 하객초청은 친·인척을 중심으로 간소하게 한다.

④ 혼인에 있어서 혼수는 검소하고 실용적인 것으로 하되, 예단을 증여할 경우에는 혼인 당사자와 부모에 한정한다.

⑤ 혼인예식이 종료한 뒤 행하는 잔치는 친·인척을 중심으로 간소하게 한다.

8) 신혼여행

신혼여행은 부부 이외의 타인에 대해 정서적인 경계선을 긋는 일종의 의식적 은둔이다(Broderick, 1984). 여행예산을 고려해 여행지를 선택하고 여행지가 외국인 경우 여권 및 비자 등을 미리 준비한다. 공동생활에 앞서 두 사람이 심리적·신체적으로 적응하기 위해 두 사람만의 공간과 시간을 갖고 다른 번잡한 활동에서 벗어나 휴식을 취하는 기간이다. 이를 통해 앞으로의 생활에 대한 활력소를 마련하고 여러 가지 계획도 세우게 된다. 신혼여행에서 고려해야 할 점은 다음과 같다.

① 관광이나 휴양 중 부부가 원하는 신혼여행의 스타일을 먼저 정한 뒤 지역을 선택하는 것이 좋다. 결혼식으로 지친 몸을 이끌고 떠나는 신혼여행인 만큼 숙박시설이나 식사 수준을 꼼꼼히 살펴보고, 무리한 일정을 잡기보다는 피로나 정신적 긴장에서 벗어날 수 있는 편안하고 한적한 곳을 택하는 것이 바람직하다.

② 신혼여행지로는 국내보다는 해외 선호도가 월등하게 높게 나타난다. 이는 일생에 한 번뿐인 여행이라는 점에서 대부분 해외 선호도가 높다. 그러나 과도한 지출은 이후의 생활에 경제적 부담을 주게 되므로 예산에 맞는 범위 안에서 선정하는 것이 바람직하다. 또한 신혼여행지를 결정하게 되면 예약하는 것이 보다 더 경제적이므로 일찍이 예약을 하도록 한다.

③ 신혼여행지에 도착하면 양가에 잘 도착했다는 전화를 드리고 그동안 키워주신 은혜에 감사를 드리는 예를 잊지 않는다.

④ 신혼여행에서 돌아올 때는 각자의 생활에서 공동생활으로의 적응이 용이하게 이루어질 수 있도록 마음을 가다듬고, 양가 가족들에게 간단한 선물을 준비하여 찾아뵙도록 한다.

2 결혼만족도

결혼생활에서의 성공과 실패를 결정하는 가장 기본적인 요인은 결혼의 질(marital quality)과 관련이 있다. 결혼의 질은 “부부관계에 대한 주관적인 평가로서, 결혼생활에서의 만족, 행복, 적응, 갈등 등의 다양한 용어를 포함하는 포괄적인 개념이다”(Lewis & Spanier, 1979). 이러한 용어 간에는 다소의 개념상의 차이가 있으며 이들 가운데 특정 영역을 중심으로 많은 연구가 이루어졌으나, 실제로는 상호 간에 높은 상관관계가 있다. 즉, 결혼의 질이 높다는 것은 자신의 결혼에 만족하고 갈등에 잘 적응해나가는 것으로 볼 수 있다. 이와는 달리 결혼 안정성(marriage stability)은 결혼생활의 지속 여부를 지칭하는 개념으로 일반적으로 결혼식의 안정성은 배우자의 사망으로 끝나게 된다. 결혼에서의 안정성이 높다고 해서 반드시 결혼의 질이 높다는 것은 아니며, 그 역도 성립되지는 않으나 결혼에서의 안정성은 결혼의 질을 이해하기 위한 중요한 요인이다.

최근 결혼관의 변화로 부부 관계에 있어서도 결혼생활의 안정성보다는 부부간의 만족도 추구하는 방향으로 관심이 증가하고 있다. 그 결과, 결혼에서 가장 중요한 요인으로 애정이 부각되고 있다. 그러나 부부간의 사랑은 그 자체만으로 결혼만족도를 보장해주는 충분조건이 될 수 없다. 결혼만족도의 구성요소와 관련 법인 및 이를 설명하는 이론으로는 다음과 같은 것을 들 수 있다.

1) 결혼만족도의 개념과 구성

결혼만족도와 결혼안정성은 개념적으로는 상이하지만 밀접한 상관관계를 가지고 있다. 결혼의 안정성이 높다고 해서 반드시 결혼만족도가 높다고 할 수는 없으며, 결혼생활을 유지하면서도 만족하지 못하는 부부는 얼마든지 있다. 그러나 만족스러운 관계를 유지하는 부부는 이혼을 하지 않는다. 즉, 결혼만족도는 결혼의 안정성에 중요한 영향을 미치는 변수가 된다. 이러한 관점에서 결혼의 질과 관련된 많은 연구가 이루어졌으며, 이는 주로 만족과 불만족이라는 차원에서 연구되어왔다.

결혼만족도는 결혼생활 전반에 대한 개인의 주관적인 감정, 결혼의 질에 대한 개인의 만족을 나타내는 개념으로 결혼생활의 다양한 영역을 평가하기 위한 준거자료로 널리 사용되고 있다. 초기의 결혼만족도 연구는 서구의 척도를 번안하여 사용하였으나 문화의 차이로 그 적용에 한계가 있어 국내에서도 결혼만족도 척도 제작을 위한 노력이 다수 이루어지고 있다.

결혼만족도의 구성 하위영역은 연구에 따라 다소 차이가 있으나, 중요한 하위영역으로 교류적 과정, 정서적 과정 및 인지적 과정이 포함된다(정현숙, 2001). 교류적 과정의 중요한 하위개념은 의사소통과 갈등해결이다. 부부관계의 교류적 과정은 의사소통을 통해 이루어지며, 의사소통은 가족 간의 상호작용의 중요한 부분으로서 부부간의 친밀성을 증가시키고, 갈등이 발생할 때 이를 해결하는 중요한 수단이 된다. 정서적 과정의 가장 중요한 하위개념은 친밀감이다. 친밀감은 상호 간에 여가와 시간을 함께 보내고, 존중하고 존중받는다고 느끼며, 서로 돌보아주고 돌보아진다는 감정과 성행위를 포함한 개념이다. 부부관계의 인지적 과정의 중요한 하위개념에는 규범적 규칙과 이데올로기가 포함된다. 규칙은 가족의 질서를 유지하고 행동을 예측하게 해주며, 가족원 간의 경계를 명백하게 해주는 기능이 있다. 규칙은 주로 부부관계에서의 역할과 관련이 있으며, 가족의 이데올로기는 가족의 목표와 규범, 다양한 자원을 사용하는 방식에 영향을 주어 부부 결혼만족도의 중요한 하위개념이 된다.

2) 결혼만족도의 이론적 관점

결혼만족도에 영향을 미치는 요인에 대해 자원이론, 성역할 이론, 그리고 관계성 이론은 다음과 같은 관점에서 그것을 설명하고 있다(조혜선, 2003).

① 자원이론

자원이론은 개인이 가족에게 어떠한 자원을 얼마나 공급할 수 있는지에 따라 부부간의 권력이나 결혼만족도가 달라진다는 것이다. 자원에는 수입, 교육수준, 직업, 의사결정 능력, 성생활 능력 등 다양한 자원이 포함되며, 그 가운데 경제적 자원은 가장 중요한 요소가 된다. 자원이 많을수록 가족 내의 힘이나 영향력이 커지며, 부부관계에서도 더 높은 혜택을 누림으로써 결혼만족도가 상대적으로 더 높다는 것이다. 자원에 있어 평등한 부부는 불평등한 부부보다 권력관계도 평등하며 결과적으로 결혼만족도도 상대적으로 높게 나타난다고 볼 수 있다. 우리나라의 연구에서는 자원의 효과가 부분적으로만 인정되고 있어 자원이론은 중심적인 이론으로 채택되지 못하고 있다.

② 성역할 이론

성역할 이론은 이론적 수준에서 우리나라에서 가장 활발하게 적용되고 있다. 성역할관에 따라 가족 내에서 남편 혹은 부인의 영향력은 다르게 평가되고 상대방에 대해 다른 기대를 갖게 함으로써 결혼만족도에 직접적인 영향을 미친다. 우리나라에서는 여성이 경제활동에 참여하는 비율이 높아졌더라도 남성들의 가사노동에 대한 참여는 미미한 정도밖에 증가하지 않았다. 자원이론의 설명과는 달리 여성의 수입이 남성보다 많더라도 여성이 보다 많은 가사노동을 담당해야 한다는 역할분담은 쉽게 변화하지 않으며, 여성의 경제적 성공은 남성의 경제적 부양자로서의 역할에 대한 도전으로 간주되기 때문에 결혼만족도에 부정적인 영향을 미치게 된다.

③ 관계성 이론

관계성 이론에서는 결혼만족도를 설명하는 데 있어서 경제적 자원이나 성역할관 자체의 영향력에만 주의를 기울이는 것은 지나치게 단순한 논리라고 본다. 의사결정이 일어나는 과정과 맥락에 따라 성역할관이나 자원의 의미는 다르게 받아들여질 수 있기 때문이다. 즉, 관계성 이론에서는 기존의 연구에서는 과정이나 맥락보다는 결과가 강조되고, 부부라는 집단의 특성이 제대로 고려되지 않다고 본다. 부부관계에서는 자신의 이익을 자발적으로 포기하는 것도 가능하고, 개개인의 재화가 아니라 가족 단위의 재화 총량을 늘이는 방식으로 경제적 계산을 적용할 수 있는 것이다.

결혼생활을 유지하기 위해서 어느 정도의 경제적 수준이 필요하다는 점은 분명하지만 가족내에서 경제적 자원 자체가 만족을 보장하는 것은 아니다. 가족 내에서 어느 정도의 갈등이 존재할 수밖에 없다면 상황에 대처하는 과정이 보다 더 중요하다. 동시에 성역할관은 개인의 주관적인 가치관이라기보다는 사회적으로 구성되는 것이며, 사회적 변화의 영향이 크다고 볼 수 있다. 그러므로 파생되는 문제에 대해 합의에 도달할 수 있는 의사소통 능력이나 관계의 질과 같은 요소가 보다 중요한 의미를 갖는다고 볼 수 있다.

3) 결혼만족도에 영향을 미치는 요인

결혼만족도에 대한 이론적 논의를 바탕으로 이와 관련된 변인을 보다 구체적으로 살펴보면 다음과 같다.

① 사회인구학적 변인

사회인구학적 변인은 주로 자원이론의 관점에서 결혼만족도와 관련된 변인들이다. 이들 변인은 다른 변인의 영향을 통제하지 않은 상태에서 단일변인만으로는 일반적인 방향을 논하는 데 어려움이 있으나 그 보편적인 경향을 살펴보면 다음과 같다.

㉠ 결혼기간

결혼기간과 결혼만족도의 관계에 대한 연구는 결혼기간이 증가하면서 결혼만족도는 점차 감소하는 경향을 보인다는 연구결과와 결혼 초기에는 높지만 이후 점차 감소하다가 후기에 다시 높아진다는 두 가지 연구결과로 분류할 수 있다.

횡단적인 연구방법에 의하면 결혼기간에 따른 결혼만족도는 U자 곡선으로 변화한다고 한다. 즉, 결혼만족도는 지속적으로 감소하다가 자녀가 결혼하여 집을 떠나는 자녀독립기를 전환점으로 다시 증가하는 경향을 보인다고 한다. 이는 부모 역할의 과중함이나 역할긴장이 부부관계에 부정적인 영향을 주었기 때문이라고 볼 수 있다. 그 결과 결혼만족도는 자녀가 독립한 후에 증가하며 여성의 경우 더욱 그러한 경향을 보이는데(Rhyne, 1981), 이는 자녀로 인한 짐을 덜고 두 사람만의 관계에 보다 충실해진 것으로 볼 수 있다. 반면, 종단적인 연구에서는 결혼 초기에는 대체로 높은 만족도를 보이지만 이후부터 만족도는 지속적으로 감소하는 것으로 나타난다고 한다(이은희, 2002). 즉, 만족도는 결혼 3~4년 후부터 꾸준히 감소하는데, 이는 부모 역할은 과중해지는 반면 부부 상호 간의 애정이나 활력소는 증가하지 않는 것이 중요한 원인이 되는 것으로 해석할 수 있다.

결혼만족도가 어떠한 형태로 진행해나가는가는 두 사람이 형성하는 결혼의 질에 달려 있다. 상호 간에 신뢰감과 열정적인 사랑은 감소하지만 동료적이고 동반자적인 사랑은 오히려 깊어지며, 결혼만족도도 증가한다고 볼 수 있다. 반면 불신감이나 갈등이 누적된 결혼생활에서는 오히려 두 사람의 연결고리인 자녀가 독립하는 빈 둥지 시기에 상호 간에 아무런 유대감을 발견할 수 없으며, 결혼만족도는 감소하고 결혼생활은 오히려 위기를 맞게 된다.

㉡ 성별

그림 3-2 • 가족생활주기와 성별 결혼만족도

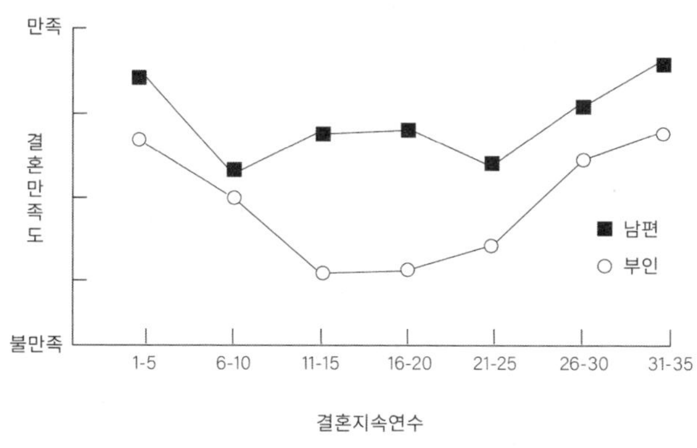

성별로는 여성의 결혼만족도가 남성에 비해 낮게 나타나며(이은희, 2001; 조유리·김경신, 2000; 최규련, 1988; 박성호, 2001), 가족생활주기별 결혼만족도도 성별에 따라서도 차이를 보인다. [그림 3-2]에서 보듯이 결혼만족도의 변화폭은 남성에 비해 여성이 보다 크게 나타나는데(Vaillant & Vaillant, 1993), 이는 우리 사회가 가부장적 가치관 속에서 여성에게 더 많은 역할과 희생을 요구하기

때문에 나타나는 결과이기도 하며, 동시에 남성이 직업이나 사회적 역할에 더 비중을 두고 있는 반면, 여성은 어머니나 주부로서의 가정적 역할에 더 큰 비중을 두고 있기 때문인 것으로 해석할 수 있다.

또한 결혼에서 남성은 배우자를 '도움관계망'으로 인식하는 비율이 높은 반면, 여성은 '갈등관계망'으로 인식하는 비율이 상대적으로 높은 것과도 관련이 있다. 그 결과 남성보다는 여성에게 결혼이 덜 만족스러운 경험이 된다. 보상은 상대적으로 적은 반면 비용은 많이 지불하게 되기 때문이다(한경혜·김주현·김경민, 2003).

또 다른 연구에서는 여성은 연령이 증가함에 따라 결혼만족도가 낮아지는 경향이 있는 반면, 남성의 경우에는 연령이 증가함에 따라 결혼만족도가 증가하는 경향을 보인다고 한다(김혜선, 1992).

ⓒ 사회계층

사회경제적 지위는 결혼만족도와 상관이 높게 나타나며, 수입과 결혼만족도는 유의한 상관이 있다(박성호, 2001; 장춘미, 2001). 경제수준은 가족의 건강과 화목에 가장 큰 영향을 미치는 요인으로 나타났으며(한국여성개발원, 2003), 결혼만족도는 수입이 증가할수록 보다 높게 나타난다(김은정, 1992; 김화자·윤종희, 1991). 1998년 IMF 체제를 경험하면서 이혼율이 급증한 것은 바로 이 같은 수입과 결혼만족도 간의 관련성을 뒷받침하고 있다. 경제적 스트레스 수준이 높을수록 부부는 갈등해결을 위해 부정적인 방식을 사용하며 경제적 스트레스는 다른 스트레스 사건보다 쉽게 부부의 갈등해결 행동에 영향을 미치고 관계를 악화시키는 것으로 나타났다. 특히 경제적 스트레스가 증가할수록 남편의 결혼만족도는 감소하였다. 이는 남편의 적응이나 행동이 일상 생활사건에서 오는 스트레스보다 일과 관련된 경제적 스트레스에 더 많은 영향을 받는다는 Conger와 그 동료들(1990)의 연구결과를 지지한다. 교육수준별로는 일관성을 보이지 않고 있으나 전반적으로는 교육수준이 높을수록 결혼만족도는 높게 나타났다(이호신, 2000).

그러나 실제 소득 자체보다는 이에 대한 인식이나 평가가 보다 중요한 요인으로 작용한다. 즉, 최상류층에서는 가족 내의 화합이나 역할수행이 보다 중요한 역할을 하는 것으로 나타난다. 이는 자원이론보다는 관계성이론의 관점과 일치하는 것이다.

㉣ 자녀 수

자녀 수와 여성의 결혼만족도는 부적 상관을 보이는데(박성호, 2001; 이미숙, 1985), 돌보아야 하는 자녀 수가 많다는 것은 시간적·심리적·경제적 부담을 가중시키기 때문인 것으로 볼 수 있다(장춘미, 2001). 자녀양육으로 인해 역할이 가중되며 동시에 부부간 상호작용의 시간이 줄어들기 때문이다. 또한 이는 자녀문제가 부부간 의견 불일치의 가장 빈번한 주제라는 것과도 관련이 있다.

㉤ 가족구성원

가족구성원의 범위가 넓어질수록 결혼만족도는 감소하며 가족 내의 긴장감은 증가한다. 확대가족의 경우 시부모와 동거하는 며느리가 별거하는 며느리보다 더 많은 부양 스트레스를 경험한 것으로 나타났다(이신숙·서병숙, 1994). 이는 여성은 도움 및 갈등관계망에서 배우자와 친족원이 차지하는 비율이 남성에 비해 상대적으로 높을 뿐만 아니라 여성은 시댁 가족을 '도움관계망'보다는 '갈등관계망'으로 언급하는 경향이 강하기 때문이다(한경혜·김주현·김경민, 2003). 취업모와 비취업모의 생활만족도를 비교한 연구에서도 핵가족의 비취업모가 확대가족의 비취업모보다 결혼만족도가 높게 나타났다(문혁준, 2003).

② 상호작용 요인

사회인구학적 변인 이외에 인간관계도 결혼만족도에 영향을 미치는 중요한 변인이다. 우리 주위의 여러 자원은 상당히 한정되어 있으며 가변성이 없으나, 상호관계와 관련된 요인은 보이지 않는 큰 자원이 될 수 있다. 사회계층이나 연령, 가족생활주기 등의 사회인구학적 요인들은 이미 정해져 있는 반면, 관계는 주관적이고 가변성이 있으며 생활에 의미를 부여하는 상당히 큰 잠재력으로 작용한다. 배우자의 공감 및 지지, 원활한 의사소통 능력 등은 결혼만족도와 관련된 중요한 요인이다.

㉠ 배우자의 지지

가족이나 기타 중요한 타인으로부터 지지와 인정을 받게 되면 결혼만족도는 증가하며, 특히 부부간의 지지는 결혼만족도에 큰 영향을 미치는 것으로 나타났다(장춘미, 2001; 전영민, 2000). 주요 생활사건이나 경제적 스트레스는 남편에게는 직접적으로 결혼만족도에 영향을 미치는 요인이 되지만, 아내의 경우에는 남편의 지지를 통해 간접적으로 영향을 미친다. 즉, 경제적 스트레스 상황에서도 남편의 긍정적인 지지가 있으면 아내의 결혼만족도는 급격하게 감소하지 않는 것으로 나타났다.

㉡ 자아분화 수준

자아분화(differenciation of self) 수준이 높을수록 결혼만족도는 높게 나타난다. 자아분화는 Bowen(1976) 이론의 핵심으로 두 가지 상반되는 주요개념에 의해 유발되고 조절된다. 인간에게는 자신의 의지에 따르고 독립적이며 개별적인 실체로 존재하고자 하는 욕구인 집단성(individuality)과 타자의 의지에 따르고 의존적이며 공동체로서 존재하고자 하는 욕구인 집단성(togetherness)이 있다. 인간이 적절하게 기능하기 위해서는 개별성과 집단성이라는 두 가지 욕구를 조절하고 관리하는 것이 필요하다. 한 개인이 자신의 원가족과의 관계로부터 심리적·정서적으로 융합 또는 단절되지 않고 자율적으로 기능하는 정도를 자아분화라고 한다(정문자·이종원, 2003). 이러한 자아분화 수준에 따라 개인과 가족은 기능적이기도 역기능적이기도 하다. 분화수준이 높은 개인이나 가족은 객관성, 독립성, 그리고 융통성을 가지고 생활하며 스트레스 상황에도 효율적으로 대처하고, 타인과 친밀한 정서적 접촉을 가지고 생활하며 스트레스 상황에도 효율적으로 대처하며(전춘애, 1994), 타인과 친밀한 정서적 접촉을 하면서도 확고한 자아정체감과 독립성을 유지하며 강요에 의해 자신을 희생하지 않는다. 분화된 사람은 자기감정을 그대로 느끼며 주위의 다른 사람들과 어느 정도의 객관성와 감정적인 거리를 유지할 수 있어 자기 주변의 상황에 대해 이성적으로 대처할 수 있다(송정아·전영자·김두성, 1998). 그러나 미분화된 개인이나 가족은 사고와 감정을 구분하는 능력이 결핍되어 있어 자아개념의 발달이 미약하고 긴장이나 불안 때문에 정서적 균형을 유지하는 것이 어려우며 스트레스 상황에서도 갈등을 건설적인 방법으로 해결하지 못한다(이신숙·차용은, 2000).

ⓒ 성격특성

성격특성에서 안정성은 남편이나 부인 모두의 결혼만족도에 영향을 미치는 요인이다. 그러므로 안정성은 만족스러운 결혼생활을 위해 남녀 모두가 갖추어야 할 성격특성으로 볼 수 있다. 반면 사회성은 만족스러운 결혼생활을 위해 남편이 부인에게 보다 많이 기대하는 성격특성으로 나타났고, 책임감은 부인이 남편에게 보다 많이 기대하는 성격특성으로 나타났다(유선주, 2005).

또한 MBTI 성격유형과 결혼만족도와의 관계에 대한 연구에서는 부부의 성격유형이 불일치할 때 아내가 인식형이고 남편이 판단형인 부부가, 남편이 인식형이고 아내가 판단형인 부부보다 결혼만족도가 높게 나타났다. 또한 내향성인 부부들보다 외향성인 부부들의 결혼만족도가 높게 나타났으며, 부부가 불일치할 경우 아내가 외향성이고 남편이 내향성인 경우보다 남편이 외향성이고 아내가 내향성일 때 결혼만족도가 높게 나타났다(이선희, 2000).

ⓡ 결혼체계의 기능성

가족을 하나의 체계로 보고 가족의 기능을 측정하는 데 있어 중요한 영역인 응집성과 적응성도 결혼만족도에 영향을 미치는 중요한 변수로 제시되고 있다.

Olson과 동료들(Olson, Russel & Sprenkle, 1983)은 가족응집성과 적응성이 높을수록 결혼만족도가 높다고 했다. 가족응집성은 가족구성원 간의 정서적 유대감의 정도를 나타내는 것으로 응집성의 수준에 따라 과잉분리, 분리, 연결, 속박의 4수준으로 분류된다. 적응성은 가족체계가 상황이나 문제에 따라 권력구조나 역할 관계 등을 변화시킬 수 있는 능력을 의미하며, 적응성의 수준에 따라 경직, 구조적, 융통성, 혼돈의 4수준으로 분류된다. Olson 등은 응집성과 적응성이 중간수준에 있는 가족이 보다 만족도가 높고 기능적이며, 극단적인 가족을 역기능적이라고 보았다. 이에 대해 Beavers & Voeller(1983)는 융통성과 적응성은 가족의 기능과 선형적 관계에 있어, 융통성과 응집성 수준이 높을수록 가족은 스트레스 상황에 더욱 효과적으로 대처하며 기능적이라고 하였다. Beavers와 Voeller의 견해를 수용하여 Olson과 동료들(1983)도 정상가족을 대상으로 할 때는 응집성과 적응성이 가족기능과 선형적인 관계를 보인다고 하였으며, 응집성 수준에 따라 과잉분리, 분리, 연결, 매우 연결된 집단으로, 적응성 수준에 따라서는 경직, 구조적, 융통적, 매우 융통적 집단으로 재분류하였다. 우리나라의 연구에서도 응집성과 적응성 수준이 매우 높은 집단에서 결혼만족도가 높게 나타났다(고정자·김갑숙, 2000).

가족의 응집성과 적응성은 특히 취업주부의 스트레스와 관련된 주요변인이다. 취업주부의 스트레스 수준은 인구학적 특성보다는 심리적인 특성에 의해 더 많은 영향을 받으며 심리적 변인 가운데 가족응집성이나 적응성과 같은 가족 관련 변인의 영향을 더 많이 받는다(정문자·이미리, 2000).

③ 성역할 태도

개인의 성역할 태도도 결혼만족도에 영향을 미친다. 남편이 전통적 성역할 태도보다 비전통적 성역할 태도를 가지고 있을 때 남편과 아내 모두의 결혼만족도가 높게 나타났으나 아내의 성역할 태도에 따라서는 차이가 나타나지 않았다. 그러나 취업 여부에 따라서는 차이를 보인다. 비취업주부의 경우에는 아내가 비전통적 성역할 태도, 남편이 전통적인 성역할 태도를 가졌을 때 남편의 결혼만족도가 낮게 나타났다(이미숙, 2000).

④ 고정요인과 유동요인

결혼만족도에 영향을 미치는 요인은 고정적 요인과 유동적 요인으로 분류할 수도 있다. 결혼생활에서 많은 요인은 고정적이며, 모든 다른 조건이 동일하다면 위험 요인을 많이 가지고 있을수록 결혼에서의 성공적인 적응은 어렵게 된다. 이러한 위험요인들에는 다음과 같은 것들이 있다(Markman, Stanley & Blumberg, 2001).

- 일상적인 문제나 실망스러운 사건에 대해 지나치게 과민하거나 방어적으로 반응하는 성격을 가진 경우

- 부모가 이혼한 경우
- 결혼 전에 함께 생활한 경우
- 종교적인 배경이 상이한 경우
- 자신이나 배우자가 이혼한 경험이 있는 경우
- 전혼에서 자녀가 있는 경우
- 종교적 배경이 상이한 경우
- 매우 어린 나이에 결혼한 경우
- 결혼 전 서로를 알고 지낸 기간이 매우 짧은 경우
- 경제적 어려움이 있는 경우

이러한 요인들은 관계를 위협하는 중요한 요인 가운데 비교적 변화될 수 없는 고정적 요인이다. 이들 요인은 두 사람의 관계가 얼마나 위험한 것인지를 예측하는 데에는 유용한 기준이 될 수 있지만, 일단 결혼을 하게 되면 이를 낮추기 위해 직접적으로 할 수 있는 일은 없다.

그러나 고정적인 요인과는 대조적으로 상호관계에서 상대방을 어떻게 대하고, 어떻게 의사소통하며, 자신들의 관계를 어떻게 생각하느냐와 직접적으로 관련된 위험요인도 있다. 이는 부부관계에서 위험을 증가시키지만 생각이나 노력 여하에 따라 변화될 수 있다는 점에서 유용할 수 있다(Markman, Stanley & Blumberg, 2001).

- 상호 간에 대화나 다툼이 부정적인 형태인 경우
- 의사소통에 어려움이 있는 경우(특히 불일치하는 문제에서)
- 하나의 팀으로서 불일치하는 문제를 해결하는 데 어려움이 있는 경우
- 결혼에 대한 비현실적인 신념을 가진 경우
- 중요하다고 생각하는 것에 대해 상이한 태도를 가진 경우
- 상호 간의 헌신 수준이 낮은 경우
- 신념을 함께 실행에 옮기지 않는 경우

일반적으로 고정적 요인이건 유동적 요인이건 위험 수준이 높아질수록 결혼생활에서의 어려움은 증가한다. 다른 모든 조건이 동일하다면 고정적·유동적 위험요인을 많이 가질수록 어려움을 더 많이 경험하게 된다. 그러나 고정

적 위험요인은 변화시키는 것이 불가능하므로 유동적 위험요인을 변화시키도록 노력하는 것이 현명하다.

4) 부부갈등

결혼생활에서의 만족과 불만족이라는 두 가지 차원에 대한 연구에서 불만족의 차원은 주로 갈등이라는 개념을 통해 연구되어왔다. 그러나 결혼에서의 질은 측정하기 위해 일반적으로 사용되는 결혼만족도의 개념과는 상이한 차원에서 갈등에 대한 연구가 필요하다. 기존의 연구 자료에 대한 분석결과 기존의 결혼만족도에서는 구분되지 않았던 두 집단, 즉 긍정적인 결혼의 질과 부정적인 결혼의 질이 점수가 모두 높은 집단과 모두 낮은 집단은 결혼생활에서의 적응에서 차이를 보인다. 그러므로 결혼만족도는 결혼생활의 긍정적, 부정적 측면을 동시에 포함하는 개념으로 정의하여야 한다. 즉, 결혼생활의 긍정적·부정적 측면을 단일선상의 양극단에 설정해놓고, 긍정적인 측면에서 높은 점수를 얻은 집단을 만족스러운 결혼생활을 하는 집단, 부정적인 측면에서 높은 점수를 얻은 집단을 갈등집단으로 파악하는 것은 한계가 있다(정옥분·정순화, 2014).

3 부부역할

서로 다른 가정에서 자란 두 남녀는 결혼이라는 의식을 통해 부부라는 하나의 단위가 되는데, 남편과 아내로서 각자의 역할을 얼마나 잘 수행하느냐에 따라 한 가정의 행복이 크게 좌우된다.

엄격하게 성에 따른 역할분담이 이루어지던 부부관계는 여성의 취업 증가와 더불어 남자는 일터, 여자는 가정이라는 고정관념에서 벗어나 앞으로 많은 변화를 겪을 것으로 예상된다.

1) 부부역할의 기본개념

한 사회구조가 안정을 유지하는 것은 그 사회 내의 개별구성원이 각자의 지위에 따라 기대되는 행동을 수행함으로써 가능하다. 모든 사람은 각자 다양한 지위를 가지며 모든 지위에는 적절한 역할이 따른다.

지위에는 귀속적 지위(ascribed status)와 성취적 지위(achieved status)의 두 종류가 있다. 귀속적 지위는 출생에 따라 혹은 바꿀 수 없는 어떤 요인에 따라 부여된 지위를 말하며, 연령, 성별, 인종 등이 있다. 예를 들어 출산(출생)과 더불어 갖게 되는 어머니나 아들로서의 지위를 들 수 있다. 이에 비해 성취적 지위는 자신의 선택과 활동으로 획득한 지위로, 직업 및 결혼 지위를 들 수 있다. 예를 들어, 결혼함으로써 얻게 되는 남편 혹은 부인으로서의 지위는 성취 지위이다. 이상의 지위에 대하여 기대되는 행동방식을 역할이라고 한다(이정덕 외, 2002).

2) 부부간의 역할변화

부부간의 역할에 대한 견해도 성역할 개념의 변화와 같은 맥락으로 변화되고 있다. 전통적으로 부부간의 역할은 대개 남편이 생계를 부양하고(husband-breadwinner), 부인이 가사를 전담하는(wife-homemaker) 것으로 규정되었다.

이러한 전통적인 부부간의 역할에 대해 Parsons(1967)은 남편의 역할을 수단적 역할(instrumental role)이라고 하고, 아내의 역할을 표현적 역할(expressive role)이라 하여 남녀 간의 역할 구분을 분명히 하였다. 전자는 경제적 수입과 대외적으로 바람직한 관계를 수립하는 역할이며, 후자는 가족의 소비생활과 가족구성원을 통합하고 긴장을 완화하는 역할을 수행하는 것이다. 가족구성원들은 남편의 수단적 역할을 통해서 사회적 안정을 얻고, 부인의 표현적 역할을 통해서 정서적인 안정을 얻게 된다. 따라서 남편과 부인 각각의 기능적인 역할수행은 가족을 안정되게 한다는 것이다. 이와 같이 여성의 주된 임무는 가족을 돌봐주고 아이를 잘 키우는 것이었고, 남성의 주된 임무는 아내와 아이들을 부양하는 것이 자명한 진리로 받아들여졌다.

그동안 실시된 부부간의 역할분담에 관한 의식구조 조사들은 종합적으로 살펴보면 의식주 관리를 중심으로 하는 가사노동은 여성이 맡아야 한다는 견해가 지배적이며, 집안 살림과 남편 뒷바라지는 여성의 가장 중요한 의무이자 미덕이라는 태도가 남녀 구별 없이 나타나고 있다. 물론 우리 사회에서도 과거에 비해 남편이 가사에 참여하는 시간이 증가하고 있다는 연구들(공세권, 1990)이 있다. 하지만 남편이 참여하는 집안일의 종류는 매우 제한되어 있으며, 가사에 참여하는 시간도 매우 적다. 특히 자녀양육 등 가족원을 보살피는 정서적 역할은 여전히 여성이 전담하고 있으며, 이는 의식주와 관련된 집안일의 부담이 감소된다고 하더라도 여성들에게는 신체적, 심리적으로 매우 과중한 부담이 된다. 그래서 이것은 여성들에게 취업을 비롯하여 가정 밖의 활동을 선택하기 어렵게 만든다. 신세대 가정이라 하더라도 남성들은 아직 성별 분업의 전통적 가치관에서 탈피하지 못하고 있어 가사를 분담하는 데 인색하거나 가사노동은 아내의 몫이라고 생각하는 경향이 남아 있다.

그러나 핵가족화 경향과 여권운동 등 사회의 변화에 따라 부부의 동반자적 관계가 이상적인 결혼규범이 되면서 남성의 가사와 자녀양육에의 참여가 촉구되고 있다. 가족 내에서의 남성에 대한 정신적 요구도 예전에 비해 커지면서 동반자적 부부가 앞으로 지향해야 할 구조로 자주 등장하고 있다. 동반자적 부부란 육아와 가사 관리의 주된 책임은 부인에게 있지만 남편이 이에 참여하고, 가족의 경제적 부양의 주된 책임이 남편에게 있지만 부인이 이에 일익을 담당하는 것을 의미하였다. 즉 남성은 부양자, 여성은 가사전담자라는 성역할 분업의 경계를 완화시키고 동료처럼 서로 돕는 부부관계를 지칭하는 데 사용하였음을 알 수 있다(이정덕 외, 2002).

3) 평등한 부부관계

권력은 사회의 모든 부분에서 찾아볼 수 있다. 가족, 학교, 직장, 국가 등 모든 집단에는 권력이 있기 마련이다. 부모는 어린이에 대하여, 교사는 학생에 대하여, 고용주는 피고용인에 대하여, 정부는 국민에 대하여 각각 쉽게 인식되는 고유의 권력을 갖고 있음을 볼 수 있다(김현조, 1997). 권력이 타인의 행동에 미치는 영향력의 크기로 정의되고 대인 간의 상호작용에서 발생한다면 상호 독립적인 인간관계나 대등한 지위에서는 발생할 가능성이 적다. 그렇다면 부부간에는 권력관계가 존재하는가? 다른 사회관계에서와 마찬가지로 부부관계에는 권력의 상이함이 존재하는 것으로 알려져 있다.

대체로 부부간의 권력관계는 의사결정과정과 결과, 자원분배 그리고 가사노동 분담실태 등의 측면에서 측정되고 파악될 수 있다. 가족성원들에게 크게 영향을 미칠 수 있는 중요한 사안에 대해 의사결정을 하는 일에 누구의 영향력이 더 크게 미치는지, 가족 내 재산이나 재정적 자원 등이 누구에게 더 많은 혜택이 돌아가도록 분배되는지, 그리고 가사노동이라는 책임과 그 책임에서 벗어날 수 있는 권리는 누가 더 많이 갖는지 등을 분석함으로써 부부간의 권력관계를 규명해볼 수 있을 것이다(임인숙, 1997).

① 의사결정 측면

부부관계에서 권력을 측정하는 방법으로 흔히 가정 내의 의사결정과 정을 분석한다. 제2정무장관실에서 1994년에 사회 각계 인사 510명을 대상으로 조사한 바에 의하면, 평등한 부부의 기준으로 가장 중요하게 생각하는 것은 '의사소통과 의사결정'에서의 평등으로 53.7%로 집계되었다. 그중에서도 '가정 내의 대소사에 대한 의사결정에서의 평등'이 35.7%로 가장 높게 나타나 가장 중요한 핵심적 평등으로서 부부간 의사결정에서의 평등이 지적되고 있다(정선자·김숙희·홍상욱, 1996).

현대산업사회에서는 남편의 바쁜 직장일과 늦은 귀가로 가부장권이 상실되어가고 있으며, 부인의 가사일 전담으로 인한 가사결정권이 신장되고 있으므로 가족 내의 부부관계가 평등화되어가고 있다는 주장들이 제기되고 있다(공세권, 1990; 한남제, 1985). 일반적인 도시가정에서 자녀의 교육이나 가계수입의 집행, 주거유형 및 라이프스타일의 결정, 가족원들의 대인관계 관리 등과 관련하여 주부들이 지니는 권한과 영향력이 나날이 커지고 있다. 이에 따라 21세기 한국가족에서는 가족 내의 여러 가지 일에 대한 의사결정에서 남편과 아내 사이의 평등한 민주적 의사결정 참여가 실현될 것이라고 예견된다.

Herbst(2002)는 오스트레일리아의 백인 가족 연구를 위하여 부부간의 역할

분담을 세밀히 분석할 수 있는 모형을 시도하였다(유영주 외, 1996). 가정생활에서의 역할을 가사, 자녀양육, 사회활동, 경제활동 등의 4개 분야로 구분하고, 각각의 분야에 있어서 남편 혼자 행하는 것, 부인 혼자 행하는 것, 그리고 부부 공동으로 행하는 것 등으로 정하였다. 만일 한 분야에 있어서 남편 혼자 행동하는 역할의 수가 많다면 그것은 남편의 역할 분야로 정할 수 있으며, 그와 반대로 부인 혼자서 행동하는 역할의 수가 많으면 그것은 부인의 역할 분야로 나누어볼 수 있도록 하였다. 그리고 역할분담 행동을 결정하는 권한이 누구에게 속하는가를 분석하는 결정권도 남편단독권, 부인단독권, 부부공동권 등 3가지 가능성으로 구분하였다.

이러한 행동 유형과 결정권을 기준으로 다음과 같은 9가지의 상호작용 유형을 배합해낼 수 있다.

위와 같은 배합을 허브스트는 다음과 같은 4가지의 유형으로 종합하였다.

㉠ 부부자율형

남편 혼자 결정하고 행동하는 영역과 부인 혼자 결정하고 행동하는 영역이 있으며, 각자의 영역에 따라 부부 각각 자율적으로 결정하고 행동하는 유형이다.

㉡ 남편지배형

부부가 공동으로 행동하는 것과 부인이 혼자 행동하는 것이 모두 남편의 결정하에 이루어지는 것, 즉 남편의 지배하에 결정되고 행동하는 부부관계이다.

㉢ 부인지배형

남편지배형의 반대로 주인의 결정에 따라서 남편이 행동하거나 부부가 함께 행동하는 관계이다.

㉣ 부부공동형 또는 협동형

부부가 공동으로 결정하고 행동하는 경우이다. 공동으로 행동한다는 것은 부부가 똑같이 행동한다는 것이 아니라 협조적이라는 것이다. 즉 부부가 대등한 인간관계를 가지고 협동적 분업을 하는 것이다.

이상과 같은 부부 상호작용 유형은 곧 부부권력 유형이 되기도 한다. 위의 부부 상호작용 유형에 대하여 결정권을 중심으로 부부권력을 비교하면 남편지배형, 부인지배형, 부부공동형으로 분류할 수 있겠다. 부부공동형과 부부자율형을 부부간의 권력이 동등하며 남편지배형은 남편의 권력이 더 강하고, 부인지배형은 부인의 권력이 더 강하다.

부부간의 의사결정은 대체로 성별에 따라 그 영역이 구분되고 있어 자녀문제와 대외활동, 여가 영역은 공동의사결정 경향이, 의식주 경제문제는 일방적 결정 경향이 두드러지게 나타나고 있다. 이는 외형적으로 부인의 권력이 많이 증가되어 평등화 경향에 가깝지만 합의결정의 민주적 구조라기보다는 남편과 부인이 고유 영역에서 각자의 결정권을 가지며, 부인이 남편으로부터 가정 내 문제에 관한 결정권을 위임받음으로써 생기는 결과로 보여지고 있다(임인숙, 1997). 그러나 부부공동의 결정이 다른 유형에 비해 높고 젊은 층에서는 일치형의 비율이 높게 나타나고 있음을 지적하는 연구들을 비추어볼 때, 의사결정권에 관한 한 평등한 방향으로 나아가고 있다고 볼 수 있다.

지금까지의 대부분의 연구는 주로 누가 의사결정을 하느냐에 따라 의사결정 유형을 구분하고 그에 따라 부부의 권력관계를 파악하고 있다. 그러나 집안의 많은 일을 결정하고 처리하는 사람이 권력을 많이 가졌다고 단정 지을 수 있을까? 보다 정확한 부부간의 권력관계를 파악하기 위해서는 단순히 의사결정의 양이 많냐, 적냐에 한정하기보다는 그 의사결정이 얼마나 중요한 영역이냐, 부부간의 의견 차이가 있을 때 누구의 의사를 따르느냐 등 여러 차원에서 점검해보아야 할 것이다. 카플랜과 시드니(Kaplan & Sedney, 1980)는 많은 경우에 부인은 남편의 생업을 위해 이사를 하지만 부인의 직업 때문에 남편이 함께 이사를 하는 경우는 드물다는 것을 지적하면서 부부관계에서의 권력은 남편에게 보다 많이 배정되어 있다고 지적하고 있다.

② 자원 획득과 분배의 측면

일반적으로 가정 내에서 행사되는 힘의 많은 부분은 돈을 버는 사람의 몫이 된다. 부인이 취업할 경우 발언권이나 권력이 증가하는 경향이 있어서 만약 가사 일에 대한 임금이 여성들에게 지불된다면, 남편-아내 관계의 역학은 상당히 변화될 것이라고 예측해볼 수 있다. 그러나 가계에 대한 부인의 경제적인 기여가 반드시 가정 내에서의 부인의 지위 상승이나 발언권의 신장으로 연결되는 것은 아니다. 오히려 생계를 위하여 맞벌이를 해야 하는 저소득층 가정에서는 남편의 월급에만 의존해 생활하는 중산층 가정에 비해 가부장적 권위가 더욱 심하게 표현되는 사례도 많이 보고되고 있다(정선자·김숙희·홍상욱, 1996).

현대가족에서는 가족이 생산단위로서의 기능은 전체사회로 이전되고 오직 소비단위로서의 기능이 가족의 중요한 경제적 기능으로 남아 있는 것이 일반적이다. 이러한 상황에서 소득의 처분, 소비권을 남편과 아내 가운데 어느 쪽이 갖는가 하는 것은 바로 가족의 경제권이 사실상 어느 쪽에 있는가를 좌우하는 것으로서 부부의 평등관계에 영향을 미치는 것이라고 볼 수 있다. 흔히 한국사회에서는 돈을 벌어들이는 남편이 자신의 수입의 전부 혹은 대부분을 부인에게 주어 관리하도록 하는 경우가 많아 이러한 현상을 놓고 여성의 지위가 남성에 비해 결코 낮지 않다고 보는 경우도 있는데, 이는 단순히 성역할 고정관념을 바탕으로 한 성별분업에 기인하는 것이라고 해석해볼 수도 있다.

한편 부동산 명의가 누구의 것으로 되어 있는가를 봄으로써 가정 내 여성의 지위를 짐작해볼 수도 있다. 부동산을 취득했을 때 남편의 명의로만 등기하던 전통적인 관습이 없어지고, 오늘날에는 부부가 공동 또는 각자의 명의로 등기하려는 경향이 현저히 증가하였고, 재산에 대한 소유권 배분에서도 재산 총액이 균등하게 배분되어야 한다고 생각하는 사람들이 증가하고 있다. 이러한 측면에서는 부부간의 권력이 동등한 방향으로 나아가고 있다고 할 수 있다(여성한국사회연구회, 1995).

③ 가사노동 분담 측면

기혼여성의 취업률 증가와 평등한 부부관계로의 지향이라는 구조적인 변화 및 전반적인 사회 분위기의 변화에도 불구하고 실제로 가사노동은 거의 주부에 의해 행해지고 있다. 우리사회에서는 여성의 사회진출이 증가함에 따라 가정 내 역할이 남녀분담으로 이어지기보다는 오히려 이중부담의 문제로 이어지는 것이 일반적이다. 부부간의 역할분담 실태는 전통적인 성별분업에서 벗어나 평등한 역할분담으로서의 전환이라기보다는 부부간의 역할변화 과정 중의 한 유형으로서 아담스(Adams, 1980)가 분류한 '신전통주의적 역할'을 나타내고 있다. 즉 맞벌이 여성인 경우 가정적 역할 이외에 직업적 역할의 기회가 제공되어 전통적 역할 구분으로부터 탈피하였으나 그것은 여성의 직업적 역할과 가정적 역할의 이중역할을 감당할 수 있을 때에만 허용되는 것이다. 따라서 부부의 역할에서 여성의 생산적 역할로의 진출은 경우에 따라 인정하되 그에 따른 남편의 가정적 역할의 보충은 일어나지 않고 있어 우리사회의 혼재된 의식을 잘 나타내주고 있다.

현대사회에서 여성들의 취업이 증가하면서 그들의 책임과 부담이 늘어남에 따라 여성이 경험하는 불평등한 권력관계는 가사노동의 분담이라는 객관적인 현실을 분석함으로써 훨씬 더 분명하게 규명할 수 있다. 지금까지 많이 사용되었던 의사결정행위를 통해서 부부의 권력관계를 측정하는 것은 그것이 응답자들의 주관적 인식에 근거한 것이고 이러한 인식은 현실과 일치하지 않을 수도 있기 때문이다(이정덕 외, 2002).

4 결혼주기에 따른 삶의 모습

가족생활주기에 따라 가족은 발달해나가게 되며 각 단계에서 요구되는 발달과업에 직면하게 된다. 발달과업이란 생활주기의 특정 시기에 직면하는 과업으로, 이를 성취하면 이후의 발달이 순조롭게 진행되는 반면 그렇지 못한 경우에는 이후의 발달에서 어려움을 경험하게 된다. 가족의 발달과업은 개인의 성장을 위해 각자에게 요구되는 개인적 발달과업까지를 포함하는 포괄적인 개념이며, 단계별로 대표적인 발달과업을 살펴보면 다음과 같다(정옥분·정순화, 2014)

1) 가족형성기

가족형성기에는 부부 상호 간의 적응을 위한 기본 틀을 마련하고 이후의 가족생활의 기초를 마련하는 것이 가장 중요한 발달과업이다. 부부는 각기 다른 환경에서 성장하였고 서로 다른 기대를 가지고 결혼을 하게 된다. 그러므로 의사소통, 역할부담, 성생활, 친족관계 등 여러 영역에 걸친 적응과 아울러 이후의 가계운영이나 자녀출산 및 부모 역할 등에 대한 계획을 세우는 것이 이 단계의 중요한 발달과업이 된다.

2) 자녀출산 및 양육기

부모로서의 책임과 의무를 다하기 위해 정신적·물질적 준비와 더불어 부모 자녀 간 상호관계의 기본적인 틀을 형성하는 것이 이 시기의 중요한 발달과업이 된다. 임신에 따른 신체적 변화에 대한 적응이나 적절한 태내 환경을 제공하는 것뿐 아니라 자녀출산을 통해 지금까지의 부부라는 두 사람만의 관계에서 자녀를 포함한 관계로의 적응이 필요하다. 특히 첫 자녀를 출산함으로써 종전의 이자체계(二者體系)에서 삼자체계(三者體系)로의 변화에는 상당한 어려움이 따른다. 동시에 자녀양육에 필요한 재정적 준비와 자녀출산으로 인해 증가하는 가정 내 역할에 대한 적절한 역할분담도 필요하다. 또한 자녀와의 기본적 신뢰감 형성과 자녀의 자율성이나 주도성 발달을 위해 적절한 정서적·물리적 환경을 제공해주는 것이 중요한 발달과업이 된다.

3) 자녀교육기

자녀교육기에는 자녀가 공교육을 받게됨으로써 여러 가지 변화를 경험하게 된다. 사회적 관계도 지금까지의 부모 자녀 관계에서 나아가 또래집단의 비중이 커지게 되고 놀이가 중심이던 생활에서 학습능력의 비중이 커지게 된다. 그러므로 아동기의 자녀가 적절한 또래관계를 형성하고 학업적 성취를 통해 근면성을 발달시켜가고, 청소년기에 이르면 자아정체감을 형성할 수 있도록 도움을 주는 것이 이 시기의 중요한 발달과업이 된다. 동시에 부모도 자신의 사생활을 갖고 자기발전을 해나가는 긍정적인 모델을 자녀에게 제시해주는 것도 중요한 발달과업이다. 특히 자녀가 청소년기에 접어들면 세대 간 갈등이 증가하므로 가족관계의 재정립이 필요하며, 증가하는 교육비 지출에 대한 준비도 중요한 발달과업이 된다.

4) 자녀성인기

자녀성인기는 직업선택, 군입대, 배우자 선택 등과 같은 자녀의 중요한 발달과업이 집중되어 있는 시기이므로 이에 따른 적극적인 지원이 필요하다. 이 시기에 부모들은 빈 둥지 시기로서 부모역할로부터 벗어나 보다 더 자유로움을 느끼고 이러한 에너지를 부부관계로 전환시킴으로써 결혼만족도가 다시 상승하기도 하며, 자녀에게 몰두하여 자신의 생활을 발전시키지 못한 경우 우울증을 경험하기도 한다. 그러므로 자녀성인기의 중요한 발달과업은 자녀의 독립을 지원하는 것과 동시에 부부관계의 재조정이나 기타 사회적인 관계를 통한 자아확장이 중요한 발달과업이 된다.

5) 자녀결혼기

자녀가 결혼하게 되면 외형상으로 가족은 축소되지만 실제적인 관계는 확장된다. 자녀가 결혼하여 또 다른 생식가족을 구성하게 되면 그 관계는 며느리, 사위, 손자, 손녀로 확장된다. 이들과의 관계에서 적절한 한계를 설정함으로써 자녀를 떠나보내는 것은 자녀결혼기의 주요한 발달과업이다. 동시에 이러한 에너지를 부부관계나 사회봉사, 손자녀관계로 전환시켜나가는 것도 중요한 발달과업이다.

6) 노년기

노년기는 만성적인 신체질환이나 노화로 인한 문제에 적응해야 하며, 배우자의 죽음에 적응하고 자신의 죽음을 받아들여야 하는 문제를 공통적으로 가지고 있다. 평균수명의 연장으로 가족생활주기에서 노년기가 차지하는 비율은 계속적으로 증가하고 있으며, 노년기의 의존적 특성이나 경제적 어려움은 적응을 더욱 어렵게 만드는 요인으로 작용한다.

03 부부갈등과 건강한 의사소통 기술

1 부부간 의사소통 유형

부부 의사소통의 유형이란 부부생활을 지속하면서 빈번하게 나타나는 의사소통 습관이라 할 수 있으며, 이것은 개인적 요인과 상호작용적 요인에 따라 결정될 수 있다. 효율적인 부부 의사소통을 위해서는 개인의 성격적 특성이 가장 중요하겠지만, 부부 의사소통이 부부간의 상호교류라는 점에서 본다면 부부쌍방의 대응방식이 무엇보다 중요하다. 따라서 부부간 의사소통을 방해하는 요인이 무엇인지 탐색하고 개선함으로써 바람직한 의사소통 유형을 형성해나가야 한다(이정덕 외, 2002).

1) 호킨스(Hawkins, 1997)의 4가지 유형(언어화 정도와 감정노출의 두 차원에서 조합)

① 차단형: 문제를 숨기거나 피하여 명백하게 언어로 표현하지 않으며 감정 노출이 적어서 정서적 표현도 거의 이루어지지 않은 경우이다. 가벼운 농담이나 날씨에 관한 이야기 등 자신의 개인적인 문제와 상관없는 내용으로 상대방과의 관계를 유지하려 한다.

② 억제형: 감정적인 노출이 잘 일어나 화가 나 있거나 감정적으로 격양된 상태임을 쉽게 알 수 있으나 명확한 언어로 표현하지 않는 유형이다.

③ 분석형: 언어 표현을 많이 하되 자신의 감정 노출보다는 주로 사실에 대한 분석적인 지적이나 문제의 다양한 측면을 탐색하여 제시한다.

④ 친숙형: 정서적인 노출이 잘 이루어지며 이것을 직접적인 언어로서 잘 표현하는 유형이다.

2) 노튼(Norton, 1978)의 10가지 유형

① 지배형: 말을 많이 하고 자주 가로막는 유형이다.
② 이완형: 조용하고 긴장하지 않으며 편안하게 말하는 유형이다.
③ 우호형: 친밀하며 비언어적인 의사소통을 많이 하는 유형이다.
④ 개방형: 자아노출이 잘 이루어지고 마음을 잘 표현하는 유형이다.
⑤ 논쟁형: 논쟁을 빈번하게 하며 갈등을 야기하는 유형이다.
⑥ 연극형: 연극하듯 말하며 과장하기를 즐기는 유형이다.
⑦ 주목형: 타인의 말을 잘 듣고 경청하며 감정이입을 잘하는 유형이다.
⑧ 감동형: 메시지 내용보다는 깊은 인상과 감명을 남기고자 하는 유형이다.
⑨ 정밀형: 내용의 정확성과 정보의 증거 등을 중시하여 말하는 유형이다.
⑩ 유연성: 메시지의 다양한 의미와 그 환경에 잘 적응하여 활용하는 유형이다.

3) 글릭과 케슬러(Glick & Kessler, 1980)의 2가지 유형

① 기능형: 상대방에게 바라는 것, 두려운 것, 기대하는 것 등을 분명하고 솔직하게 의사소통하고 활기차고 자발적으로 의사소통을 하는 유형을 말한다. 이들은 새로운 변화에 민감하고 반응을 잘하는 특성을 보인다. 또한 온정적이고 긍정적인 표현을 하며 상대방에게 이성적인 기대를 한다.
② 역기능형: 상대방의 의견을 경청하지 않거나 긍정적인 말을 하지 않고 새로운 상황에서 적절하게 행동하지 못하는 유형이다. 또한 서로 훼방하거나 투사하기도 한다. 그리고 거의 서로 상관하지 않으며 고집스럽고 불명확하며 애매모호한 의사소통을 한다.

ㄹ 부부 의사소통의 원리

의사소통은 인간관계에서 서로를 이해하기 위한 가장 좋은 수단으로서, 인간은 어느 순간, 어느 장소에서든 의사소통하고 있다고 하여도 과언이 아니다. 저명한 가족치료사 사티어(Satir)는 의사소통은 인간에게 영향을 미치고 이들을 보호하는 거대한 우산에 비유하였다. 부부간에서도 의사소통은 결혼만족도를 향상시키는 데 매우 중요한 역할을 하며 서로 간의 감정을 전달하고 사고를 이해하는 데 있어 가장 중요한 요소가 되고 있다.

대화는 말 그대로 쌍방의 의사소통이므로 상호관계가 매우 중요하다. 또한 대화는 사실과 감정의 복합체이므로 효과적인 대화를 위해서는 전달되고 전수되는 감정적 차원을 이해하고 또 그에 적절히 반응하는 것이 중요하다. 따라서 부부는 대화를 통하여 자신의 감정을 올바로 전달하고 상호 간의 욕구를 조화시키는 방법을 학습하여야 한다.

일상생활에서 부부는 다양한 방법으로 의사소통을 하고 있는데, 언어적인 형태뿐만 아니라 소리나 침묵 등의 비언어적인 형태, 표정과 몸짓, 접촉, 기타 다양한 행동 패턴 등으로 고유한 의사소통 체계를 형성하게 된다. 부부관계와 같은 친밀한 관계에서는 언어적인 의사소통 못지않게 비언어적인 의사소통이 미치는 영향이 중요하며, 그 관계의 특성에 따라 메시지의 내용이 다르게 전달되는 경우도 많다. 이처럼 언어적, 비언어적 수단을 통한 부부간의 원활한 의사소통은 부부간의 친밀도를 증진시킴과 아울러 전체 가족의 기능을 유지 발전시켜나가는 데 매개적인 역할을 하게 된다. 즉 부부는 의사소통 과정을 통하여 규칙이나 역할관계 등을 규정하고 유지함으로써 균형적으로 가족체계를 유지해나가게 되는 것이다.

부부간의 관계를 친밀하게 만드는 부부의사소통 원리는 다음과 같다(유영주 외, 1996).

첫째, 모든 의사소통은 내용과 관계의 두 가지 측면으로 구성된다. 특히 부부간의 의사소통은 단순한 메시지 전달보다 관계를 중시하는 측면이 있으므로 두 가지 측면이 일치되도록 솔직한 의사소통이 필요하다.

둘째, 의사소통은 언어적 형태와 비언어적 형태로 구성된다. 비언어적 형태는 흔히 메타 의사소통으로서 의사소통의 효과를 결정해주는 중요한 요인이 되고 있다. 특히 부부관계와 같은 친밀한 인간관계에서 발달되기 쉽다. 따라서 두 가지 형태가 모순되지 않게 전달되어야 한다.

셋째, 의사소통자 간의 관계는 흔히 '일단락 짓기(punctuation)'에 의해 영향을 받는다. 자극과 반응의 관계에 대한 인식의 불일치, 즉 일단락 짓기에 대한 불일치는 끊임없는 관계적 투쟁의 원인이 된다.

3 갈등해결을 위한 의사소통의 기술

부부간 갈등해결을 위한 의사소통의 기술은 다음 몇 가지로 요약할 수 있다(이정덕 외, 2002).

1) 자기개방

자기개방이란 다른 사람에게 자신의 생각, 느낌, 희망 등을 솔직하게 이야기하는 것이다. 이러한 자기노출이 의사소통이나 갈등해결에 효과적으로 적용되려면 상호적인 것이 되어야 한다. 이러한 태도가 서로에 대한 신뢰와 애정을 증가시키며 이해를 가능하게 하고 공평한 느낌을 보장해준다.

자기개방이 잘 이루어지게 하기 위해서는 듣는 사람이 몇 가지 도움을 주어야 한다. 첫째, 자아존중감은 위기상황에서 개인의 불안감을 낮춰주고 개방적 태도를 유도해준다. 따라서 듣는 사람이 공감적이고 협조적인 태도를 보여주면 말하는 사람은 자신의 판단에 자신감을 갖고 자기개방을 잘하게 된다. 둘째, 듣는 사람이 충고나 조언을 통한 정보 제공을 하는 것도 도움이 될 수 있다. 문제의 원인 제공자가 자신이 아니란 것을 알면 스트레스에서 벗어날 수 있기 때문이다. 셋째, 실질적인 도움, 즉 일을 도와주거나 물적 자원을 제공해주는 것도 자기노출을 증가시키는 데 기여하는 요인이 된다. 넷째, 설사 일이 잘 안 풀려나가더라도 듣는 사람은 말하는 사람에게 잘할 수 있다는 확신과 동기 부여적인 도움을 주어야 한다.

2) 경청

관계를 표현하는 수단은 여러 가지가 있다. 긍정적인 말, 자기 노출, 경청, 표정, 호의, 봉사, 접촉(touch), 선물, 함께 시간 보내기 등 다양하다. 이 중에서 특히 경청은 바람직한 대화를 위해 필수적인 요소이다. 좋은 대화는 듣는 사람이 말하는 사람의 메시지에 반응을 하는 것이기 때문이다. 반응을 보이기 위해서는 듣는 단계가 필수적이고 동시에 주의를 집중하여 열심히 들어야 효과적이며 이러한 과정이 바로 경청이다. 그러면 경청에 요구되는 조건은 무엇인가?

첫째, 긍정적인 수용 태도가 갖추어져야 한다.

둘째, 선입관과 고정관념을 배제해야 한다.

셋째, 열심히 상대방에게 주목하고 상대방의 행동을 관찰해야 한다.

넷째, 경청의 자세를 갖춘다. 긍정적 시선, 고개 끄덕임, 상대방에게 약간 기울여 앉는 태도, '으흠' '예' 등의 후렴으로 반응해주는 태도 등이 필요하다. 또한 미소의 양과 빈도를 조정하고 목소리의 음질도 조절한다.

3) 관계적 의사소통

대화를 포함한 모든 의사소통은 상호관계를 맺기 위한 교류 과정이다. 이것은 우리가 의사소통을 할 때 서로에게 영향을 준다는 것을 의미한다. 그러므로 우리는 의사소통을 시작하는 것이 아니라 의사소통에 참여하는 것이다. 따라서 의사소통의 관계에서 모든 참여자는 서로 영향을 주고받는다. 그러므로 초점은 그 관계에 두어야 한다.

앞에서 언급한 대로 의사소통은 내용차원과 관계차원을 가지고 있는데, 부부간은 특히 관계를 발전해나가야 한다는 점에서 관계적 의사소통을 중시해야 한다. 의사소통의 내용 영역은 객관적인 사물, 현상, 사건, 주제 등을 묘사하는 것으로 구성되는 반면, 관계 측면은 관찰과 추론, 자기개방이나 개방적 태도를 보다 용이하게 보여준다는 점에서 관계적 의사소통을 강화할 필요가 있다.

관계는 사람들의 내부에만 존재하지 그들 사이의 물리적인 공간에는 존재하지 않는다. 흔히 말의 세계에 존재하기 쉽다. 따라서 의사소통을 통하여 무한히 조정하고 변화시킬 수 있는 것이 바로 관계이다. 관계에 대해 이야기하고 관계를 향상시키기 위한 의사소통 방법에 있어 핵심 요소는 '현재 중심'의 사고와 '개인화'된 언어를 사용하는 방법이다. 효과적인 의사소통은 무엇보다 먼저 현재에 살고 있다는 사실을 주목하고 존중하는 데서 출발한다. 과거의 경험은 혼자만의 것이다. 따라서 현재 두 사람이 공존하는 삶에 대해 대화할 때만 두 사람 모두 공감할 수 있다. 또한 개인화란 자신의 판단이 자신의 책임이라는 것을 분명하게 진술함으로써 신뢰성을 싹트게 하는 방법이다. 그러므로 나를 중심으로 표현하며 나의 감정을 노출해주어야 한다.

4) 부부 의사소통의 기술

① 상대방의 이야기를 묵살하지 말고 경청하여야 한다. 상대방의 의견을 경청함은 좋은 싸움의 기본전략이다. 경청은 가만히 있는 것이 아니라 비언어적인 신호를 보내고 있는 것이다.

② '나'를 주어로 표현하여야 한다. "당신이 ~해서" 등으로 상대방의 결점이나 잘못을 먼저 거론하면 거부적이게 된다. "당신 왜 늦었느냐?"보다는 "당신이 늦게까지 오지 않아서 내가 무척 걱정이 되었다" 등으로 표현하는 것이 좋다.

③ 신체적 언어를 활용해야 한다. 표정, 몸짓, 목소리 등도 언어만큼 중요하다. 언어의 뜻이 잘 전달되도록 활용해야 한다.

④ 제삼자를 빗대어 말하지 말고 상대방에게 원하는 바를 정확히 전달해야 한다. 좀 더 민감하고 상처를 줄 수 있는 일일수록 솔직하게 자기를 노출시키고 상대방이 이미 알고 있을 거라고 가정하지 않아야 한다. 자신의 감정, 소원, 대안 등을 이야기하는 것이 좋다.

⑤ 메시지가 정확히 전달되었는지 확인하고 상대방의 신호를 되받아주어야 한다. 상대방이 잘못을 지적했을 때 "나도 알고 있다" 등의 표현을 해주고, 곤란하다고 하여 침묵하거나 반발하지 않아야 한다.

⑥ 피상적이고 관습적인 또는 모호한 단어를 의도적으로 사용하지 않아야 한다. “여자들이란” “그럴 줄 알았어” 등이 그 예이다.

⑦ “문제” “왜” “만일” 등의 부정적인 언어를 사용하지 않아야 한다.

⑧ 감정을 섞지 말고 정보전달을 하거나 질문하는 것이 좋다. 또 전달이 잘 되었는지 확인해보는 것이 필요하다,

⑨ 선택의 기회를 주어야 한다. “~을 하라”보다는 “어느 것을 하겠는가?”라고 하여 선택의 자유로움을 맛보게 해야 한다.

⑩ 자기존중감을 세워주도록 해야 한다. 배우자를 지나치게 비판하거나 무시하는 것은 누워서 침 뱉기이다.

⑪ 칭찬과 감사의 표현을 자주 사용하여야 한다. 언어가 감정을 만든다. 열심히 칭찬하다 보면 자성예언(自成預言)이 된다.

⑫ 지나간 일을 들추어내어 함께 비판하지 않아야 한다. “지금, 여기서”가 중요함을 상기하여야 한다.

⑬ 상대방을 배려해주는 것이 필요하다. 저녁 식탁에서 “오늘 점심에도 그걸 먹었는데” 등의 너무 솔직한 표현은 삼가는 것이 좋다.

⑭ 상대방의 상태를 점검해주어야 한다. “당신 화난 것 같은데요?” “혹시 내가 ~해서 그런 것 아닌가요?” 등이 그 예이다.

⑮ 시간과 장소를 적절히 선택하여야 한다. 특히 논쟁거리가 있는 경우에는 잠들 무렵, 식사 시작 시, 중요한 일을 하고 있을 때 등을 피해서 대화하는 것이 좋다.

⑯ 특별한 사안이 있을 때에 한하여 그 즉시 화를 내는 것이 좋다. 현장검증이 중요하다. 상황을 배려하여 나중에 말하려고 하다 보면 일관성 없는 모습으로 비추어지기 쉽다.

⑰ 무엇에 대해 싸우고 있는지 스스로 분석하여야 한다. 현재의 이유가 진짜 이유인지를 분석하여 본질적인 문제에 집중하여야 한다.

⑱ 흥정하는 기술이 필요하다. 변화를 요구하는 것에 대해 협상하여야 하며, 양보, 타협 등을 통해 목적을 달성하여야 한다.

⑲ 이기려고 애쓰지 않아야 한다. 상대방은 반드시 무찔러야 할 적(敵)이 아니다. 부부간에 승자와 패자는 없다. 부부싸움이 치열해지면 두 패자만 남는다. 서로가 만족스러운 선에서 타협하고 끝맺도록 하는 것이 좋다.

제4부

원만한 가족생활

01 가족의 의미와 관계

02 다양한 가족유형

03 가족의 해체와 새로운 가족의 구성

01 가족의 의미와 관계

1 가족의 의미

우리는 대부분 가족 안에서 태어나며, 일정한 나이가 되면 결혼을 하여 새로운 가족을 형성한다. 가족은 인간에게 있어서 가장 기초적인 집단이면서 또 보편적인 현실이라고 하더라도 '가족이란 무엇인가'를 한마디로 정의하는 것은 어려운 일이다. 가족의 정의는 수없이 다양하여 시대나 문화에 따라 다르게 정의되기도 한다.

다양한 가족 형태가 나타나고 있는 오늘날에는 법률혼으로 맺어진 부부관계나 자녀의 유무가 가족을 정의하는 필수요건이 되지 않으며, 심지어는 동성애 집단들도 가족으로서의 권리를 인정받으려는 추세이다.

최근 미국사회사업협회(NASW)는 "자신 스스로가 가족으로 생각하면서 전형적인 가족 임무를 수행하는 2인 이상의 사람들"이라고 광의의 의미로 가족을 규정하고 있다(Miller, 1994).

이러한 상황에서 가족의 개념을 어느 한 가지로 규정하는 것을 오히려 현상에 대한 인식을 오도할 수 있다. 그렇지만 보편적으로 볼 때 가족의 개념 속에는 가족이 어떤 관계의 사람들로 구성된 것이냐 하는 형태적인 의미와 그것을 개인에게나 사회에 수행하는 역할이 무엇이냐 하는 기능적 의미가 포함되어 있다. 학자들의 정의를 보면 대체로 이 두 가지 측면에서 가족의 개념에 접근하고 있음을 알 수 있다.

가족은 "일반적으로 영속적인 결합에 의한 부부와 거기에서 태어난 자녀로서 형성된 생활공동체"(김두헌, 1995)라든가, 혹은 "가계를 공동으로 하는 친족집단"(최재석, 1982)으로, 또는 "혼인, 혈연, 입양 이외에도 구성원의 필요에 따라서 기타 관계의 사람들이 지속적인 연대의식으로 일상생활을 함께 영위하는 집단"(이효재, 1990)이라고 주로 형태적인 측면에서 정의되고 있다. 그런가 하면 가족은 “부부와 그들의 자녀로 구성되는 기본적인 사회집단으로서 이익관계를 떠난 애정적인 혈연집단이며, 같은 장소에서 기거하고 취사하는 동거동재(同居同在)집단이고, 그 가족만의 고유한 가풍을 갖는 문화집단이며, 또한 가족생활을 통하여 인간의 기본적 인성이 형성되므로 인간발달의 근원적 집단”(유영주 외, 1990)이라고 하여 기능적인 측면에서 가족의 정의가 드러나기도 한다.

그러나 형태를 중심으로 한 정의이든 기능을 중심으로 한 정의이든 간에 오늘날 매우 다양한 형태로 공존하고 있는 가족의 다양성을 설명하지는 못한다. 보편적인 가족의 정의에서 벗어나 가족의 다양성에 주목한 대표적인 학자로는 기틴즈(D. Gittins)를 들 수 있다. 그는 ‘가족’ 개념은 그 시대를 지배하는 특정 집단의 이데올로기가 반영된 것에 불과하다고 보았다. 즉 사회적 계층, 성, 연령 등에 따라 가족생활이 물질적 · 심리적 기반이 다르고, 상이한 가족상과 가족가치를 지니게 되며, 일상생활의 경험이 달라진다는 것이다. 따라서 그는 가족의 전형성, 보편성, 자연성을 강조하는 지금까지의 ‘가족(the family)’ 개념에 대한 도전으로서 가족의 가변성, 다양성, 유연성을 강조하는 ‘가족들(families)’ 개념을 제시하고 있다.

이상에서 살펴본 바와 같이 여러 측면에서 가족에 대한 개념이 규정되고 있지만 한 가지 분명한 것은, 사람들의 다면화된 욕구에 따라 더욱 다양한 가족형태가 등장할 것이므로 어떤 특정한 가족형태가 보편적인 가족이 될 가능성은 거의 없다는 사실이다. 사회변화에 따라 가족의 개념은 계속해서 변화될 것이다.

‘가족’이라는 단어는 학술적으로 더 많이 사용되는 어휘이며 일상적으로는 ‘집’이나 ‘가정’이라는 단어를 더 많이 사용한다. 가족이라는 개념이 식구라는 의미에 더 가깝게 인식되고 관계적 의미를 더 크게 갖는 반면, 집이나 가정이라는 단어에는 공간적 의미가 더 실려 있다고 볼 수 있다. 공간적 의미를 가지면서 가족과 혼용되는 단어로 ‘가구’가 있다. 정부에서 인구조사를 할 때는 가족 대신에 가구를 단위로 한다. 가구란 주거를 같이하는 자 또는 독신으로서 주거를 갖고 단독생활을 하는 자를 포함한다. 그런데 여기에는 혼인관계(婚姻關係), 출계관계(出系關係), 혈연관계(血緣關係)는 고려되지 않고 단순히 경제적인 협력과 주거공간을 함께한다는 의미가 내포되어 있다(이정덕 외, 2002).

2 가족법

1) 혼인의 성립 요건

개인의 권리를 옹호하고 사회의 질서를 유지하기 위하여 대부분의 사회에서는 결혼을 법적으로 통제하고 있는데 우선 그 성립의 단계에서부터 법이 정하고 있는 요건을 따라야만 한다. 이러한 요건을 혼인성립의 실질적인 요건이라고 하며, 다음과 같은 것을 규정하고 있다.

① 실질적 요건

㉠ 당사자 간에 혼인의사의 합치가 있어야만 한다(민법 815조).

혼인의사란 실제로 혼인공동체를 성립시키고자 하는 의사를 말하며 민법에서는 이것을 요건으로 정하지는 않았지만 당사자 간에 혼인의 합의가 없을 때는 혼인을 무효로 함으로써 이를 당연한 것으로 전제한다. 따라서 혼인공동체를 형성할 의사가 전혀 없이 다른 목적을 가장한 가장결혼 그리고 한쪽 당사자에게 혼인할 의사가 없는데 하는 일방적인 혼인신고, 사기결혼, 강제결혼은 정당한 혼인이 아니고 무효이다.

㉡ 당사자들이 혼인연령에 도달해야만 한다(민법 807조).

현 민법에 의하면 남자는 만 18세, 여자는 만 16세 이상이어야 혼인이 유효하다. 이것은 과거 이조시대(李朝時代)의 조혼의 폐를 방지하기 위해 만들어진 것인데, 오늘날에는 현실적으로 이 연령 이하에서 혼인하는 일은 거의 없으므로 이 규정은 사실상 별 의미가 없는 규정이라고 할 수 있다.

㉢ 부모 등의 동의를 얻어야 한다(민법 808조).

첫째, 미성년자가 혼인할 때에는 부모의 동의를 얻어야 하며, 부모 중 일방이 동의권을 행사할 수 없을 때는 다른 일방의 동의를 얻어야 한다. 부모가 모두 동의권을 행사할 수 없는 때에는 후견인의 동의를 얻어야 한다.

둘째, 금치산자는 부모 또는 후견인의 동의를 얻어 혼인할 수 있다.

셋째, 앞의 첫째 항과 둘째 항의 경우 부모 또는 후견인이 없거나 동의할 수 없는 때에는 친족회의 동의를 얻어 혼인할 수 있다.

㉣ 동성혼 등이 아니어야 한다(민법 809조).

민법에서는 동성동본인 혈족 사이에서는 혼인하지 못하며, 남계혈족의 배우자, 부(夫)의 혈족 및 기타 8촌 이내의 인척이거나 이러한 인척이었던 자 사이에서는 혼인하지 못한다고 규정하고 있다. 그리고 이에 위반한 혼인은 무효로 되거나(민법 815조 2호), 취소할 수 있는 것으로(민법 816조 1호) 하고 있다. 그러나 여기서 동성동본 금혼규정에 대한 법 개정은 아직 되지는 않았지만 1997년 민법 동성동본 금혼조항에 대한 헌법재판소의 헌법불합치 결정에 따라 동성동본 금혼규정은 사실상 폐지되었다.

동성동본불혼의 원칙은 고대에는 한 부락에 사는 동성자는 거의 근친이었기 때문에 윤리적인, 우생학적인 견지에서 생기게 되었다. 그러나 오늘날에는 헤아릴 수 없는 동성동본자가 촌수와 관계없이 모두 시조가 같다고 해서 근친자라고 볼 수 없을 뿐만 아니라, 금지혼 범위가 부계 중심이기 때문에 남녀평등원칙에 반하며, 또한 너무 광범위하게 걸쳐 혼인을 금지하는 것은 인간의 중대한 자유인 혼인의 자유를 유린하는 것이라 하여 여성계와 법조계에서 이 규정을 삭제하거나 최소한 합리적인 범위로 축소하고자 하는 시도가 여러 번 있었다. 그동안 1978년과 1988년 그리고 1997년 특별법에 의해 일정 기간 동안만 동성동본 간의 혼인신고 접수가 허용되었으며, 이에 따라 사실상 이 조항은 합리적인 근거를 상실했다고 할 수 있다. 그런데 1998년 7월 헌법재판소가 민법 제 809조 1항에 대한 위헌법률심판제청사건에서 '동성동본 금혼을 규정하고 있는 민법 809조 1항은 헌법에 불합치하다'라는 판결을 내림으로써 1958년 민법에 이 조항이 생긴 이래 40년 만에 동성동본 금혼이 폐지가 된 것이다. 헌법재판소가 헌법 불합리 판결을 내린 이유는 809조 1항이 '헌법상 결혼과 가족생활의 권리를 침해한다'라는 것이고, 국회가 1998년 12월 31일까지 이 법을 개정하지 않으면 효력을 상실하며, 이 법을 개정할 때까지 이 조항의 적용을 중지해야 한다고 밝힘으로써 뒤늦게나마 국민의 행복추구권과 혼인의 자유를 보장받게 되었다.

㉤ 중혼이 아니어야 한다(민법 810조).

우리나라는 일부일처제를 채택하고 있기 때문에 배우자가 있는 사람은 중복해서 혼인할 수 없다. 중혼이란 법률상의 혼인이 이중으로 성립하는 경우로 사실혼 관계와 중복하는 경우는 중혼이 아니다(호적 공무원의 착오에 의하여 수리가 된 경우를 말하지만, 호적 공무원이 수리를 거부하는 것이 원칙이기 때문에 그 예는 극히 드물다).

㉥ 여자의 경우에는 재혼금지기간이 지나야 가능하다(민법 815조).

남자가 재혼하는 데는 아무런 제한이 없으나, 여자의 경우에는 전혼(前婚) 관계가 종료한 날로부터 6개월을 경과하지 아니하면 재혼하지 못한다. 이 재혼금지기간은 부성충성이 충돌할 염려 때문에 있는 규정이므로 전혼(前婚)관계가 종료한 후 여자가 출산한 경우에는 재혼금지를 해제하고 있다. 그러나 이 조항은 1998년 5월 폐지되는 개정시안을 마련하여 정기국회에 상정키로 했다. 법무부는 대표적 여성차별 조항으로 비판받아온 이 조항을 폐지하기로 한 것은 유전자 감정기법의 발달로 친생자 감별이 가능해졌기 때문이라고 밝혔다(중앙일보, 1999. 10. 19.)

② 형식적 요건

우리 민법은 법률혼주의를 취하고 있으므로 위와 같은 실질적 요건 외에 형식적 요건으로서 혼인신고를 마쳐야만 법률상 부부로 인정된다(민법 812조). 결혼식을 올렸고 친구와 이웃 사람들이 그들이 부부임을 인정할지라도 혼인신고 미비로 불시에 억울한 일을 당하는 일이 있으므로 결혼에 있어서는 혼인신고에 대한 법적 절차의 중요성을 인식하여야 한다.

혼인신고는 혼인신고서에 필요한 사항을 기재하고 당사자 쌍방과 성년자인 증인 2인이 연서하여 남편의 본적지 또는 주소지에 신고하면 된다. 또한 사실상 결혼생활을 하면서도 일방의 비협조나 그 밖의 사유로 혼인신고가 이루어지지 않고 있는 경우에는 사실상 혼인관계 존재 확인 청구를 통하여 혼인 신고를 할 수 있다.

2) 혼인의 효과

① 일반적인 효과

㉠ 친족관계의 발생

혼인 당사자는 혼인을 하게 되면 서로 배우자의 신분으로 친족이 되며, 상대방의 혈족 및 그 배우자와 친족(인척)관계에 들어가게 된다. 즉 남편이나 아내는 배우자의 4촌 이내의 혈족 및 4촌 이내 혈족의 배우자 사이에 서로 인척관계를 갖게 된다. 인척관계는 혼인을 통해 성립되므로 그 혼인이 무효이거나 취소된 경우, 이혼한 경우, 배우자 일방이 사망한 후 생존배우자가 재혼한 경우에는 인척관계가 소멸한다.

㉡ 호적의 변동

혼인하면 호적의 변동을 발생시키는데 아내가 남편의 호적에 입적하는 것을 원칙으로 하고 있다. 그러나 아내가 친가의 호주 또는 호주승계인 경우에는 입부혼(入夫婚)을 하여 남편이 아내의 호적에 입적할 수도 있다.

㉢ 부부의 성

부부는 성(姓) 불변의 원칙에 따라 혼인하더라도 각자 본래의 성을 바꾸지 않고 그대로 가진다.

㉣ 동거·부양·협조의 의무

혼인 공동체의 본질에 따라 부부는 동거하고 서로 부양하고 협조하여야 할 의무를 지니게 된다(민법 826조). 부부는 동거하여야 할 의무가 있으므로 정당한 이유로 일시적으로 동거하지 않는 경우에는 서로 참아야 하며, 정당한 이유 없이 동거를 거부할 경우는 심판을 청구할 수 있으며, 이는 악의의 유기로서 이혼사유가 된다. 그러나 부부간 서로에 대한 학대, 폭행 등의 경우에는 동거의무를 이행하지 않아도 된다. 부부의 동거 장소에 관해서는 부부의 협의에 따라 정하고, 협의가 이루어지지 아니하는 경우에는 당사자의 청구에 의하여 가정법원이 이를 정하도록 되어 있다(민법 826조 2항).

또한 부부는 서로 부양하고 협조하여야 하므로 정당한 이유 없이 부양과 협조의 의무를 이행하지 않을 경우에는 심판을 청구할 수 있으며, 악의의 유기로 이혼사유가 되며, 이혼하지 않고 부양료를 청구할 수도 있다. 이때 부양료는 1994년 대법원 판례에 의해 과거의 부양료도 청구할 수 있다. 그러나 부양료는 소멸시효가 3년이기 때문에 과거의 부양료는 소송제기일로부터 3년 이전의 것만 청구할 수 있다.

ⓜ 정조의무

부부는 혼인한 뒤부터는 서로 정조를 지킬 의무가 있다. 민법은 부정한 행위를 부부가 평등하게 이혼사유로 규정하고 있으므로(민법 840조), 남편과 아내는 서로가 정조의무를 지게 된다.

ⓑ 성년의제

미성년자가 혼인하였을 때에는 성년에 달한 것으로 보고 성년자로 취급한다. 이는 혼인공동체에 제3자(친권자 또는 후견인)가 개입함으로써 공동체의 자율성이 침해되는 결과를 방지하기 위함인데, 사법(私法)의 영역에서만 그렇게 취급한다는 것이지 미성년자가 혼인했다고 해서 선거권과 같은 법적인 권리를 취득하는 것은 아니다.

② 사실혼

사실혼이란 혼인의사를 가지고 동거하여 실질적으로 부부생활을 하고 있지만, 혼인신고를 하지 않아 법률상 혼인으로 인정되지 않는 사실상의 부부관계를 말한다. 사실혼도 동거·부양·정조의 의무가 있다. 단, 간통죄로 고소하는 것은 불가능하며 손해배상은 가능하다. 그러나 친족관계, 인척관계, 상속문제 등은 발생하지 않으며 사실혼 관계에서 출생한 자는 혼인 외의 자에 그친다. 그러나 사실혼의 경우 사고에 따른 손해배상청구권은 인정된다.

③ 국적법

49년간 부계 혈통주의를 채택해온 국적법이 1997년 정기국회에서 통과되어 '부계 혈통주의'를 포기하고 '양계 혈통주의'를 인정하게 됨으로써 부모 어느 한쪽이라도 우리 국적을 가진 경우 그 자녀는 우리 국민이 될 수 있게 되었다. 따라서 별도로 국적을 얻기 위한 귀화절차를 밟을 필요 없이 곧바로 출생신고만 하면 그 자녀도 우리 호적에 입적할 수 있게 되었다. 이로써 아버지가 우리나라 국적을 가지고 있어야만 그 아이도 우리나라 국적을 가질 수 있었던 성차별 규정이 사라지게 된 것이다. 그러나 개정안이 시행되기 위해서는 '자녀는 아버지의 성, 본을 따르고 부의 호적에 입적한다'라는 현행 민법과 호적법 관련 규정의 개정이 이루어져야 한다.

④ 혼인의 재산적 효과

부부간의 재산관계는 결혼 성립 전의 계약에 의해 자유로이 약정할 수 있는데, 이를 부부재산계약이라 한다. 그 약정은 정당한 사유가 있다고 법원의 허가를 받지 않는 한, 결혼 중에 변경되지 않고 그 계약의 내용에 따라 부부간의 재산관계를 규율한다(민법 829조). 민법에 부부재산계약에 관한 규정이 있기는 하지만 실제로는 우리나라에서는 부부재산계약이 체결되는 일이 매우 드물다. 계약을 하지 않은 경우 부부간의 재산관계는 민법이 규정한 대로 규율된다. 즉 법정재산제도에 따르게 되는 것이다.

법정재산제 규정에 의하면 부부 일방이 혼인 전부터 가진 고유재산과 혼인 중 자기의 명의로 취득한 재산은 각자의 특유재산으로 되고(민법 830조 1항), 그 특유재산은 부부가 각자 관리·사용·수익하도록 한다. 그리고 부부의 누구에게 속한 것인지 분명하지 않은 재산은 부부의 공유로 추정된다(민법 830조 2항). 이때 명의는 부부의 일방에 속해 있으나 실제로는 부부가 협력하여 형성한 재산인 경우에는 부부의 공유재산에 속한다고 볼 수 있다.

부부의 공동생활에 필요한 비용의 부담에 대해서는 당사자 간에 특별한 약정이 없으면 부(夫)가 이를 전담하도록 되어 있던 것을 부부가 공동으로 부담하도록 하였다(민법 833조). 공동생활에 필요한 비용이란, 의식주의 비용, 출산비, 장례비, 교제비 등을 포함하고 미성숙 자녀의 양육비, 교육비 등 부부생활에 필요한 모든 비용을 말한다.

부담의 형태로서 아내가 가사노동에 종사하는 것도 생활비용의 부담이 되는데 이것은 평등한 부부가 되도록 고친 것이다. 한편 아내의 가사노동을 공동생활비용의 실질적인 지출로 보고 이혼할 때에는 재산분할청구권을 행사할 수 있도록 하는 근거가 되는 것이다.

부부는 일상가사에 관하여 서로 대리할 수 있는 권한, 즉 일상가사대리권이 있으며(민법 827조) 이 대리권은 원칙적으로 일산의 가사와 관련해서만 인정된다. 가사로 인한 채무는 부부가 연대책임을 지도록 되어 있어 부부의 일방이 일상의 가사에 관하여 제3자와 법률행위를 한 때에는 다른 일방은 이로 인한 채무에 대하여 연대책임을 지게 된다(민법 832조). 즉 거래에 관여하지 않은 배우자도 갚을 책임이 있다는 것이다.

3) 이혼

이혼이란 법률상으로 유효하게 성립한 부부관계를 부부의 생존 중에 혼인을 해소시키는 것을 말한다. 이혼은 인위적으로 혼인관계를 해소한다는 점에서 부부 중 어느 일방의 사망에 의하는 자연적인 혼인관계 소멸과는 다르다.

이혼 방법에는 당사자가 합의해서 이혼하는 협의 이혼과 협의가 이루어지지 않아 법원에 심판을 청구해서 이루어지는 재판상 이혼이 있다.

① 협의 이혼

협의 이혼이란 부부 서로가 원해서 협의에 의해 이루어지는 것으로 부부 사이에 이혼하겠다는 의사가 일치하고 위자료, 재산분할, 자녀양육 문제 등에 대해서도 어느 정도 의견이 합치되었을 때 하는 경우이며, 그 원인은 묻지 않는다. 협의 이혼은 재판이라는 복잡한 과정을 거칠 필요가 없으며, 협의 이혼이 유효하게 성립하기 위해서는 당사자 사이의 이혼의사 합치와 혼인의 경우와 같이 이혼신고만 있으면 되는 간단한 절차이다. 이혼신고는 호적법이 정한 바에 의하여 당사자 쌍방과 성년자인 증인 두 사람이 연서한 이혼신고서 3통

(구청에 비치)을 작성한 후 부부가 함께 법원에 가서 비치되어 있는 협의 이혼 의사확인서에 필요한 부분을 기재한 뒤에 협의 이혼 신청을 하고 판사 앞에서 협의 이혼 의사확인을 받아 호적등본 1통, 협의 이혼 의사확인서 1통을 가지고 3개월 이내에 본적지 주소지에 이혼신고를 함으로써 이루어진다.

이혼신고가 혼인신고와 다른 점은 사전에 가정법원의 확인을 얻어야 하는 것인데(민법 836조 1항), 이 제도는 과거에 '협의'라는 미명하에 아내의 뜻과 상관없이 남편의 일방적인 의사에 의해 이혼신고가 되어 협의 이혼제도가 기처(棄妻)를 위한 수단으로 악용되는 것을 방지하기 위해 1977년 민법개정 시 도입된 것이다.

② 재판상 이혼

이혼에 관하여 협의가 이루어지지 않을 때 가정법원에 부부 중 한 사람이 이혼청구소송을 하여 법원의 판결에 따라 이혼하는 것을 재판상 이혼이라고 한다. 재판상 이혼은 단지 성격 차이 등의 이유로는 가능하지 않으며, 민법 840조에 규정된 사유에 해당되어야만 가능하다. 민법에서 규정하고 있는 재판상의 이혼사유는 다음과 같다.

㉠ 배우자에게 부정한 행위가 있을 때

부정한 행위란 간통을 포함하는 보다 넓은 것으로 부부의 정조의무에 충실하지 않은 일체의 행위를 의미한다. 그러나 혼인 전 정조의무는 해당되지 않는다. 또한 부정한 행위가 있더라도 다른 일방이 부정한 행위를 사전에 동의하거나 사후에 용서한 경우, 부정한 행위를 안 날로부터 6개월이 경과하거나 그 사유가 있는 날로부터 2년을 경과하면 이혼을 청구할 수 없다(민법 841조).

㉡ 배우자가 악의로 다른 일방을 유기한 때

악의의 유기란 정당한 사유 없이 배우자가 동거·부양·협조의 의무를 이행하지 않는 것을 말한다. 상대방을 내쫓거나 두고 나가버리는 것, 상대방으로 하여금 나가지 않을 수 없게 만든 다음 돌아오지 못하게 함으로써 동거에 응하지 않는 것 등이 해당되며, 유기에는 상당한 기간의 계속을 필요로 한다. 그러나 질병, 경제적 이유에 의한 돈벌이와 같은 정당한 이유로 일시적으로 동거하지 않는 것은 유기에 해당하지 않는다.

ⓒ 배우자 또는 그 직계존속으로부터 심히 부당한 대우를 받았을 때

남편이나 시부모의 학대, 상습적인 구타 등을 들 수 있으며, '부당한 대우'란 정신과 육체에 대한 학대나 명예에 대한 모욕이며 그 정도는 혼인생활의 계속이 고통스러울 정도를 말한다.

ⓓ 자기의 직계존속이 배우자로부터 심히 부당한 대우를 받았을 때

부당한 대우란 신체나 정신에 대한 학대 또는 모욕을 의미한다.

ⓔ 배우자의 생사가 3년 이상 분명하지 아니한 때

생사불명이란 생존도 사망도 증명할 수 없는 경우로 불명의 원인은 묻지 않으며, 3년 이상 생사불명일 것과 현재도 생사불명이어야 한다.

ⓕ 기타 혼인을 계속하기 어려운 중대한 사유가 있을 때

무엇이 이에 해당하는지는 구체적인 사건에 있어 법관이 판단하게 되는 것으로 구체적인 내용은 명시되어 있지 않으나, 위의 5개의 사유 외에 혼인관계가 심각하게 파탄되어 다시는 생활공동체를 회복할 수 없을 정도에 이르러 혼인을 계속하기 어려운 사유가 있을 때를 말한다. 예를 들어 범죄, 악질, 주벽, 도벽, 성불구, 의처증, 변태 등이 있으며, 불임, 혼전부정, 질투, 강간, 폐병 등은 그 원인이 될 수 없다. 이 경우 사유를 안 날로부터 6개월, 사유가 있는 날로부터 2년을 경과하면 이혼청구를 못한다.

③ 이혼의 효과

이혼을 하면 혼인이 해소되어 부부관계는 소멸한다. 따라서 혼인이 낳은 일체의 관계도 소멸하여 인척관계도 이혼으로 종료한다. 아내는 원칙적으로 그 친가에 복적하며(민법 787조 3항), 아내의 친가가 폐가(廢家) 또는 무후(無後)되었거나 기타 사유로 복적할 수 없는 경우에는 친가를 부흥하거나 일가(一家)를 창립한다(민법 737조 3항).

그러나 친자관계는 이혼으로 소멸하지 않는다. 자녀의 양육에 관한 사항은 이혼 당사자 간의 협의에 의하여 정하고, 협의가 되지 않거나 협의할 수 없는 때에는 가정법원이 당사자의 청구에 의해 자녀의 나이, 부모의 재산·상황, 기타 사정을 참작하여 양육에 필요한 사항을 결정하도록 되어 있다. 그러나 결정한 후라도 사정에 따라 가정법원은 당사자의 청구에 의하여 언제든지 양육에 관한 사항을 변경하거나 또는 다른 처분을 할 수도 있다(민법 837조).

그리고 개정법에서는 면접교섭권을 신설하여 이혼부부 중 자녀를 직접 양육하지 않는 부(父)나 모(母)가 그 자녀와 직접 만나거나 서신교환, 전화통화 등 서로 연락을 취하는 등 유대관계를 가질 수 있다. 그러나 면접교섭권을 인정한 결과 접촉을 하는 것이 오히려 자녀의 정서나 바른 성장에 해로울 수 있다. 이와 같이 자녀의 양육과 교육에 지장이 있을 때는 자녀의 복리를 위해서 필요할 때에는 가정법원에 청구하여 이 면접교섭권을 제한하거나 배제할 수도 있다(민법 837조 2항).

그리고 결혼 후 함께 노력하여 이루어놓은 재산은 명의가 누구이든 이혼할 때 서로 협의하여 나누어 가질 수 있다. 재산분할에 관하여 협의가 되지 아니하거나 협의할 수 없는 때에는 당사자가 가정법원에 재산분할을 청구하면 법원이 재산축적에 기여한 공로와 여러 가지 사정을 참작하여 그 분할의 액수와 방법을 정하도록 하였다. 이 재산분할청구권은 이혼한 날로부터 2년을 경과하면 소멸한다(민법 839조 2항).

4) 친자관계법

민법이 규정하는 친자관계는 자연의 혈연관계에 있는 친생친자관계와 법률에 의하여 친생친자관계에 있는 것처럼 의제되는 법정친자관계가 있으며, 친생친자관계에 있는 친생자는 혼인 중의 자와 혼인 외의 자로 나뉘고 법정친자관계는 양친자관계만 있다. 법정친자관계는 양친자관계 외에 계모자관계, 적모서자관계가 있었으나, 1989년 민법이 개정되어 계모자, 적모자관계를 삭제하여 법정친자관계를 폐지하고 인척관계로 하였다. 과거에는 혼인 외의 자녀와 적모, 전처소생 자녀와 계모 사이에 당연히 법정모자관계가 성립되었으나 개정법에서 이들 관계를 인척관계로 규정하며, 친생모자관계의 발생 여부는 당사자의 뜻에 따르도록 하고 상호 부양관계만 존속되고, 상속, 친권관계 등이 소멸하게 한 것은 합리적이라고 하겠다. 따라서 여기서는 혼인 중의 자와 혼인 외의 자 및 양자로 나누어 살펴보기로 한다.

① 혼인 중의 자

혼의 중의 자란 혼인관계에 있는 두 남녀 간에 출생한 자녀를 말하며 혼인 중에 포태한 자녀여야 하는데, 이는 혼인성립의 날로부터 200일 후 또는 혼인관계 종료의 날로부터 300일 이내에 출생한 자녀를 혼인 중에 포태한 것으로 추정한다(민법 844조). 부(父)의 친생자 추정을 받은 자녀는 추정을 받지 못한 자녀보다 그 지위가 안정되며 그 부(父)가 자기의 친생자인 것을 부인하기 위하여는 그 지위가 안정되며 그 부(父)가 자기의 친생자인 것을 부인하기 위하여는 조건이 엄격한 '친생부인의 소(訴)'에 의해서만 할 수 있지만, 친생자는 추정을 받지 못하는 자녀에 대한 부인을 하기 위해서는 조건이 엄격하지 않은 '친생자관계부존재확인의 소(訴)'로써 할 수 있다.

② 혼인 외의 자

혼인관계가 없는 남녀 사이의 출생자를 혼인 외의 자라고 하며, 약혼관계, 사실혼 관계, 무효혼의 관계 등의 남녀관계로 출생한 자녀 그리고 혼인 중에 출생한 자녀 중 친생부인의 소에 의해 부인된 자녀 등이 이에 속한다. 혼외자는 원칙적으로 어머니의 성과 본을 따르고 어머니의 호적에 입적된다. 그러나 아버지의 인지가 있으면 인지신고에 의하여 아버지와 혼인 외의 자 사이에 법률상의 친자관계가 발생하여 아버지의 호적에 입적하게 된다. 그리고 준정(準正)이라 하여 혼인 외의 자라도 부모가 후에 혼인하면 그 자녀는 혼인 중의 자녀로 된다.

③ 양자

양친자관계는 양친으로 될 사람과 양자로 될 사람 사이에 친자관계가 성립됨을 입양신고를 함으로써 성립된다. 입양이 성립되려면 실질적 요건과 형식적 요건이 구비되어야 한다.

양친자관계가 성립하기 위한 실질적인 요건은 다음과 같다.

- 당사자 간의 입양 합의가 있어야 한다.
- 양친은 성년자여야 한다.
- 양자가 될 자가 15세 미만인 경우에는 법정대리인이 그에 갈음하여 입양승낙을 한다.
- 양자가 될 자가 성년에 달하지 못한 경우에는 부모 또는 다른 직계존속이 없으면 후견인의 동의를 얻어야 하며, 후견인이 동의를 할 경우에는 가정법원의 허가를 받아야 한다.
- 양자가 될 자는 성년일지라도 부모의 동의를 얻어야 한다. 부모가 동의할 수 없는 때에는 다른 직계존속의 동의를 얻어야 한다.
- 후견인이 피후견인을 양자로 하는 경우에는 가정법원의 허가를 얻어야 한다.
- 배우자가 있는 자가 양자를 할 때에는 배우자와 공동으로 하여야 하며, 배우자가 있는 자가 양자가 될 때에는 다른 일방의 동의를 얻어야 한다.
- 양자는 양친의 존속 또는 연장자가 아니어야 한다.

형식적인 요건은 호적법이 정한 절차에 의해 당사자 쌍방과 성년자인 증인 두 사람 그리고 양자의 친부모가 연서한 서면으로 입양신고를 해야 법적으로 그 효력이 생긴다.

입양의 효과는 입양에 의해 양자와 양부모 및 그 친족 간에는 친족관계가 성립되며 서로 부양관계 및 상속관계가 생기고 미성년자인 양자는 양부모의 친권에 복종하게 된다. 그러나 입양은 양자부모와의 친자관계 등 종래의 친족관계에는 영향을 미치지 않아 종래의 친족관계를 그대로 유지한다. 그리고 양자는 입양 후 양부모의 성으로 바뀌지 않으나, 예외로 입양특례법에 의해 보호시설에 맡겨진 아이를 입양할 때에는 양친의 성을 따를 수 있다.

5) 친족관계 일반

친족관계는 혈연을 기초로 하여 생기며, 무한정으로 확대되어나갈 수 있다. 그러나 친족관계에서 사회적·법률적으로 일정한 한계를 긋고 법률상 인정되는 친족관계에 대해서는 친족이란 신분에 의하여 부양관계, 상속관계 등 여러 가지 가족법상의 권리의무를 가지게 된다.

① 친족의 종류 및 범위

친족의 종류에는 혈족, 배우자, 인척이 있다. 이러한 친족관계는 출생, 입양, 혼인에 의하여 발생하고, 사망, 파양, 이혼에 의하여 소멸하는 것이 원칙이다.

혈족이란 서로 혈연의 연결이 있는 사람을 말하며, 법정 혈족은 사실상 혈연관계가 없지만 민법상 인정되는 입양에 의해 생기는 양친자 관계가 있다. 민법 개정 이전에는 계모자 관계와 적모서자 관계도 법적혈족으로 인정되었으나 현재는 이를 모두 인척으로 하도록 개정되어 양친족 관계만이 법정혈족에 속한다.

배우자란 혼인에 의하여 결합된 남녀를 말하며, 혼인신고를 마친 법률혼을 의미한다. 그러므로 혼인신고를 하지 않고 사는 사실혼 부부는 배우자가 아니다.

인척은 혈족의 배우자, 배우자의 혈족, 배우자의 혈족의 배우자가 있다. 인척관계는 혼인에 의하여 성립되므로 그 혼인이 무효이거나 취소된 경우, 이혼한 경우, 배우자 일방이 사망한 후 생존한 배우자가 재혼한 경우에는 인척관계가 소멸한다.

민법상의 친족의 범위는 8촌 이내의 혈족, 배우자, 4촌 이내의 인척으로 되어 있다. 1989년 민법 개정 이전에는 친족의 범위가 '8촌 이내의 부계혈족, 남편의 4촌 이내의 모계혈족인 인척, 장인, 장모'로 규정되어 있다. 그런데 남녀평등의 원칙에 반한다는 비판에 따라 남녀평등한 친족범위를 인정하여 부계, 모계 모두 8촌 이내의 혈족, 혼인으로 발생한 인척관계도 남편과 아내 모두에게 4촌 이내의 부계, 모계혈족으로 조정되었다.

② 호주승계제도

호주제도는 가부장제 가족제도의 특징인 가족집단을 통솔하기 위한 호주의 지배권과 그에 복종하는 가족구성원 간의 지배복종의 규율을 위한 것으로 개정안에서는 폐지하기로 되어 있었으나 국회의 심의과정에서 호주제도를 존치하되 호주상속제도를 호주승계제도로 하고 유명무실한 호주의 권리와 의무를 대부분 삭제하는 것으로 되었다.

- 호주승계권은 강제되지 않으며 포기할 수 있다(민법 991조). 의무적으로 호주를 상속하게 되어 있던 것이 당사자의 의사에 따라 결정할 수 있게 되어 장남도 호주승계를 포기할 수 있고 분가를 하거나 다른 집에 양자로 갈 수도 있다. 호주승계의 순위는 직계비속남자(아들), 직계비속여자(딸), 처, 직계존속여자(어머니), 직계비속의 처(며느리)의 순이다. 또 가(家)를 위한 양자제도로서 사후양자, 서양자, 유언양자, 호주의 파양불가 등이 삭제되었다.
- 호주승계권의 경우에 태아의 지위가 인정되지 않으며, 장남이 없으면 장손이 호주상속을 하던 대습상속제를 인정하지 아니한다.
- 여호주의 가(家)에 그 가(家)를 계통할 남자가 입적하더라도 호주의 지위를 상실하지 않고 본인의 의사에 따라 호주의 지위를 계속 보유할 수 있다(민법 980조 4항).
- 양부와 이성인 양자도 호주승계인이 될 수 있다(민법 984조).
- 호주의 권리는 이제 유명무실해졌으며, 특히 고유상속분의 5할을 가산받던 특권이 상실되었고 분묘 등의 승계권은 제사를 주제할 사람에게 이전됨으로써 이제 호주는 상징적인 존재에 지나지 않는다.

6) 상속법

상속은 사망으로 인하여 개시된다. 즉, 어떤 사람(피상속인)의 사망으로 인하여 그 사람의 재산이 다른 사람(상속인)에게 이전되는 것을 말한다. 개정 전 민법에서는 재산상속과 함께 호주상속도 상속으로 다루었으나 현행법은 호주상속이 호주승계로 바뀜에 따라 친족법에서 규율하고 있다.

사람이 재산을 남기고 사망을 했을 때 그가 소유했던 재산을 누구에게 얼마만큼씩 물려주느냐 하는 것이 재산상속의 문제이다. 재산상속에는 사망자의 뜻에 따라 상속되는 유언상속과 유언이 없을 때 법률이 정한 바에 따라 상속인과 상속분이 정해지는 법률상속이 있다.

① 상속의 범위

재산을 물려받을 상속인의 범위는 직계비속과 배우자, 직계존속, 형제자매, 4촌 이내의 방계혈족으로 과거 8촌에서 4촌으로 축소되었다. 현실에 맞지 않게 너무 넓은 범위까지 상속인으로 정하던 것을 합리적으로 조정·축소한 것이다.

② 상속의 순위

피상속인이 자신의 재산에 관하여 특별한 유언 없이 사망한 경우에 상속인 사이의 분쟁을 막기 위하여 법률에 의하여 상속 순위를 정해놓고 있다.

민법상의 상속 순위를 보면, 상속의 제1순위자는 피상속인의 자녀, 손자 등 직계비속과 배우자이다. 이때 배우자는 반드시 혼인신고를 한 법률상의 부부를 말한다. 따라서 혼인신고가 되어 있지 않은 사실혼의 배우자는 법정상속인이 될 수 없다. 자녀와 배우자 중 자녀는 없고 배우자만 있을 때는 그 배우자는 제2순위의 상속인인 부모와 공동으로 상속하게 된다.

제2순위자는 부모, 조부모 등 직계존속으로 제1순위인 상속인, 즉 아들과 딸이나 배우자가 없을 때는 부모와 조부모 등이 상속인이 된다. 직계존속이 여러 명 있으면 최근친 직계존속이 선순위이며, 촌수가 같은 직계존속은 공동으로 상속인이 된다.

제3순위자는 피상속인의 형제자매이다.

제4순위자는 4촌 이내의 방계혈족으로 피상속인의 아들, 딸과 같은 직계존속, 배우자, 부모와 같은 직계존속 및 형제자매가 없는 경우에만 상속인이 되고, 촌수가 같은 사람이 여러 명이 있으면 모두 공동상속인이 된다.

제4순위까지의 상속인이 없을 때에 과거에는 그 재산은 2년 이상의 상속인 수색공고기간을 거쳐 상속인이 없는 것으로 확정되면 국가에 귀속되었으나, 현행법은 상속인이 없을 경우 피상속인과 최후까지 생계를 같이하고 있던 사람이나 그를 요양하고 간호했던 사람 또는 그 밖에 특별한 연고가 있던 사람에게도 전부나 일부를 나누어줄 수 있는 규정이 신설되었다(민법 1057조 2항). 예컨대 부부로 살아왔으나 혼인신고가 없었던 경우, 입양신고 없는 양자의 경우, 또는 특별히 보살피는 친구나 양로원이 있는 경우에 이들은 재산의 전부 또는 일부에 대하여 분할청구를 할 수 있다. 다만 이러한 청구가 있더라도 가정법원의 자유재량에 의한 심판에 의하여 결정되며, 상속인이 없는 것으로 결정된 후 2개월 이내에 가정법원에서 재산분배청구를 해야 한다.

③ 상속분

상속분에 있어서 같은 순위의 상속인 사이에는 남자이든 여자이든 혼인을 하였든 하지 않았든 간에 똑같은 몫을 받도록 균등하게 상속분이 정해져 있으며(민법 1009조 1항), 호주상속인에게 5할을 가산해주던 제도는 없어졌다. 그리고 피상속인의 배우자 상속분은 직계비속과 공동으로 상속하는 때에는 직계존속의 상속분의 5할을 가산한다(민법 1009조 2항). 또한 대습상속권이 남편과 아내 모두에게 인정되어 아내가 자녀 없이 사망한 후 남편도 장인, 장모와 공동으로 아내의 재산을 상속했으며, 처가 사망한 후 남편이 재혼하지 않고 있는 동안 장인, 장모가 사망한 경우 처가 받을 상속분을 남편도 상속하게 된다.

그리고 기여분제도와 특별연고자에 대한 분여가 인정되고 있는데, 기여분제도란 공동상속인 가운데 피상속인의 재산 유지나 증가에 대하여 특별히 기여를 했거나, 피상속인을 특별히 부양한 자가 있는 경우에는 상속인들이 협의하여 그 사람에게 자기의 고유 상속분에 기여한 만큼의 재산을 가산해주는 제도이다(민법 1008조 2항). 즉 아버지의 사업을 크게 도운 아들이나, 남편과 공동으로 가게를 운영한 경우 또는 아버지의 병간호를 한 아들의 경우에 해당된다. 그러나 사실혼의 배우자 등은 상속인이 아니므로 기여분 권리자가 아니다.

또한 특별연고자에 대한 분여제도는 상속인이 없을 경우, 국고에 귀속시키기 전 단계에서 인정되는 제도이다. 상속인이 없을 경우 피상속인이 생계를 같이하였거나 요양간호를 한 자, 기타 피상속인과 연고가 있는 자에게 상속재산의 전부 또는 일부를 나누어줄 수 있는 제도이다(민법 1057조 2항).

전 재산을 제3자에게 준다고 유언을 했을 경우, 유류분제도가 있어 법률상 반드시 보류하지 않으면 안 되는 유산의 일부분(법제 1112~1115조)으로 유언으로도 마음대로 처분될 수 없는 일정한 몫을 피상속인의 직계비속, 배우자, 직계존속, 형제자매에 한하여 인정되며, 피상속인의 직계비속과 배우자의 유류분은 법정상속분의 2분의 1을, 직계존속과 형제자매의 유류분은 법정상속분의 3분의 1을 받을 수 있다.

혼인신고 없이 살아온 사실혼 배우자는 상대 배우자의 재산을 상속받을 수 없다. 그러나 사실혼 배우자에게 자녀, 부모, 형제자매, 4촌 이상의 방계혈족이 없을 때는 특별 연고자로서 상속재산의 일부 또는 전부를 받을 수 있다.

④ 상속 포기 및 승인

상속의 효력은 상속인의 의사와 관계없이 생기는 것이다. 상속재산에는 빚도 포함되므로 상속재산의 채무가 많을 경우에는 도리어 상속인에게 부담이 되므로 상속인을 보호하기 위하여 상속의 승인과 포기제도를 두어 상속인의 의사에 따라 상속개시일로부터 3개월 이내에 선택의 자유를 인정하고 있다.

상속의 승인에는 피상속인의 권리의무(자산과 부채 등 모두)를 승계하는 단순승인과 물려받을 재산의 한도 내에서만 빚을 갚겠다는 조건으로 상속을 승인하는 한정승인이 있다.

상속의 포기란 상속인이 자신과의 관계에서 상속의 권리와 의무 승계를 소멸시키는 것을 말하며, 사망한 날로부터 3개월 이내에 가정법원에 상속포기 신고를 해야 채무변제 의무에서 벗어날 수 있다.

⑤ 유언방식

우리나라에서는 만 17세가 넘으면 자유로이 유언을 할 수 있다. 그러나 유언은 유언자가 사망한 후에 효력이 발생하므로 그 내용이 유언자의 진의(眞意)인가의 여부와 유언이 있었는가의 여부를 확인하는 것이 곤란하다. 따라서 유언의 형식을 엄격히 하여 민법이 정한 일정한 형식을 갖추어야만 법적효력이 발생하게 되며, 그 이외의 것은 효력을 인정치 않고 있다. 민법이 인정하는 유언의 방식에는 다음의 다섯 가지가 있다.

㉠ 자필증서에 의한 유언

유언 중에서 가장 간단한 방법으로 유언자가 유언의 전문(全文)과 연월일, 주소, 성명을 자기 스스로 쓰고 날인하는 것이다.

ⓛ 녹음에 의한 유언

유언자가 유언의 내용과 그 성명 그리고 연월일을 구술하여 녹음하고, 이에 참여한 증인이 유언의 정확함과 그 성명을 구술하여 녹음하는 것이다.

ⓒ 공정증서에 의한 유언

공정증서에 의한 유언은 증인 2명이 참여한 가운데 유언자가 공증인 앞에서 유언의 내용을 구수(口授)하고, 공증인이 유언자의 구술을 필기하여 이것을 유언자와 증인 앞에서 낭독하고, 필기가 정확함을 유언자와 증인이 승인한 후 각자 서명 또는 기명을 하고 날인을 하는 것이다.

ⓔ 비밀증서에 의한 유언

유언은 명확히 해두고 싶지만 그 내용을 자기의 생전에 비밀에 붙이고 싶은 경우에는 비밀증서의 방식에 의할 수 있다. 이 증서는 유언자 자신이 쓸 필요가 없고, 유언자가 필자의 성명을 기입한 증서를 봉투에 넣어 봉한 다음 날인하고, 이것을 두 사람 이상의 증인 앞에서 제출하여 자기의 유언증서임을 표시한다. 그리고 그 봉투에 제출년월일을 기재하고 유언자와 증인이 각자 서명 또는 기명을 하고 날인을 하는 것이다.

ⓜ 구수증서에 의한 유언

이 유언은 질병, 기타 급박한 사유로 인하여 앞의 네 가지 방식에 의하여 유언할 수 없는 특별한 경우에만 인정되는 것이다. 이 형식의 유언은 두 사람 이상의 증인 참여하에 그중 한 사람에게 유언의 내용을 구수하고, 그 구수를 받은 사람이 이를 필기낭독하여 유언자와 증인이 그 정확함을 승인한 후 각자가 서명 또는 기명날인하는 것이다. 이 유언은 그 증인 또는 이해관계인이 급박한 사유가 끝난 날로부터 7일 이내에 법원에 그 검인을 신청해야 한다.

유언은 위와 같은 요건을 갖추어야만 유언자가 유언을 한 대로 효력을 발생하게 하고, 만일 요건을 제대로 갖추지 못할 경우에는 유언의 효력이 없어지므로 법이 정한 상속지분에 따라 상속을 하게 된다.

한편, 유언자는 자신의 유언내용을 변경하고 싶으면 사망하기 전에 언제든지 유언내용을 바꿀 수 있고, 이때에는 맨 마지막에 작성한 유언장만 효력이 있다.

3 임신과 출산

결혼관의 변화에 따라 자녀관도 변하고 있다. 전통사회에서 당연시되었던 자녀출산이 선택의 문제로, 자녀 수도 점차 감소하는 경향으로 변화하고 있다. 그러나 이와는 대조적으로 출생성비는 아직도 불균형을 보이고 있다(정옥분·정순화, 2014).

1) 자녀출산

전통사회에서 혼인은 두 남녀의 애정적 결핍이라는 의미보다는 집과 집, 가족과 가족, 가문과 가문의 결합이라는 인식이 지배적이었다. 그 결과 혼인이 가장 중요한 목표 가운데 하나는 대를 이을 자녀를 출산하는 것이며, 자녀를 출산하지 못하는 것은 '칠거지악' 가운데 하나로 간주될 만큼 자녀의 출산, 특히 남아의 출산은 중요한 결혼의 목표였다. 아직도 대다수의 결혼한 부부들은 자녀출산을 희망하고 있으나 자녀출산에 대한 태도에서는 많은 변화가 나타나고 있다.

가장 두드러진 변화는 아들을 통한 가계계승과 노후의존도가 점차 약화되어가고, 자녀양육 자체에 대한 보람과 자녀를 통한 자기실현보다는 직업을 통한 자기실현에 보다 의미를 두는 경향이다. 모성본능을 강조할 만큼 양육기능을 강조하던 여성들이 자기의 성취에 더 큰 비중을 두면서 부모됨은 하나의 선택의 문제로 변화하게 되었다. 노부모들도 결혼한 장남과 동거하기를 희망하기보다 경제적으로 독립해서 따로 살기를 희망하며 자녀에 대한 노후의존도도 점차 약화되어가고 있다. 또한 사회구조가 급격하게 변화하면서 부모와 자녀로 구성된 기존의 가족형태에 반기를 드는 사람이 증가하고 있다. 그 결과 자녀를 출산하는 것은 하나의 선택이라는 인식이 보다 보편화되고 있다.

결혼적령기가 되면 결혼을 해야 하고, 결혼을 하면 아이를 낳아야 하고, 아이를 낳았으면 어머니가 집에서 아이를 돌보아야 한다는 전통적인 의미의 결혼은 점차 빛을 잃어가고 있다. 결혼은 어디까지나 개인 선택의 문제이며, 결혼 이후의 자녀출산이나 양육도 선택의 문제이며 끊임없는 의사결정과 상호 간의 합의를 필요로 하는 것으로 인식되고 있다.

2) 자녀 수

자녀출산도 선택의 문제로 변화했지만 동시에 희망하는 자녀 수도 현저하게 감소한 것으로 나타났다. 2004년 통계청이 발표한 '2003년 출생 사망통계'에 따르면 한국의 가임 여성 출산율은 1970년 4.53명에서 2020년에는 0.84명으로 하락하였으며, 이는 2000년대 들어와서 계속 1.5명 이하로 떨어지다가 1명 이하로 떨어진 수치로 세계에서 가장 낮은 수준이다(통계청, 2021). 이 같은 감소폭은 비슷한 기간의 일본이나 미국 등 세계 여러 나라의 출산율 감소폭에 비해 훨씬 큰 것으로 나타났다. 이와 같이 낮은 출산율로 인해 고령사회로 진입하는 속도도 다른 선진국보다 빨라 성장잠재력을 약화시키는 요인으로 작용하고 있다.

최근 정부나 지자체가 여러 가지 출산장려정책을 펼치고 있으나 오히려 출산율은 상승 기미를 보이지 않고 계속 하락하는 것으로 나타나고 있다. 이러한 출산율 하락에는 여러 요인이 영향을 미치는 것으로 나타나고 있으나 그 가운데 경제적인 요인이 가장 큰 비중을 차지한다. 자녀를 키우는 데 소요되는 비용의 증가로 인해 자녀에게 풍요로운 환경을 제공해주지 못하는 상황에서 출산율을 가급적 최저수준으로 조절하려는 경향을 보이고 있다. 그 외에도 탁아시설 부족, 직업적인 성취, 여가생활이 방해받는다는 것과 같은 여러 가지 이유로 자녀를 두지 않기로 결정하는 부부의 비율이 점차 증가하고 있다. 또한 만혼이나 환경오염 등 여러 가지 이유로 인해 자녀를 갖고 싶어도 갖지 못하는 불임 부부의 비율도 점차 증가하고 있다.

3) 출생 성비

자녀출산율과 대조적으로 출생성비에서는 여전히 가부장적 가족이념의 잔재가 나타나고 있다. 소 자녀화로 자신의 인생을 보다 중요시하는 경향과 아울러 아직도 아들을 낳아야 한다는 의식이 혼재하는 양상을 보여주고 있다.

2004년 통계청이 발표한 '2003년 출생 사망통계'에 따르면 여아 100명당 남아의 출생비율은 1990년 116.5명에서 점차 줄어 2003년에는 108.7명으로 정상 성비(105±2)에 근접하고 있으나, 아직도 남아의 비율은 다소 높게 나타났다. 2020년 현재 여아 100명당 남아의 출생비율은 104.9로 정상 성비에 속한다.

해마다 태어나는 남아와 여아의 수에 현저한 변화가 있을 때 '결혼상대자 부족 현상(marriage squeeze)'이 나타나게 되며, 이러한 출생에서의 성비의 불균형으로 인해 앞으로는 당분간 신부난(難)이 문제가 될 것으로 보인다. 이는 특히 지속적으로 감소하고 있는 우리나라의 낮은 출산율이나 독신이나 만혼을 선택하는 여성의 비율이 증가하는 것으로 인해 더욱 문제가 될 수 있으며, 앞으로 초혼 남성과 재혼 여성 간의 결혼은 더욱 증가하는 요인으로 작용할 수 있다.

4 가족관계

1) 부부 하위체계

가족은 두 사람의 성인이 부부체계를 이루면서 시작된다. 부부는 각자 원가족의 영향에서 어느 정도 독립적이고 적절히 분화되어야 하며 어느 한쪽의 희생이 아닌 각자의 능력, 자원, 고유성을 서로 존중하고 지원함으로써 서로의 자아실현과 성장을 위해 함께 노력해야 한다. 또한 부부, 자녀 외부로부터 분리되는 경계선을 가지고 있어서 건강한 부부 하위체계를 유지해야 하며 이는 가족 내 위계질서 확립의 기초가 된다. 부부 하위체계의 주요 기능은 성, 사랑, 친밀감이며 협상과 조정을 통해서 건강한 체계를 유지할 수 있다(한재희 외, 2013).

2) 부모-자녀 하위체계

부모-자녀 하위체계는 아버지와 아들 혹은 딸, 어머니와 아들 혹은 딸과 같이 세대가 다르게 구성된 체계를 말하는데, 이 체계의 중요한 기능은 가족 내의 위계구조 확립에 있다. 가족은 민주주의가 아니며, 권위와 통제가 적절하게 사용될 필요가 있어서 이를 통해 가족 구성원 모두가 행복하고 발전적으로 기능할 수 있다. 만일 지나치게 통제적인 부모가 중심이 되는 가족의 경우 그 자녀는 독립적인 존재로 성장하기가 어렵고 그 과정에서 부모와 갈등을 겪으며 역기능적인 부모-자녀관계를 형성하게 된다. 반대로 자녀가 중심이 되는 가족의 경우 부모-자녀 하위체계에 의해 부부관계가 약화되면서 자녀에게 건강한 성인관계의 모형을 보여주지 못하는 경우가 발생할 수도 있다(한재희 외, 2013).

3) 원가족의 배우자로 인해 확대된 가족의 의미

Levi-Strauss(1956)는 보다 포괄적으로, 동시에 생물학적인 관점보다는 사회적인 관점에서 "가족은 결혼으로 시작되며 부부와 그들 사이에 출생한 자녀로 구성되지만 이들 이외에 가까운 친척이 포함될 수 있다. 가족구성원은 법적 유대 및 경제적, 종교적인 것 등의 의무, 성적 권리와 금기, 애정, 존경 등의 다양한 심리적 정감으로 결합되어 있다"라고 정의하였다.

우리나라에서도 가족에 대한 다양한 개념적 접근이 이루어졌다. 최재석(1982)은 가족을 "가계를 공동으로 하는 친족집단"으로, 김두헌(1995)은 "일반적으로 영속된 결합에 의한 부부와 거기에서 생긴 자녀로 구성된 생활공동체"로 정의하고 있다. 우리나라의 민법 제779조에는 가족을 "호주의 배우자, 혈족과 그 배우자, 기타 본 법에 의하여 그 가(家)에 입적한 자"로 규정하고 있다(정옥분 · 정순화, 2014).

4) 사회의 변화와 가족문화

한국가족은 그 형태나 이념, 가치관, 기능에서 상당한 변화를 보이고 있으며, 그 변화의 전반적인 추이를 살펴보면 다음과 같다.

첫째, 가족형태에서 한국 가족은 양계 방계가족으로부터, 부계 직계가족, 부부중심의 핵가족으로 변화해왔으며, 최근에는 핵가족을 중심으로 다양한 형태의 가족들이 공존하고 있다.

둘째, 가족이념에서는 집(家)의 관념과 부자관계가 중시되고 부부유별을 표방하는 전통적, 유교적 가족이념에서, 도구적 가족이념과 정서적 가족이념을 근거로 한 근대적 가족이념으로 변화해왔으며, 최근에는 부부관계의 불안정성, 역할을 탈분화와 소비자지향성을 중심으로 다양한 가족이념이 혼재해 있는 상황이다.

셋째, 가족가치관에서는 결혼관, 자녀관, 가족부양관에서 여러 가지 변화가 나타나고 있으며, 그 변화의 방향은 전통적인 가족주의보다는 개인의 선택을 중시하고, 보다 다양성과 유연성을 강조하는 방향으로 나아가고 있다.

넷째, 가족기능에서는 영역별로 차이는 있으나 전반적으로 약화되는 경향을 보이고 있다.

이러한 변화는 사회변화에 따른 불가피한 현상이며, 전 세계적인 현상이지만 변화의 한국에서 드러나는 가족문화의 특징에서 특별히 주목해볼 부분은 변화의 속도, 세대차, 성차, 문화차 등이다.

1) 변화의 속도

우리나라 가족의 변화에서 나타나는 특징 가운데 하나는 그 진행속도가 빠르다는 점이다. 세계화·정보화 과정을 통해 빠른 속도로 다양한 형태의 가족이념들이 유입되고 있을 뿐 아니라 이처럼 빠른 속도로 유입되는 다양한 가족이념이나 가치관은 하나의 구심점이나 합의점을 찾아내지 못한 채 혼돈상황을 만들고 있다.

변화의 속도가 전반적으로 빠를 뿐 아니라 가족제도와 사회제도, 가족구조와 이념 간 변화속도의 불일치 현상도 문제점으로 나타난다. 이러한 변화의 속도 차이로 인해 한국 가족은 두 가지 지체현상을 나타낸다. 하나는 가족제도의 변화와 사회제도의 변화 간에 나타나는 지체현상이고, 다른 하나는 가족 자체 내의 구조와 이념 간에 존재하는 지체현상이다.

급격한 산업화는 인간관계에 급격한 변화를 가져왔다. 그러나 이처럼 사회가 급변하는 데 비해 가족은 천천히 변해 전반적인 사회변화와 가족의 변화 간에 지체현상이 발생하게 된 것이다. 가족이 이러한 사회구조의 변화에 적절히 적응하지 못함으로써 이혼율의 증가, 청소년 비행, 가족구성원 간의 세대차 및 갈등의 문제가 발생하고 있다. 또한 가족 자체 내의 변화에서도 구조와 이념 간에 불일치가 존재한다. 가족의 구조적 측면은 서구의 부부중심 가족과 유사한 핵가족화가 이루어졌으나 이념에서는 아직도 전통적인 가부장적 이데올로기를 벗어나지 못한 상태이다. 따라서 남성우월주의, 남아선호사상, 성차별문화, 개인보다 집을 중요시하는 가족이념이 가족구성원들의 의식 및 행위를 좌우하고 있는 것이다. 이러한 전통적 가치관은 현대사회에서 요구하고 있는 합리주의, 개인주의, 민주주의 이념 등과 상치되는 것으로 가족구성원들 간의 갈등을 조장하고 있다(장상희, 1993). 이러한 전통적인 가족이념과 서구적인 가족이념이 공존함으로써 여러 가지 가족문제를 발생시키고 있다.

그러므로 가족구성원 모두가 가족구조와 이념 간의 일치점을 찾고자 하는 노력이 필요하다. 동시에 사회변화에 대한 수용수준을 적절히 조절함으로써 사회변화와 가족의 변화 간에 구심점을 찾고자 하는 노력도 필요하다.

2) 세대차

우리나라 가족의 변화에서 나타나는 또 다른 특징은 가족이념이나 가치에서 나타나는 연령별 수용도의 차이가 크다는 점이다. 가족개념의 인식에 대한 연구결과, 중년세대는 청년세대에 비해 가족의 범위를 혈연성이나 부계 친족에 국한해서 인식하는 경향이 높은 반면, 청년세대는 무자녀, 비혈연, 별거, 입양아, 모계 친족 등 최근에 나타나는 다양한 가족유형을 가족으로 수용하는 정도가 중년세대보다 높게 나타난다(이영숙·박경란, 2002). 가족가치관에서도 유사한 차이를 보이고 있으며, 이러한 세대 간 차이는 노년과 중년세대

간의 차이보다 중년과 청소년 세대 간의 차이가 더 크게 나타난다(김경신 외, 1998). 이처럼 가족가치관이나 변화를 보는 시각에서 근본적인 차이가 있어 가족원 사이의 갈등을 유발하는 요인으로 대두되고 있다. 보다 전통적인 가족이념을 가진 세대와 근대적인 가족이념을 가진 세대, 탈근대적인 가족이념을 가진 세대 간의 차이가 뚜렷하여 이들이 지향하는 가족가치에서도 큰 차이가 나타난다. 그 결과, 가족이념이나 가치에서 전통가족 모델을 고수하는 조부모 세대, 핵가족의 형태로 생활하면서 근대적 가족이념과 가치를 고수하는 부모 세대, 다양한 가족형태와 동시에 탈근대적 가족가치를 지향하는 자녀세대 간에 세대 간 충돌이 나타나고 있다. 전통적 가치와 근대적 가치, 탈근대적 가치가 동시에 공존하면서 세대 간의 합의점을 찾지 못하여, 이를 일종의 아노미(anomie) 현상으로 보기도 한다.

3) 성차

가족의 변화에 대한 성차는 보다 뚜렷하게 나타난다. 대학생을 중심으로 한 연구에서 문화적 다양성에 민감한 대학생들조차도 전통적 가족의식에서 자유롭지 못하며 가족의식에서의 차이가 큰 것으로 나타났다. 남학생은 전통적 가치에 대해 보다 유보적인 반면, 여학생은 이를 거부하는 경향이 두드러지게 나타난다(옥선화, 1998). 한국 대학생들은 가족의 범위에서는 핵가족을 그 경계로 의식하며 가족구성의 제1원리로 사랑과 정서적 유대를 꼽고 있다는 점에서 가족의식은 다분히 근대성을 지향한다. 이들은 전통적 가족주의의 특성인 가부장권에 대해 더 이상 동의하지 않으나 부모부양의식, 부모와의 동거, 결혼을 당사자만의 결합으로 보지 않는 점에서 전통성을 유지하고 있다. 그러나 이러한 전반적인 의식에서 남녀별 성차는 상당히 크게 나타난다.

남녀 간에 나타나는 이러한 차이는 결혼 이후 가족생활에서 상호 간의 역할기대와 수행에서의 불일치를 초래하는 요인이 되고 있으며, 결과적으로 가족 내의 갈등을 심화시키고 응집력을 약화시키는 요인으로 작용하고 있다. 우리 사회의 높은 이혼율이나 가정불화는 여성만 변화하고 남성은 변화하지 않은, 또는 여성의 변화속도는 너무 빠르고 남성은 이에 따라가지 못하는 데서 비롯되는 가족 내의 갈등상황의 단면을 보여주는 것이다.

4) 문화적 차이

우리나라 가족의 변화의 주된 방향은 서구와 마찬가지로 개인주의적 가치를 지향하고 있다. 그러나 한국의 개인주의는 서양의 개인주의와는 차이가 있다. 가족주의, 혈연주의, 집단주의가 강하게 작용하는 사회문화적 환경에서 성장하여 개인주의적 사고를 제대로 소화시키지 못한 상태에서 개인주의적 자치나 이념을 여과 없이 받아들임으로써 문제는 보다 심각해진다.

서구의 개인주의는 타인에 대한 배려와 존중, 그리고 자신에 대한 책임을 기반으로 하는 데 반해 한국의 개인주의는 집단 내부와 외부에 적용하는 윤리규범이 이중적으로 적용되는 가족 이기주의 내지 집단 이기주의적 특성이 강하게 나타난다. 가족이나 집단내부의 성원에게는 '팔이 안으로 굽는' 관용성을 보이는 반면, 가족이나 집단외부의 성원에 대해서는 극단적인 비난의 태도를 보이거나 무관심한 태도를 보이게 된다(신수진, 1998).

이러한 우리의 배타적인 개인주의 특성으로 인해 세대 간 갈등이나 차이는 상호 간의 이해나 통합을 위한 구심점을 마련하지 못하고, 갈등을 증폭시키기는 요인이 되며, 이는 가족 내의 문제뿐 아니라 전반적인 사회문제로 확산된다(정옥분 · 정순화, 2014).

02 다양한 가족유형

1 전형적인 가족유형

가족유형은 가족구성원의 범위나 가족 내에서의 권위의 소재, 가계계승, 거주규정, 배우자의 수 등에 따라서 다양하게 분류할 수 있다.

1) 가족구성원의 범위에 따른 분류

가족을 분류하는 가장 기본적인 범주 가운데 하나는 가족구성원의 범위에 따른 분류이다. 가족구성원의 범위에 따라 가족형태는 확대가족(extended family)과 핵가족(nuclear family)으로 분류할 수 있다.

핵가족은 가장 단순한 가족형태로서 부부와 그들의 미혼 직계자녀들로 구성되며 기본적으로 2세대로 한정된다. 인류학자인 Murdock(1949)은 250개 사회의 가족형태를 고찰한 결과, 결혼한 부부와 그들의 자녀들로 구성된 핵가족이 가장 흔한 형태이며, 역사와 지역을 초월한 부부와 그들의 자녀들로 구성된 핵가족이 가장 흔한 형태이며, 역사와 지역을 초월한 보편적인 가족형태라고 주장하였다. 이런 의미에서 핵가족을 요소가족, 단순가족, 부부가족(conjugal family) 또는 개별가족이라고도 한다.

확대가족은 핵가족이 종횡으로 연결된 것으로, 자녀가 결혼한 후에도 그들의 부모와 동거하는 가족형태를 말한다. 그 가운데 한 명의 결혼한 아들가족만이 부모와 동거하는 가족을 직계가족(stern family), 2인 이상의 결혼한 아들가족이 부모와 동거하는 형태를 방계가족(collateral family), 방계가족의 제일 윗세대가 사망하여도 아들들이 계속해서 하나의 가족을 이루고 사는 형태를 복합가족(joint family)이라고 하며, 직계가족과 방계가족, 복합가족을 통합하여 확대가족(extended family)이라고 한다. 직계가족은 원칙적으로 장남, 장손이 본가에 남아 부모와 동거하며 가계를 계승하고 그 외의 아들은 분가하는 형태를 말한다. 반면 방계가족의 한 가족 내에 여러 세대의 가족이 부모자식 간의 관계, 형제관계로 연결된 형태이다. 우리나라와 일본의 전통가족이 직계가족에 속하고 중국의 전통가족과 인도의 힌두가족이 방계가족에 속한다.

2) 가족 내 권위의 소재에 따른 분류

가족 내의 여러 가지 권한을 누가 가지느냐에 따라서 가족을 분류하기도 한다. 전통적으로 가족의 권력은 가장권으로 대표되며, 가장권은 대외적으로 가족을 대표하는 대표권과 가족구성원을 감독하는 가독권(家督權) 및 가사관리권으로 이루어진다.

가장권이 부계에 속하면 부권제 또는 가부장제(家父長制, patriarchalism)라 하고, 모계에 속하면 모권제(母權制, matrialchalism), 부부 모두에게 공동으로 속하면 동권제(同權制, equalitarianism)라고 한다. 부권제 또는 가부장제 가족은 역사적으로 가장 발달한 가족형태이다. 반면 모권제 가족은 그 존재 여부에 대해서는 논란이 있다. 역사적으로 모계제 사회는 존재한 적이 있지만 모권제 가족은 찾아보기 힘들다는 주장도 있다.

한편 현대사회에서는 가족관계가 점점 그 권한에 있어 동등해지는 방향으로 변화하는 추세이며, 따라서 가장권이 부부 공동으로 속해 있는 동권제 가족이 보다 더 보편적인 가족형태로 자리 잡고 있다.

3) 가계계승에 따른 분류

가계계승이 어디로 이루어지는지에 따라 가족을 분류하기도 한다. 가계계승에서 가명과 친족의 계보가 어디로 전승되는가가 중요한 기준이 되며, 부계로 계승될 때 이를 부계제(父系制, patrilineal system)라 하고, 모계로 계승될 때에는 모계제(母系制, matrilineal system), 개인의 형편에 따라 부부 어느 쪽으로나 계승자를 택할 수 있는 경우를 양계제(兩系制, bilinear system)라 한다. 이 가운데 자신의 성(姓)을 아버지로부터 물려받는 부계가족이 가장 보편적인 형태이다. 그러나 현대사회에서는 가족 내의 권한이 동등해짐으로써 가계계승도 점차 양계적 형태로 변하고 있다.

4) 거주규정에 따른 분류

결혼 후 부부가 어디서 새 살림을 시작하느냐에 따라 가족형태는 시가살이 또는 부거제(父居制, patrilocal)와 처가살이 또는 모거제(母居制, matrilocal) 및 단가살이 또는 신거제(新居制, neolocal)로 구분된다.

부거제는 결혼 후 아내가 남편의 집으로 입주하여 시가 식구와 동거하는 것으로 전통사회에서 대부분의 가족은 이러한 형태를 이루고 있었다. 단순히 거주지뿐 아니라 가계계승이나 권한도 부계로 이루어지는 것을 원칙으로 하였다.

모거제는 결혼 후 남편이 아내의 집으로 입주하여 처가 식구들과 동거하거나 처가의 근처에 살면서 처부모의 지배를 받는 형태로 주로 모계가족에서 볼 수 있다. 우리나라에도 모거제와 비슷한 거주형태가 있었는데, 고구려 시대의 서옥제(婿屋制)나 조선 초기까지 존속되었던 서류부가혼속(婿留婦家婚俗)이 그것이다. 그러나 조선 중기 이후부터는 유교적 가족이념의 영향으로 "겉보리서 말만 있어도 처가살이는 안 한다"라는 말처럼 가급적 모거제는 기피하는 것이 바람직한 것으로 인식되었다.

신거제는 어느 쪽의 지배도 받지 않고 단독으로 가정을 꾸려나가는 경우를 말한다. 우리나라에서도 아들이 혼인하면 다른 살림을 차려서 나가 살게 하는 경향이 점차 증가하고 있지만, 서구에서처럼 완전히 독립된 관계라고는 할 수 없다. 우리나라는 형식적으로 신거제를 택하고 있고, 공간적으로 분리되어 있다 하더라도 실제 상호관계나 정서적인 유대관계까지 독립적인 것은 아니다. 최근 여성취업률의 증가로 인해 자녀양육이나 가사노동에서 자연스럽게 도움을 받을 수 있는 시가나 처가와 보다 잦은 왕래를 하고 도움을 받는 부거제와 신거제, 모거제와 신거제의 절충적인 형태도 나타나고 있다.

5) 배우자 수에 따른 분류

가족의 형태는 결혼하는 배우자의 수에 따라 구분하기도 한다. 부부가 결혼하는 배우자 수에 따라 가족형태는 단혼제와 복혼제로 구분할 수 있다.

단혼제(單婚制, monogamy)는 한 남자와 한 여자가 결혼하여 가족을 이루는 형태로 일부일처제라고 하며, 복혼제(複婚制, polygamy)는 남편이나 아내가 동시에 한 사람 이상의 배우자와 결혼하여 가족을 이루는 형태를 말한다. 복혼제는 다시 남자가 1인이고 여자가 다수인 일부다처제(polygyny)와 여자가 1인이고 남자가 다수인 일처다부제(polyandry)로 구분된다.

일부일처제는 역사적으로 가장 발달한 형태이며, 대부분의 사회에서는 일부일처제의 혼인형태를 취하고 있다. 그러나 이혼율과 재혼율의 증가로 인해 한 사람이 일생을 통하여 여러 배우자를 만나는 경우가 많아지고 있다. 이러한 형태는 동시에 한 사람 이상의 배우자와 결혼할 수 있는 복혼제와는 엄연히 구별되는 것으로서 이를 연속적 단혼제(連續的 單婚制, serial monogamy)라고 한다.

일부일처제 사회에도 일부다처제가 인정되었던 곳이 많았다. 일부다처제에는 여러 부인의 지위를 동등하게 인정하는 아랍식 다처제와 한 부인을 정실로 인정하고 나머지 부인은 소실로서 처첩 간의 지위에 차이를 두는 동양식 축첩제도가 있다. 일부다처제는 많은 가족을 부양해야 하기 때문에 여러 명의 부인을 두는 것이 상류층의 신분과 경제적 능력을 상징하는 척도가 되기도 한다.

이와 대조적으로 일처다부제를 들 수 있다. 이는 극소수의 사회에서만 나타나며, 대체로 극도의 빈곤이 원인이 되거나 여아살해 풍습이 지켜졌던 사회에서 볼 수 있다.

6) 결혼 전후에 따른 분류

자녀는 성장하여 결혼과 동시에 자신이 태어난 출생가족(근원가족, 방위가족: family of orientation)을 떠나 새로운 생식가족(family of procreation)을 형성하게 된다. 대부분의 사람은 이 두 개의 가족을 모두 경험하며, 특히 결혼과 동시에 근원가족보다는 생식가족에 더 충실하고 가치를 두게 된다. 반면 생식가족과는 이혼을 통해 결합이 끊어질 수가 있으나 근원가족과는 그 결합이 끊어질 수 없는 영속적인 관계를 갖는다(정옥분 · 정순화, 2014).

2 새로운 가족유형

1) 한부모 가정

한부모 가족(single-parent families)은 부모 중 한 사람과 미성년자인 자녀로 구성된 가족을 의미한다. 이러한 한부모 가족은 이혼이나 가출, 별거, 사별, 혼전출산 등의 다양한 이유로 인하여 발생한다. 최근에는 사별로 인한 한부모 가족의 비율은 점차 감소하는 반면, 이혼으로 인한 한부모 가족은 점차 증가하는 추세이다. 이처럼 이혼으로 증가하는 한부모 가족의 긍정적인 측면을 강조하여 Ahrons(1994)는 한부모 가족을 'single-parent families'라는 용어보다는 'binuclear families'라는 용어로 묘사하고 있다.

2) 재혼가정

재혼이란 이혼이나 사별로 인해 전혼 관계가 해체된 후 또 다른 혼인관계를 맺는 것을 의미하며, 재혼가족은 자녀의 유무에 무관하게 최소한 한쪽 배우자가 재혼인 경우 형성되는 가족을 말한다. 또한 부부 가운데 어느 쪽이든 전혼(前婚) 자녀가 최소한 한 명 이상 있는 경우를 계부모 가족(step-families)이라 한다. 이혼율이 증가하면서 동시에 재혼율도 상승하게 되어 21세기에는 계부모 가족이 상당한 비율을 차지할 것으로 예측할 수 있다.

3) 자녀가정

최근 개인의 성취가 중요한 가치로 부각되면서 무자녀 가족(childless families)이 점진적으로 증가하는 추세이다. 무자녀 가족은 자신의 선택으로 자녀를 낳지 않기로 결정한 자발적 무자녀 가족과, 불임과 자녀사망 등으로 인한 비자발적 무자녀 가족으로 분류할 수 있다. 일반적으로 무자녀 가족이라 함은 자발적 무자녀 가족을 의미한다.

4) 독신가정

최근 가족형태에서의 뚜렷한 변화 가운데 하나는 독신의 증가 추세이다. 독신기간이 장기화되고 결혼시기도 늦어지고 있어 이제 독신은 결혼의 한 대안으로 자리 잡고 있다.

5) 동거가정

동거(cohabitation)는 혈연관계나 친족관계가 아닌 두 남녀가 혼인신고를 하지 않고 함께 주거공간을 공유하는 생활형태이다.

동거가족의 형태는 1960년대에 스웨덴과 덴마크에서 나타나 서구의 여러 나라로 확산되기 시작했다. 미국에서는 절반 이상의 성인이 결혼 전에 동거를 한 것으로 나타났으며(Bumpass & Lu, 1998), 동거를 한 성인의 50% 이상이 결혼생활을 한 것으로 나타났다(U. S. Bureau of Census, 2001). 현재 서구의 여러 나라에서는 동거가 이미 예비결혼 또는 서약서 없는 결혼으로 시작하여 동거 후의 정식결혼으로 확산되는 정상적인 결혼의 한 유형으로 자리 잡고 있다.

3 맞벌이가정

많은 사회적 변화가 여성취업률과 맞벌이가정의 증가에 영향을 미치고 있으며, 그 중요한 요인들을 살펴보면 다음과 같다.

① 출산율 저하와 평균수명 연장

평균수명의 연장이나 저출산율 등의 인구학적 변인들은 여성취업을 증가시키는 가장 결정적인 요인으로 볼 수 있다. 여성의 평균수명이 짧고 자녀 수가 많은 시대에는 여성의 삶은 대부분은 출산과 양육의 연속이었다. 그러나 평균수명이 증가하고 출산율은 급격하게 감소함으로써 자녀양육의 시기는 가족생활주기의 한 단계에 불과하며, 전통적으로 여성의 삶에서 가장 중요한 부분으로 간주되어온 이러한 시기를 지난 후 평균 30여 년간의 빈 둥지 시기가 남아 있게 된다. 평균수명의 연장과 동시에 평균수명에서 남녀의 차이나 최근의 조기퇴직 사태는 은퇴 후의 문제를 더욱 심각하게 생각하는 계기가 되었으며, 여성취업에 더 많은 가치를 두게 하였다.

② 가사노동의 자동화

가사노동의 자동화로 인해 여성의 평균 가사노동 시간은 점차 줄어들고 있다. 동시에 외식산업의 급성장으로 가사노동시간은 더욱 감소할 추세이다. 또한 가사노동의 자동화는 종래 주부가 수행하던 많은 가사노동의 부담을 덜어주지만 동시에 주부가 하는 일의 의미를 빼앗고 있다. 그 결과 많은 여성은 성취감을 찾아 집 밖의 일을 찾아나서게 되었다.

③ 경제적 필요성

최근 맞벌이 가족이 급격히 확산한 가장 중요한 원인 가운데 하나는 경제적 필요성이다. 대부분의 가족은 두 사람의 월급 없이는 그들이 원하는 생활을 할 여유가 없다는 사실이다. 불과 몇십 년 사이에 생계에 필요한 것 이외에도 삶의 질이나 정신적인 행복을 추구하기 위해 필요한 많은 상품이 쏟아져나왔고, 이러한 비용을 충당하기 위해서는 맞벌이가 필요하게 되었다. 가정에서의 소비기능이 강조되면서 경제적인 필요성에 따른 여성취업은 거의 모든 사회계층에서 공통적으로 나타나는 현상이다. 경제호황으로 수입에 여유가 생기자 미국 중상류층 맞벌이 가정의 기혼여성들이 일자리를 그만두고 전업주부로 돌아선 사례가 증가했다는 사실은 이를 뒷받침하고 있다.

또한 이혼율의 증가도 취업에서의 경제적인 이유를 중요시하게 되는 원인이 된다. 높은 이혼율로 인해 여성들은 경제적으로 꼭 일을 해야 할 필요가 없는 상황에서도 이혼할 때를 대비해서 일을 계속해야 한다고 생각한다. 결혼생활이 안정적인 시기에도 이혼이 일어날 수 있다는 가능성에 대해 생각하고 경제적 필요성에 대비하고 있는 것이다.

④ 교육수준의 향상

경제적인 이유만이 취업의 동기가 될 수는 없다. 많은 여성은 자신의 일을 통해 가사노동에서는 느낄 수 없었던 보람을 느낀다. 이는 특히 고등교육을 받은 여성들에게서 두드러지게 나타난다. 이들은 남편의 지위보다 자신의 능력을 바탕으로 한 성취를 강조하는 교육을 받아왔고, 개인적인 성취감을 즐긴다. 이러한 이유 때문에 많은 여성은 가정 밖에서 일하는 것이 더욱더 자극적이고 도전적인 것으로 생각한다. 남편의 수입이나 지위에 만족한다 하더라도 이것이 자신을 만족시키는 것으로 생각하지 않으며 재정상의 문제가 없을 때에도 이들은 일을 한다.

⑤ 사회적 변화

무보수 가사노동보다 내·외현적 가치가 높은 임금노동을 선호하는 사회적 변화도 그 원인이 된다. 이러한 변화에 상응하여 고용시장의 확대나 여성친화적인 직업의 증가와 같은 사회적 변화는 여성취업률을 더욱 높이는 데 기여하고 있다. 산업화로 인한 경제성장으로 많은 여성노동력이 흡수될 만큼 고용시장이 확대되었고, 동시에 직업의 특성이 변화하여 육체적인 힘을 요구하는 직업보다 서비스와 관련된 여성 친화적인 직업이 증가추세인 점에 미루어 여성취업률은 지속적으로 증가할 것으로 예측할 수 있다.

4 새로운 형태의 가정

1) 공동체가정

공동체 가족(community families)은 혈연이나 결혼에 의해 이루어진 가족이 아니고 특정한 목적하에 함께 살기로 한 집합적인 가족집단이다.

최초의 공동체 가족인 Oneida 공동체는 뉴욕에서 신앙부흥운동의 일환으로 일부일처제 대신 중앙에서 통제하는 집단혼의 형태로 출발하였다. 공동체 가족에서는 자녀를 공동으로 양육하고, 사유재산을 인정하지 아니하였으나 일부일처제를 형성한 사람들이 독립함으로써 와해되었다. 이후 Degahia가 1910년에 설립한 이스라엘의 Kibbutz 가족은 가부장적 확대가족제도인 gettos를 기초로 한 것으로, 강력한 시온주의와 애국지상주의, 평등을 강조하고 자녀양육은 집단양육의 형태를 취하고 있다. 이어 20세기 후반 세계대전이 종결되면서 1950~1960년대에 형성된 공동체 가족은 현대 자본주의의 모순과 미국적 가치와 제도에 의문을 가지면서 생겨났다. 이들은 공동체 가족이 핵가족의 문제점을 극복할 것이라도 생각하였다.

공동체 가족은 친밀감, 종교적, 이념적, 경제적 규율에 기초하고 있다. 종교적 유형의 대표적인 것으로는 1849년 Noyes가 창시한 Oneida 공동체가 있고, Kibbutz 공동체는 이념을 기초로 한 대표적인 형태이다. 1970년대에는 급진적 개방적 성격으로 개방혼(open marriage)으로까지 확대되었다. 이들 가운데 혁명적이거나 이상주의적인 공동체는 가장 안정성이 없으며, 존속기간도 짧은 것으로 나타났다.

우리나라의 공동체 가족은 신앙촌, 풀무원, 복음자리 마을 등과 같이 하나의 공통적인 가치관, 이념, 종교 등을 기초로 하여 가족생활을 영위해가는 것으로, 자녀양육과 교육은 가족 내에서 이루어지고 있지만 생산적인 활동은 공동체 내에서 이루어지고 있다.

대부분의 공동체는 구성원들 간의 이해타산으로 인한 갈등이나 자유에 대한 욕구 때문에 2년 이상 지속되지 않았지만, 상당히 오랜 기간 유지되는 사례들도 있는 것으로 보아 가족의 한 대안으로 제시되고 있다.

2) 셰어하우스

셰어하우스의 사전적 정의를 살펴보면 한집에 다수의 입주자들이 공동으로 사용할 수 있는 취사·휴식 등의 공용 생활공간이 마련되어 주거공간을 보다 효율적으로 쓸 수 있는 공동주택이다(시사상식사전). 또는 다수가 한집에 살면서 개인공간인 침실은 각자 사용하되 거실·욕실·주방 등을 공유하는 생활방식이라고 정의한다. 즉, 셰어하우스는 서로 주거공간을 공유하면서 공간 확보 및 생활방식까지도 공유할 수 있는 주거유형이라고 볼 수 있다. 국내의 셰어하우스와 비슷한 주거유형을 살펴보면 이전의 고시원, 기숙사, 하숙과 비슷한 형태이지만 셰어하우스는 나아가 커뮤니티를 통한 사회적 교류와 다양한 경험까지도 포함하고 있어서 보다 높은 수준의 공유공간과 개인공간을 구성하고 있으며, 이러한 유형의 주거는 외국에서도 이미 실행되고 있는데 일본의 경우에는 1980년부터 등장한 주거양식이라고 할 수 있다.

셰어하우스는 단순히 공간을 공유하기보다 거주자 간의 정서적인 안정감과 친밀감을 형성할 수 있다. 이러한 셰어하우스의 대략적인 공간구조를 살펴보면 개인 공간에만 있기보다는 여러 사람과 소통하는 공용공간의 사용빈도가 높으며, 주로 외부활동을 하기보다는 주거 내에서 보내는 시간이 많아 여러 가지 작업이나 취미생활을 할 수 있는 공용공간을 충분히 갖추고 있다. 이렇게 취미나 생활양식이 비슷한 사람이 모여 거주자들 간의 커뮤니티 교류를 할 수 있을뿐더러 나아가 사회적 부가가치를 창출하고 주거비 절감 등 경제적인 효과도 얻을 수 있다. 실제로 일본의 뉴스에 따르면 독립적인 1인가구보다 임대비용은 30~40% 저렴하지만 생활의 만족도는 비슷하거나 오히려 더 높았다고 한다(우소연·남경숙, 2012). 또한 이미 셰어하우스를 보편적으로 시행하고 있는 일본의 통계조사에 따르며 셰어하우스 내 거주를 선택하고 있는 가장 큰 이유는 주거비 절감을 목적으로 거주하였지만 거주자의 62% 이상이 다른 거주자와 함께 생활하는 데에서 오는 만족감으로 장기거주를 지속하고 있다고 말한다(하츠지부동산, 2008).

셰어하우스는 일종의 공동(공유)주택으로 볼 수 있으며, 그룹하우스(group house), 컬렉티브 하우스(collective house) 등의 명칭을 갖는 유사한 형태의 공동주택이라고 볼 수 있다. 이러한 공동주택은 유럽에서도 이미 실현되고 있으며, 세계 각지에서 각자의 문화에 맞게 셰어하우스가 실현되고 있다.

셰어하우스의 장점은 크게 사회적인 측면과 경제적인 측면으로 나눌 수 있다. 먼저 사회적인 측면에서는 1인가구의 급증으로 인한 독신가구의 증가, 사회적 교류 결여 등의 사회적 문제를 서로의 공유를 통해 친밀감을 형성시킨다. 이를 강제적이 아닌 자발적으로 참여할 수 있도록 서로의 공감대를 형성할 수 있도록 관심 분야나 취미를 공유할 수 있는 각각의 테마가 있는 집의 개발을 시행하고 있다.

경제적인 측면에서는 거실, 주방, 세탁실 등을 공동으로 이용하여 그에 따른 임대료의 부담을 절감할 수 있다. 또한 침대, 책상, 테이블 등 생활에 필요한 기본적인 가구들이 이미 준비되어 이사 비용이나 가구 구입이 필요치 않아 비용을 절약할 수 있다는 장점이 있어 서로 공유하는 범위가 넓을수록 경제적인 절감이 크게 이루어질 수 있다(박종현·이종렬, 2014).

셰어하우스의 정의인 공유주택의 개념은 덴마크에서 1973년에 최초로 개발되었다. 여성의 사회참여가 증가하면서 취사, 육아 등의 가사노동을 나눌 필요성이 생겨나게 되고 경제적으로 주거비를 줄일 수 있다는 장점에서 공유주택이 생겨나게 되었는데 이러한 주택을 코하우징(co-housing)이라고 한다(주거학연구회, 2000). 이러한 코하우징이 나타나게 된 원인은 산업화와 도시화로 나누어지면서 서구사회에서 공동체가 사라지게 되면서 주거환경이 변화한 데에 있다. 이로 인해 가족의 형태가 핵가족화 되면서 어느 누구에게도 도움을 받지 못하는 가족의 어려움을 해결하고자 하는 데에 공동체의 다양한 역할이 부각되면서 거주자들이 서로 협력할 수 있는 커뮤니티 중심의 주거유형이 생겨났다(조정현 · 최정신, 2011).

03 가족의 해체와 새로운 가족의 구성

결혼에 있어서 흔히 발견되는 친밀감을 망가뜨리는 것은 한 번의 심각한 행동이 아니라 의논되지 않은 채, 치유되지 않은 채 내버려진 사소한 상처들의 축적이다. 결혼에 실패한 한 남자가 그와 아내가 맞게 되었던 상황에 대해 다음과 같은 슬프지만 구체적인 글을 썼다.

> 어쨌든 우리의 결혼은 지옥 같지는 않았다. 그저 실망스러울 뿐이었다. 아내와 나는 서로 미워하지도 않았다. 그저 서로를 짜증 나게 했을 뿐이다. 수년에 걸쳐 우리는 해결되지 않은 사소한 유감들을 창고 가득 모아왔다. 우리의 결혼은 마치 겉은 작은 실망들과 사소한 불평들로 치장되고, 내부는 부속품들이 더 이상 끼워 맞춰지지 않는 기계와 같았다.
>
> 상처는 우리가 사랑 없이 상대를 대할 때마다 생겨난다. 즉, 상의 없이 중요한 결정을 내릴 때, 다정한 대화를 나누고 싶은 마음에 냉담함을 보일 때, 격려보다 비난이 우세할 때, 두 사람이 함께 보내야 할 시간을 다른 사람 혹은 다른 활동에 빼앗길 때, 선물도 없이 생일을 보내고 결혼기념일을 기억조차 하지 못할 때, 이기심과 게으름이 사랑 어린 행동을 대신할 때, 친절에 감사하지 않을 때, 안으려고 하는데 "내가 지금 바쁜 거 안 보여"라고 반응할 때(Lee & Lee, 2007).

사랑이 넘치는 결혼에서도 남편과 아내가 서로에게 상처를 주는 때가 있다. 가끔은 일부러 그럴 때도 있지만 대부분은 의도하지 않은 상처로, 이 경우로, 나로 인해 겪는 상대의 고통은 알지 못한다. 이러한 상처는 신뢰와 정직함이 자라기 위해서는 반드시 해결되어야 한다. 이때 상처를 해결하는 과정 자체가 더욱 큰 이해와 친밀감을 만든다. 그렇지 않은 곳에서는 마음을 둘러싼 벽은 높아져만 가고 시멘트는 단단해져서 친밀함이 조금도 남아 있지 않게 되거나, 때로는 결혼 자체가 사라져버릴 수 있다.

어니스트 헤밍웨이 소설 『노인과 바다』에서 이틀간 밤낮 사투 끝에 잡아 올린 대형 참새치를, 어부 산티아고는 끝내 상어들의 습격으로 '뼈만 남은 텅 빈 잔해'의 모습으로 물에 반사된 가로등 빛을 통해 확인하게 된다. 소설 속에 묘사된 '뼈만 남은 텅 빈 잔해'의 표현이 현재 우리의 결혼생활 모습일 수도 있다.

우리는 결혼을 '지속시키기 위해' 다양한 분야에서 여러 가지 실험을 계속하고 있다. 결혼생활에 우리가 '유연성'을 부여하면서 혼인과 이혼 사이 졸혼(卒婚)과 함께 '별거' '쇼윈도우 부부'라는 결혼의 중간지대 영역이 자리 잡는 것을 목격하는 시대에 우리가 살아가고 있다.

1 별거

1) 별거

이혼을 결심하는 과정에서 상황을 인지하는 과정이 필요하다. 일반적으로 별거를 먼저 한 다음, 이혼을 결정하게 된다. 별거와 이혼은 분리라는 의미에서는 비슷해 보이지만, 주변 사람에게 미치는 정서적, 법적 영향에서 차이가 존재한다. 부부 사이에 자녀가 있다면 자녀에게 미치는 영향도 다를 수 있다.

① 별거와 이혼의 차이

- 별거에서는 둘 사이에 법적 관계가 존재하지만, 이혼에서는 해체된다.
- 별거에서는 경제적 연결고리가 존재하지만, 이혼에서는 해체된다.
- 별거 상태에는 재혼할 수 없다.

② 별거와 이혼의 유사점

- 법적 서류가 따로 존재하지 않는 한 서로의 재산을 얻을 수 있는 법적 권리는 사라진다.
- 이혼이나 별거를 성립시키는 법률문서가 있으면 판사는 자녀의 양육권, 면회권을 정하고, 부모의 권리, 재산분할도 여기에 포함된다.

③ 별거의 원인별 유형(이화숙, 2008)

㉠ 유책자인 배우자 일방은 협의 이혼을 원하나, 상대방 배우자의 동의가 없어 이혼할 수 없어서 별거하는 경우이다. 유책주의 이혼법에 의해 양산되는 별거 유형

㉡ 무책배우자의 이혼청구가 기각되어 별거하게 되는 유형

㉢ 부부갈등으로 부부 일방이 집을 나가거나 합의하에 별거하게 되는 유형

㉣ 이혼소송과 간통죄 고소를 한 청구인이 이혼소송을 취하하여 혼인이 계속되게 됨으로써 별거 상태가 계속되는 유형

2) 새로운 이별의 모습: 쇼윈도 부부

'쇼윈도 부부'는 화려하고 깔끔하게 상품을 진열해놓은 백화점이나 상점의 쇼윈도처럼 실제로는 원만한 결혼생활을 하고 있지 못하지만 마치 행복한 결혼생활을 하는 것처럼 가장하는 부부를 말한다. 이들을 '디스플레이 부부'라고도 한다. 소비자의 시선을 끌어 구매욕을 높이려는 목적으로 화려하고 깔끔하게 상품을 진열해놓은 백화점이나 상점의 쇼윈도에 비유된다. 즉, 실제로는 원만한 결혼생활을 하지 못하지만 마치 행복한 결혼생활을 하는 것처럼 가장하는 부부들을 쇼윈도 부부라 부른다. 이들은 사회적 지위와 체면 때문에 주변의 시선을 의식하여 공개적인 곳에서는 행복한 부부인 것처럼 행세할 뿐 개인적인 대화나 부부관계, 서로에 대한 존중과 애정이 전혀 없는 부부이다. 대중들에게 자주 노출되는 정치인, 기업인, 연예인 등의 유명인처럼 자신들의 이미지 관리가 중요한 이들 중에 부부간 불화가 있어도 갈등을 숨기고 잉꼬부부인 것처럼 포장하는 쇼윈도 부부의 사례가 많다. 물론 평범한 부부 중에도 실제로는 별거와 다름없는 생활을 하고 있지만 사람들의 시선을 두려워하여 남들 앞에서 행복한 부부인 것처럼 행동하는 경우가 있다(네이버 지식백과).

천재 피아니스트와 그의 재능을 발견한 스승과의 은밀한 사랑을 주제로 한 드라마 〈밀회〉가 인기리에 막을 내렸다. 극중 부부로 나오는 오혜원(김희애 분)과 강준형(박혁권 분)은 부부간에 애정도 없고 사랑도 없지만 서로의 필요에 의해 부부가 되었고 그렇게 살아갈 뿐이며 같은 방에서 자지만 서로 다른 침대에서 잠들고 아이를 가질 생각은 애초에 없었다. 심지어 남편 강준형은 아내의 외도를 알게 된 후에도 아내의 외도에 화를 내기보다 이 상황을 어떻게

하면 자기에게 유리하게 만들지를 고민한다. 이렇듯 남들 보기에 애정이 많은 부부로 보이지만 실제로 그렇지 않은 부부를 '쇼윈도 부부'라고 한다. 말 그대로 보기에만 그럴듯한 부부라는 뜻이다(매일경제, 2014).

결혼정보회사 행복출발(2013)이 자사 돌싱(돌아온 싱글) 회원 791명(남성 406명, 여성 385명)을 대상으로 쇼윈도 부부에 관한 설문조사를 실시한 결과, "돌싱 10명 중 7명은 이혼 전 쇼윈도 부부를 경험한 것으로 나타났다"라고 밝혔다. 조사 결과, 남성 응답자의 70.7%와 여성 응답자의 69.1%가 이혼 전 형식적인 부부관계를 유지했다고 답해 쇼윈도 부부가 이혼으로 가는 직전 단계인 것으로 나타났다. 하지만 남성 48.5%는 '극복할 수 있는 냉전기'라고 생각한 반면, 여성 79.7%는 '이혼의 전 단계'라고 생각하는 것으로 나타났다. '쇼윈도 부부로 가장한 대상은 누구인가?'라는 질문에 남성은 '직장동료' '가족 · 친지' '친구' '이웃' 순으로, 여성은 '가족 · 친지' '친구' '직장동료' '이웃' 순으로 답했다.

3) 졸혼

'졸혼'이란 '결혼을 졸업한다'라는 뜻으로 이혼과는 다른 개념이다. 혼인관계를 유지하지만 부부가 서로의 삶에 간섭하지 않고 독립적으로 살아가는 개념으로 일본에서 인기를 끌고 있는 새로운 풍속이다(네이버 국어사전).

'졸혼'은 일본의 작가 스기야마 유미코(杉山由美子)가 2004년 〈졸혼을 권함〉에서 처음 언급한 신조어이며, 기존의 틀에 박힌 결혼생활을 졸업하고 각자의 개성에 맞추어 남은 삶은 서로 존중하며 독립적으로 살아가는 방식의 의미로 썼다(장은주 역, 2017). 국내에서는 70대의 백일섭 씨가 아내와의 성격차이로 남은 인생은 각자 자유로이 살아가기로 했다며 '졸혼'을 선언하였다. 이후 유명 배우였던 노부부도 이미 오래전에 이혼은 하지 않고 따로 살았음을 밝힘으로써(스포츠조선, 2017) 대중에게 이슈가 되었으며, 예능 프로그램이나 드라마, 신문, 잡지 등 매스미디어를 통하여 다양한 방식으로 확대되었다. 이와 같은 영향으로 '졸혼'을 실행한 연예인에 대하여 자유롭게 사는 '멋진 사람' '앞서가는 사람'으로 인식하고 유행어로 생각하며, 결혼생활 속에서 배우자와 공유하는 삶을 위한 방편의 하나로 인식하여 일본에서 사용되는 의미와는 다름을 제시했다(이승숙·정문주, 2017). 그러나 아직 법이나 제도적 상황에서 활용되는 용어가 아니기 때문에 어떤 명확한 개념이나 정의가 없는 실정이다.

'졸혼'의 가장 큰 특징은 법적인 혼인관계를 그대로 지속하는 가운데 인생 후반기는 자유롭게 각자 원하는 방식의 삶을 추구한다는 것이다. 결혼생활을 30~40년 이상 유지한 부부에 해당되고(강해주, 2018), 주로 50대 이상의 여성들이 원한다(이승숙·정문주, 2017). 황혼이혼 대신 '졸혼'을 선택하는 이유로 강희남(2017)은 이혼 관련 스트레스를 피하고, 결혼생활의 유지로 자녀에게 불리한 영향을 덜 주며, 사회적 체면도 지키고 경제적 능력의 공유로 편안한 삶을 영위하기 위한 것으로 보았다.

'졸혼'이 각광받는 배경으로는 사회문화의 변화를 들 수 있다. 동양의 집단주의 문화는 의무, 책임, 위계질서, 체면을 존중하며, 가족의 화목과 특히 자녀에게 의무와 책임이 강하고, 부부중심적이기보다는 부모중심적이며 가족의 이익을 위해 자기희생이 가능하다고 본다(송성자, 1997). 그러나 핵가족이 보편화되고 현대사회의 변화된 가족생활에서는 부부관계가 매우 큰 비중을 차지하게 되었다(조정문·장상희, 2001). 서구의 개인주의 사상에 바탕을 둔 교육제도, 생활양식, 정치체계 속에서 성장한 젊은 세대는 개인주의 성향이 점점 강해지고 있으며(남순현, 2007), 중년여성은 전통적인 가족과 현대가족의 중간에서 혼란을 겪게 된다(정옥분·정순화, 2014).

현대사회에서는 문제의 해결로서의 이혼과 필요에 의한 재혼으로 가족구성과 유지방식이 변화하고 있다(홍승아 외, 2016). 하지만 과거 보수적이고 윤리적 정서 속에서 자란 여성들은 어떤 상황에서도 이혼만을 피하고자 하며, 이혼 또는 이혼위기 사실을 숨기려는 경향이 강하다(봉동연, 2015). 따라서 혼인관계를 유지하면서 자신의 삶을 추구할 수 있다는 '졸혼'은 이혼과 결혼만이 아닌 또 다른 삶의 형태로 가능할 것인가에 주목하고 있다.

'졸혼'을 원하는 여성들은 자유와 자신만의 삶을 살아보고 싶다는 강한 동기가 있으나, 이것은 사실 기존의 사회적인 지위와 경제적 상태는 유지하고, 현실적 어려움과 책임감을 회피하여 남편에게 의존하려는 심리이며 졸혼을 이혼 직전의 단계로 보았다(이승숙·정문주, 2017). 또한 '졸혼'은 부모와 부부로 사는 동안 짊어져야 했던 심리적 부담감과 결혼생활을 하는 동안 억눌렀던 자기실현의 욕구와 이혼의 부정적 사회통념에서 비롯된 것이라고 보았다(김병수, 2017).

2 이혼

1) 이혼의 의미

가족구조의 변화에서 또 하나의 두드러진 특징은 이혼율이 높다는 점이다. 2010년 이혼은 11만 6,900건으로, 2009년 12만 4,000건보다 7100건, 5.8% 감소했으며 안구 1,000명당 이혼 건수도 2.3건으로 전년보다 0.2건 감소를 보이고 있으나 여전히 하루 300쌍 이상의 많은 이혼이 행해지고 있다. 이혼의 추이를 성·연령대별로 살펴보면 남녀 모두 모든 연령층에서 이혼이 감소하고 있는 반면 50대 이상의 이혼은 2006년 이후 계속 증가하고 있으며 평균 이혼연령은 남성 45세, 여성 41.1세로 상승세를 유지하고 있다(통계청, 2011). 자녀 출가 후 부부 단둘이 남는 시기가 길어지면서 황혼이혼으로 이어지는 새로운 가족문제가 양산되고 있는 것이다. 따라서 사회에서는 20년 이상 살다가 헤어지는 '늦은 이혼'에도 주목해야 할 것이다(김순옥 외, 2012).

이혼은 결혼한 부부가 더 이상 함께 살 수 없음을 법적으로 결정하고 혼인관계를 해소하는 것을 의미한다. 이혼에는 협의 이혼과 재판이혼이 있으며, 협의 이혼의 경우에는 이혼사유가 전혀 문제시되지 않으며 두 사람 간에 합의만 이루어지면 어떤 경우든 이혼이 가능하다. 그러나 재판상의 이혼은 일정한 사유가 있는 경우에 한정되며, 현행 우리나라 민법(제840조)에는 다음과 같은 법률적 이혼사유를 규정하고 있다.

제1호 배우자의 부정한 행위

제2호 배우자의 악의의 유기

제3호 배우자 또는 그 직계존속에 의한 심히 부당한 대우

제4호 자기의 직계존속에 대한 배우자의 심히 부당한 대우

제5호 기타 혼인을 계속하기 어려운 중대한 사유가 있을 때

2) 이혼의 과정

출생률의 저조, 생명의 연장, 여성의 역할 변화, 이혼율과 재혼율의 증가 등은 가족생활주기에 커다란 변화를 가져왔다(성정현 외, 2004). 가족들이 이혼을 어떻게 처리하는가에 따라 구성원들의 회복과 적응에는 매우 큰 차이가 생긴다. 이혼 과정을 통해서 발생되는 실제적인 문제해결도 중요하지만 정서적인 과제는 이혼당사자뿐만 아니라 자녀들에게 매우 심각할 수 있다. 이러한 정서적인 문제를 적절하게 해결하지 않으면 가족체계는 위협을 받게 되고, 자녀들의 건강한 성장에 위기를 초래할 수 있다(Goldenberg & Goldenberg, 2000).

가족생활주기 단계에서 가족에게 요구되는 가족 발달과업은 각 가족성원들이 가족생활주기의 단계에서 성장하는 데 직접적인 영향을 미친다. 가족 발달과업을 성공적으로 성취할 경우 가족은 건강성을 유지할 수 있고 다음 단계의 과업에도 불안하지 않게 대처할 수 있다. 그러나 특정 단계의 과업을 성공적으로 성취하지 못하는 상황이 되면 구성원들은 긴장감과 불안을 경험하게 되고 심한 경우에는 절망감과 열등감에 시달릴 수도 있다. 효과적인 가족상담을 위해서는 다양한 가족생활주기를 적절하고 유연하게 활용할 수 있어야 한다. 가족생활주기는 사회의 변화에 따라 함께 변화하는데, 이 변화는 많은 점을 시사한다. 가족상담자들은 사회변화에 따른 가족생활주기 변화를 인지하여야 하고, 가족이 가지고 있는 사회문화적인 배경에 따른 가족생활주기에도 민감하게 반응할 수 있어야 한다.

전통적인 가족생활주기와는 다른 단계를 경험하는 이혼가족 및 재혼가족의 경우 새로운 발달 과정과 과업이 요구된다. Cater & McGoldrick(1980)이 제시한 이혼가족과 재혼가족의 생활주기에 대해서 살펴보면 다음과 같다.

표 4-1 • 이혼가족과 재혼가족의 생활주기

단계		바람직한 태도	발달상의 과제
이혼 결정		결혼관계를 유지하기 위한 문제 해결 능력이 없음을 인정한다.	결혼 실패에 각자가 책임이 있음을 수용한다.
가족해체 계획		체계의 모든 부분을 위해서 실행할 수 있는 준비를 한다.	자녀양육권, 방문, 경제문제에 대하여 협력적으로 이야기한다. 확대가족과 이혼문제를 다룬다.
별거		협조적인 공동부모관계를 지속하고 아동에 대한 재정 원조를 함께 한다. 배우자에 대한 감정을 해결하기 위해 노력한다.	함께 살아온 가족 성원의 상실을 슬퍼한다. 부부관계와 부모-자녀관계 및 재정 문제를 재구조화하고 별거에 적응한다. 본인의 확대가족과의 관계, 배우자의 확대가족과의 관계를 재조정, 재정립한다.
이혼		정서적 이혼을 위해 더 노력하고 상처, 분노, 죄의식을 극복한다.	원가족 상실을 슬퍼하고 재결합에 대한 환상을 버린다.
이혼 후	자녀양육 한부모	재정적인 책임감의 유지, 전 배우자와 부모로서 접촉, 전 배우자의 자녀와 그 가족과 지지적 접촉을 한다.	전 배우자와 그 가족들의 방문을 융통성 있게 허용한다. 자신의 재원을 재구축한다. 자신의 사회적 관계망을 재구축한다.
	한부모	전 배우자와 부모로서의 접촉을 유지, 자녀에 대한 보호적인 부모관계를 유지하려는 태도를 갖는다.	자녀와 효과적인 부모관계를 지속하는 방법을 찾는다. 전 배우자와 자녀에 대한 재정적인 책임감을 유지한다. 자신의 사회적 관계망을 재구축한다.

출처: 한재희 외, 2013

3) 이혼과정상의 대책

이혼을 결심한 부부에게는 부부관계를 다시 회복시키기 위해 조정을 시도하고 여의치 않을 경우 부부 당사자의 판단을 돕기 위한 이혼 관련 법률상담의 기회를 제공해야 한다. 동시에 이혼과정 동안에는 이혼 후에 부딪치게 될 개인적·환경적인 변화, 생활양식의 변화 등에 대해 준비할 수 있도록 하는 과정들이 마련되어야 할 것이다.

특히 우리나라는 재판상 이혼보다 협의 이혼 훨씬 많으므로 협의 이혼의 경우에도 조정과정을 거치도록 하여 다시 원만한 관계로 화해시키거나 보다 공정한 조정이 이루어지도록 해야 한다. 그리고 재판과정에서는 재산분할, 위자료, 자녀에 대한 양육권 및 양육비, 면접교섭권 등에 대해서도 남녀가 공평하게 이루어지도록 하고 이혼 후 불리해지는 배우자를 고려하여야 한다. 이를 위해서는 대한법률구조공단, 한국가정법률상담소 등 법률부조기관의 활성화가 요구된다(이정덕 외, 2002).

① 이혼에 적응하기 위한 대책

이혼으로 인해 직면하게 되는 다양한 문제들에 비추어본다면 이혼 후의 삶에 잘 대처하고 적응하기 위해서는 다음과 같은 점을 고려해야 한다(정옥분·정순화, 2014).

첫째, 이혼 후에도 계속되는 일상적인 현실생활에 적응하고 대처해나가야 한다. 새로운 역할과 책임을 정확히 인식하고 수용하며, 재정부족과 같은 변화된 상황에 적절히 적응하는 것이 필요하다.

둘째, 이혼에 따른 정신적인 후유증을 현명하게 처리할 수 있도록 치유시간을 갖고 그 나름대로의 치유방법을 모색해야 한다. 우울증이나 죄책감, 자신이나 배우자에 대한 분노 등의 감정을 처리해야 하며, 이와 동시에 이혼으로 인한 심리적 상실감을 깨닫고 이에 적응해나가야 한다. 이전에 배우자에게서 받았던 친밀감이나 동료애, 정서적 지지 그리고 공유했던 생활방식이나 배우자로 인해 누렸던 혜택이나 행복한 결혼생활에 대한 꿈 등의 여러 가지 상실에 대해 인식하고 적응해나가는 시간이 필요하다.

셋째, 같은 입장에 있는 지지집단의 도움을 받아 이혼한 사람들이 흔히 빠지기 쉬운 외로움의 감정을 표현하고 수용하며 인내하려는 노력이 필요하다.

넷째, 이혼자들은 이제 더 이상 누구의 남편이나 누구의 아내라는 기혼자로서의 정체감에서 벗어나 독신으로서 새로운 정체감을 확립하고 이혼으로 인해 손상된 자존감을 회복하는 것이 중요하다.

다섯째, 이혼을 통해 부부간의 결합은 해체되지만 자녀가 있는 경우 부모자녀관계는 전적으로 해소되지 않는다. 재혼을 하더라도 두 가정을 오고 가는 자녀를 통해 여전히 가족으로서의 유대감은 존속되며 부모역할은 계속된다. 그러므로 자녀들은 이중생활에 적응해야 하는 어려움이 있으며, 이러한 문제는 부모가 자녀를 이용하는 경우에 더욱 심각해진다는 사실을 인식해야 한다.

이혼에 대한 적응과정에서 자녀가 있는 경우 다음과 같은 지침은 자녀의 적응을 돕는 데 도움이 된다(Hamner & Turner, 2001).

- 자녀와 함께 가족의 문제를 논의한다.
- 자녀에게 이혼할 것이라고 미리 말한다.
- 자녀는 양쪽 부모로부터 계속 사랑받을 것임을 확신시킨다.
- 이혼한 이유를 자녀의 수준에서 납득하게끔 이야기한다.
- 이혼한 상대방에 대한 비난을 피한다.
- 미래에 대한 긍정적인 태도와 신뢰감을 표현한다.
- 부모 가운데 누가 부양할 것인가에 대해 자녀에게 선택하지 하지 않는다.
- 자녀의 일상생활을 가급적 방해하지 않는다.
- 자녀가 자신의 느낌을 표현하도록 격려한다.
- 부정적인 감정도 표현하도록 한다.
- 금전적인 문제나 부양에 따르는 문제, 상호 간의 방문 등에 대해 논쟁을 삼간다.
- 함께 생활하지 않는 부모나 확대가족의 가족원과 지속적으로 접촉하게 한다.

② 사회적 대책

이혼 후의 적응을 위해 이혼자들이 개인적인 차원에서 노력하는 것도 중요하지만 이혼의 영향이 사회적인 문제로까지 확산된다는 점에서 사회적 대책도 시급하다. 이혼에 대한 대책은 크게 이혼예방대책과 이혼과정상의 대책 그리고 이혼 후의 대책으로 나누어볼 수 있다.

먼저 이혼을 예방하기 위한 대책으로는 첫째, 부부를 대상으로 부부간의 관계를 향상시킬 수 있는 교육프로그램이 실시되어야 한다. 문제가 없는 부부라 할지라도 사전교육을 통해 이혼을 미연에 방지할 수 있다. 둘째, 위기 상태에 있는 부부에게는 상담이나 치료프로그램을 실시하여 이혼을 방지하도록 하는 노력이 필요하다.

이혼과정상의 대책으로는 먼저 법적 지원을 들 수 있다. 부부간에 법적인 이혼이 결정되기 이전에 화해나 조정 등의 중재기능이 강화되어야 하며, 이혼이 불가피한 경우에는 재산분할이나 위자료, 자녀양육권이나 양육비, 면접교섭권 등의 문제가 보다 공정하고 만족스럽게 해결되도록 중재가 이루어져야 한다. 또한 이혼 후에 당면하게 되는 현실적인 문제들에 대해 생각해볼 수 있는 상담의 기회도 제공되어야 한다. 최근 논의되고 있는 '이혼숙려제도'의 도입은 바로 이러한 사회적 요구를 반영한 것이라고 볼 수 있다.

이혼 후의 대책으로는 이혼 후 독신이나 한부모 가족을 위한 정부차원의 경제적 기원이 필요하다. 자녀양육비나 교육비 및 생계비 보조, 수당이나 직업훈련 기회의 제공 등과 같은 다양한 형태의 경제적 지원이 이루어져야 한다.

3 재혼

이혼한 모든 사람이 그 상태에서 그대로 머물러 있는 것은 아니다. 이혼율이 증가함에 따라 재혼율도 상승하듯이 많은 수의 이혼자들은 만나기 쉽고 또 비슷한 경험을 가진 사람들과 대개는 다시 결혼을 한다. 이렇게 형성된 재혼가족은 초혼가족과는 다른 특징과 발달단계를 가진다. 재혼가족은 구조와 기능뿐만 아니라 가족관계나 정서 측면에서 매우 복잡한 특성을 가지며 이러한 특성은 새로운 사람을 가족으로 받아들일 준비가 되지 않은 많은 재혼가족에게 갈등의 소지가 될 수 있다. 자녀들은 친부모 사이에서 충성심의 갈등을 겪거나 친부모와 단절될 때, 혹은 계부모와의 친밀감을 강요받을 때 위기를 겪을 수 있다. 재혼가족에서 새로운 유대를 촉진하기 위해서는 상실감, 죄책감, 두려움 등을 충분히 다루어야 한다(성정현 외, 2004).

1) 재혼의 유형

통계청의 자료에 의하면, 1980년 이후 재혼한 628쌍의 재혼유형은 [표 4-2]와 같다.

재혼의 유형을 보면 초혼여성과 재혼남성의 결합이 가장 많고 재혼여성과 초혼남성의 결합이 가장 적다. 이는 한국의 전통적인 사고와 결혼관습에 비추어볼 때 당연한 것일 수도 있다. 그렇지만 연도별 추이를 보면 재혼남성과 초혼여성의 비율이 감소한 반면, 같은 기간 동안 재혼여성과 초혼 남성의 결혼 비율은 0.9%에서 2.6%로 꾸준히 증가하고 있다. 이와 같은 추세는 여성의 사회활동 참여기회가 늘어난 것에 따른 자연스러운 추세로 볼 수 있으며, 여성의 재혼에 대한 사회적 인식도 그만큼 달라졌음을 반영하는 것으로 보인다(이정덕 외, 2002).

표 4-2 • 재혼의 성별 결혼 경험비율

연도	남자 초혼 +여자 초혼	남자 재혼 +여자 초혼	남자 초혼 +여자 재혼	남자 재혼 +여자 재혼
1980	92.2	3.5	1.2	3.1
1990	89.5	3.5	2.5	4.5
1995	86.3	2.8	3.6	6.5
2000	82.0	3.5	4.9	9.6
2005	73.9	4.1	6.4	14.7
2007	77.3	4.3	5.7	12.1

단위: %

2) 재혼의 특성과 문제점

재혼의 필요성에 대한 인식은 계층별로 차이를 보인다. 이혼으로 경제적인 어려움을 더 많이 경험하게 되는 여성, 특히 중류층에서는 재혼의 경제적 의미가 크게 부각된다. 이들에게 재혼은 이혼으로 초래된 경제적 어려움을 더 크게 경험하게 되는 여성, 특히 중류층에서는 재혼의 경제적 의미가 크게 부각된다. 이들에게 재혼은 이혼으로 초래된 경제적 어려움을 완화시킬 수 있는 긍정적 대안으로 인식된다. 그러나 남편의 위자료나 자신의 적극적인 사회생활로 이혼 후 경제적인 변화가 크게 없는 상류층과 하류층에서는 외로움이라는 극복이라는 면이 강조된다(이정덕 외, 2002).

재혼의 경우는 비교적 나이도 들고 정서적으로 더 성숙하여 초혼의 경우보다 적응력이 높다. 그리고 초혼의 경우처럼 현재의 배우자를 추상적이고 이상적인 배우자와 비교하려 하지 않으며, 초혼에서 얻은 교훈과 함께 결혼생활을 시작하기 때문에 재혼이 가져다주는 만족감은 초혼에 비해 더 클 수 있을 것이다. 실제로 많은 사람이 재혼을 통하여 성공적인 결혼생활을 유지하고 있다. 그러나 이혼한 사람들은 결혼생활을 해본 경험이 있기 때문에 재혼 시에 결혼생활의 긴장이나 갈등을 더 잘 처리할 수 있을 것으로 생각되지만, 많은 연구는 두 번째 결혼이 첫 번째 결혼보다 이혼으로 끝날 가능성이 더 높다고 제시한다. 불행히도 재혼이 항상 사람들이 희망하는 방향으로 이루어지는 것이 아니라는 사실이 여러 연구에서 잘 나타나 있다. 퍼스텐버그와 스패니어(Furstenberg & Spanier, 1984)는 재혼이 깨지기 쉬운 이유 중 하나가 재혼 당사자들이 이혼을 갈등의 해결책으로 쉽게 생각하기 때문이라고 지적하였다.

재혼이 유지되는 평균기간을 보면 초혼의 유지기간보다 훨씬 짧다. 또한 재혼은 초혼보다 더 복잡한 친인척관계와 부모자녀관계를 포함하므로 적응하는 데 더 많은 어려움을 경험하게 한다. 재혼가족에서는 부부 자신들의 관계보다는 자녀들과의 관계에서 더 어려움을 겪게 된다. 그것은 계부모 역할의 모호함, 계모에 대한 우리 문화의 지배적인 이미지로 인한 부정적 편견과 신화적인 역할 기대라는 이율배반성, 그리고 계부의 소외감과 경제적 부담 등 때문이라 할 수 있다. 재혼가족의 자녀들 역시 그들 나름대로 계부모나 의붓 형제자매와 새로운 관계를 맺어야 하는 점이나 서열에 대한 갈등 등을 겪는다.

그러나 무엇보다도 재혼가족의 가장 큰 문제는 결혼이 점차 늘어가는 추세임에도 불구하고 재혼가족에 대한 편견과 고정관념이 팽배해 있어 아직 정확하게 제도적으로 보호되지 못한다는 데에 있다(이정덕 외, 2002).

3) 건강한 재혼가정을 위한 Tip(유계숙 외, 1998)

재혼에 도움이 되는 열 가지 지침은 다음과 같다.

① 재혼에 대한 비현실적 기대를 버리고 재혼으로 인하여 나타나는 변화를 인정한다.

② 전혼에 대한 상실감을 이해하고 긍정적으로 수용한다.

③ 부부관계가 모든 관계의 중심임을 가족 모두가 인식한다.

④ 재혼대상은 초혼자보다 자신과 비슷한 경험을 가진 재혼자가 더 나을 수 있다.

⑤ 계부모의 역할을 잘하려면 부부가 서로 새 부모 역할에 합의하고 일관성 있게 양육하는 것이 필요하다.

⑥ 결혼은 끝나도 부모역할은 남는다는 점을 명심한다.

⑦ 재혼 후 자녀를 출산하는 문제는 신중히 결정한다.

⑧ 주위의 도움을 적극적으로 활용한다.

⑨ 자녀의 기억 속에는 같이 살지 않는 친부모와의 추억이 남아 있다는 사실을 인정해준다.

⑩ 성공적인 재혼생활을 위해서는 가족원들이 상호 간에 솔직하고, 서로 배려하며, 끊임없이 대화를 나누는 자세를 가져야 한다.

참고문헌

강진경, 정태연(2001). 사랑에서 관계지위와 성별에 따른 개인적 및 관계적 특성에서의 차이: 남녀 대학생들을 중심으로. **한국심리학회지: 여성, 6**(1), 1-21.

강해주(2018). [STORY & LIFE] 졸혼, 가족적 의무에서 보는 신드롬의 위험. **Electric Power, 12**(3), 110-110.

강혜림, 정남운(2018). 성인애착, 의도적 반추 및 스트레스 대처가 실연 후 성장에 미치는 영향. **한국심리학회지: 건강, 23**(1), 247-270.

고정자, 김갑숙(2000). 가족적음성, 용집성이 부부의 결혼만족도와 디스트레스에 미치는 영향. **대한가정학회지: 38**(10). 1-14.

공세권(1990). 한국 가족의 기능과 역할 변화. 서울: 한국보건사회연구원.

공세권, 조애저, 김승권(1993). 가족의 변화와 가족정책. **한국보건사회연구원 연구보고서, 1993-17.**

강희남(2017). **졸혼: 결혼 관계의 재해석** [전자책]. 서울: 북큐브네트위스.

곽금주(2012). **도대체, 사랑.** 서울: 쌤앤파커스.

곽배희 외(1994). **위기에 선 가족: 한국 가족의 변화와 전망.** 서울: 다산.

권석만(2014). **젊은이를 위한 인간관계의 심리학.** 서울: 학지사.

권석만, 김지훈(2000). **성기능장애: 침실 속의 남 모르는 고민.** 서울: 학지사.

김경신(1998). 가족가치관의 세대별 비교연구. **대한가정학회지, 36**(10),145-159.

김경신, 김오남, 윤상희(1997). 미혼 남녀의 사랑과 성에 대한 태도 및 배우자 선택조건. **대한가정학회지, 35**(3) 15-30.

김다미(2017). **이성애 연애의 젠더 권력과 20대 고학력 여성의 행위주체성에 대한 연구.** 이화여자대학교 대학원 석사학위논문.

김두섭(2013). **외국인 배우자의 다양성과 국제결혼의 안정성.** 서울: 집문당.

김두헌(1995). **한국가족제도연구**. 제6판, 서울: 서울대학교 출판부.

김명숙(2008). 성인애착유형에 따른 이성교제 커플들의 관계만족. **한국심리학회지: 사회 및 성격**, 22(2), 59-74

김병수(2017). 왜 나쁜 관계를 끝내지 못할까? **인물과 사상**. 230(6). 168-173.

김은정(1992). **결혼초기 주부의 역할갈등 및 갈등해결방법과 결혼만족도**. 이화여자대학교 대학원 석사학위논문..

김정옥 외(1996). **결혼과 가족**. 서울: 학지사.

김중술(2007). **사랑의 의미**. 서울: 서울대학교출판문화원.

김지환(2015). **서울시 셰어하우스 거주의향 및 수요특성분석**. 단국대학교 대학원 석사학위논문.

김한결(2018). **대학생 연애와 진정성: 연애 각본과 젠더를 중심으로**. 서강대학교 대학원 석사학위논문.

김화자, 윤종희(1991). 가족생활주기에 따른 부부의 의사소통 효율성과 결혼 만족도에 관한 연구. **가정과삶의질연구**.9(2). 155-170.

김현조(1997). 지방공기업의 효율적 경영관리. **공공정책연구**,13,133-155.

김혜선(1992). **배우자선택과정과 결혼적응도간의 관계**. 숙명여자대학교 대학원 박사학위논문.

김희수(2018). **이상심리학의 이해**. 서울: 내하출판사.

남순현(2007). 한국형 결혼관 척도 개발 연구. **한국심리학회지: 문화 및 사회문제**, 13(4), 1-27.

문혁준(2003). 유아기 자녀를 둔 취업모와 비毛업모의 생활만족도 비교 연구. **아동학회지**24(5). 59-75.

민재옥(2016). **사회적 낙인이 이성애자, 게이, 트렌스젠더의 정신건강에 미치는 영향**. 한국상담대학원 대학교 석사학위논문.

박성호(2001). 부부의 자아존중감, **내적통제성 및 의사소통과 결혼만족도와의 관계**. 서강대학교 대학원 석사학위논문.

박소진(2009). '자기관리'와 '가족경영'시대의 불안한 삶. **경제와 사회**, **84**, 12-39.

박종현, 이종렬(2014). 쉐어하우스를 통한 1인 주거체제의 현실과 발전방향에 관한 연구. **한국디지털건축인테리어학회 논문집**, 14(1), 11-20.

박혜인(1988). **한국 전통혼례의 가족사적 고찰**. 고려대학교 대학원 박사학위논문.

봉동연(2015). 중년여성의 이혼위기 경험연구. 백석대학교 기독교전문대학원 박사학위논문.
송성자(1997). 집단주의와 개인주의 문화비교와 한국 가족치료 접근전략. 한국가족치료학회지, 5(1), 1-26.
성정현, 여지영, 우국희, 최승희(2004). 가족복지론. 서울: 양서원
송정아, 전영자, 김득성(1998). 가족생활교육론. 서울: 교문사.
신수진(1998). 한국의 가족주의 전통과 그 변화. 이화여자대학교 대학원 박사학위논문.
안나현(2017). 실연한 대학생들의 연애경험에 관한 현상학적 연구. 전북대학교 일반대학원 석사학위논문.
안빈, 김효영, 안혜선(2002). (아름다운) 결혼으로의 초대. 서울: 삼성북스.
여성한국사회연구회(1995). 가족과 한국 사회. 서울: 경문사.
옥선화(1998). 가족/친족 구조의 해체와 재구성 I : 서울시 실태조사를 중심으로. 대한가정학회지, 36(11)157-183.
옥선화, 정민자, 고선주(1992). 결혼과 가족. 서울: 하우출판사.
우소연, 남경숙(2012). 1인 가구 특성을 반영한 도시형 생활주택 발전 방향에 관한 연구-셰어하우스 형태 중심으로, 한국실내디자인학회 학술발표대회논문집 14(3). P67.
원호택(1997). 이상심리학. 법문사.
유계숙, 임춘희, 전춘애, 천혜정(1998). 또 하나의 우리, 재혼 가족. 한국가족상담교육연구소.
유선주(2005). 언약결혼에 관한 연구. 안양대학교 신학대학원 석사학위논문.
유연희(2015). 대학생의 사랑유형과 성 태도에 관한 연구. 울산대학교 대학원 석사학위논문.
유영주, 김경신, 김순옥(1996). 가족관계학. 교문사.
윤가현(1999). 성 문화와 심리. 서울: 학지사.
윤경자(1996). 데이트 관계에서 헌신의 역할. 대한가정학회지 34(4), 393-402.
이기숙 외(2010). 결혼의 기술. 2판. 서울: 신정.
이남희 외(2014). 젠더와 사회: 15개의 시선으로 읽는 여성과 남성. 파주: 동녘.
이동원(1988). 도시 부부의 결혼의 질에 관한 연구. 연세대학교 박사학위논문.
이미숙(1985). 자녀의 성, 연령, 수와 주부의 성역할태도가 결혼만족도에 미치는 영향. 한국가정관리학회지, 3(2), 151-170.

이미숙(2000). 부인의 취업상태에 따른 부부의 성역할태도와 부인의 가정성이 부부의 결혼만족도에 미치는 영향. 가정과삶의질연구, 18(4), 145-161.

이선희(2000). 부부의 MBTI 성격유형의 유사성과 의사소통 및 결혼만족도의 관계. 가톨릭대학교 석사학위논문.

이수정(2015). 최신범죄심리학 (3판). 서울: 학지사.

이승숙, 정문주(2017). 한국에서 '졸혼(卒婚)'을 원하는 여성들. 한국심리학회지: 여성, 22(4), 689-711.

이신숙, 서병숙(1994). 기혼여성 (며느리, 딸) 의 노부모 부양스트레스와영향변인에 관한 연구. 대한가정학회지, 32(4).

이신숙, 차용은(2000). 성인자녀의 자아분화 수준과 원가족에 대한 가족건강도 지각이 노모와의 유대에 미치는 영향. 대한가정학회지, 38(4), 21-32.

이시형(1994). 현대가정의 정신병리. 한국아동학회 학술대회자료집, 12,43-56.

이영숙, 박경란(2002). 청년과 중연의 가족개념 비교분석. 대한가정학회지, 40(1),217-230.

이영애, 정동섭(2010). 좋은 남편, 좋은 아내가 되려면. 서울: 앤크리스토

이예종(2001). 노인의 이성교제가 심리적 복지감에 미치는 영향. 숙명여자대학교 대학원 석사학위논문.

이윤미(2008). 성태도와 성행동이 기혼여성의 오르가슴에 미치는 영향. 가톨릭대학교 대학원 석사학위논문.

이은희(2001). 가족생활주기에 따른 맞벌이 남녀의 대처전략과 결혼만족도 연구. 한국사회복지학, 45, 288-314.

이인수(1994). 한국여성의 결혼전이 시기에 미치는 결정요인 연구. 가정과삶의질연구. 12(2). 252-261.

이정덕 외(2002). 결혼과 가족의 이해. 서울: 신정

이정우, 김명자, 계선자(1992). 결혼과 가족관계. 서울: 숙명여자대학교출판부.

이철우(2008). 심리학이 연애를 말하다: 사랑의 시작에서 이별까지 연애 심리 보고서. 서울: 북로드

이해경, 방기연(2016). 성교육과 상담 이론과 실제. 파주: 양서원.

이화숙(2008). 별거제도 도입을 위한 입법정책적 연구. 법조. 57(3). 5-41.

이호신(2000). 결혼생활 만족에 관련된 부부의 상호작용 변인들. 성신여자대학교 대학원

석사학위논문.

이효재(1990). 한국가족론. 여성한국사회연구회. 서울: 까치

임인숙(1997). 성역할과 부부권력관계의 재구성. 한국사회학, 31(W). 817-844.

장상희(1993). 성역할 사회화. 성. 여성. 여성학. 부산대학교 출판부.

장은희(2006). 군인들의 성태도와 성행동에 관한 연구. 아주대학교 일반대학원 석사학위논문.

전영민(2000). 결혼만족도 및 안정성에 관한 취약성-스트레스-적응 통합모형. 중앙대학교 박사학위 논문.

장춘미(2001). 스트레스가 결혼만족에 미치는 영향: 부부의지지 및 갈등해결행동을 중심으로. 서울여자대학교 대학원 박사학위논문.

정문자, 이미리(2000). 취업 주부의 직업 및 가족 스트레스에 대한 인구학적 변인과 심리적 변인의 상대적 영향력 분석. 대한가정학회지, 38(11), 115-126.

정문자, 이종원(2003). 원가족변인이 부부갈등에 미치는 영향. 대한가정학회지, 41(3), 147-164.

정민자(1987). 배우자 선택 결정에 미치는 요인 및 중요도에 관한 연구. 연구논문집. 18(1), 105-126.

정선자, 김숙희, 홍상욱(1996). 아내가 인지한 부부평등이 아내의 자아정체감 및 가족응집성·적응성에 미치는 영향. 자원문제연구.15(1). 155-166.

전영실 외(2007). 성폭력범죄의 유형과 재범억제방안. 한국형사정책연구원 연구총서, 2007(1), 33-803.

전춘애(1994). 부부의 자아분화수준과 출생가족에 대한 정서적 건강 지각이 결혼안정성에 미치는 영향. 대한가정학회지, 32(4), 117-133.

정옥분(2008). 청년발달의 이해. 서울: 학지사.

정옥분, 정순화(2014). 결혼과 가족의 이해. 서울: 학지사.

정현숙(2001). 한국형 결혼만족도 척도 개발을 위한 이론적 고찰. 대한가정학회지, 39(11), 89-106.

조오숙(2012). 동거커플의 관계만족도와 관계불안정성에 관련된 애착과 관계혼란 특성 및 사회적 압박. 충북대학교 대학원 박사학위논문.

조유리, 김경신(2000). 부부의 갈등대처행동과 결혼만족도. 한국가족관계학회지, 5(2), 1-12.

조정문, 장상희(2001). 가족사회학: 현대사회에서 가족은 무엇인가. 서울: 아카넷.
조정현, 최정신(2011). 미국 코하우징 특성 및 주민참여 현황. 한국주거학회 논문집 22(2), 11-20.
조혜선(2003). 결혼만족도의 결정요인: 경제적 자원, 성 역할관, 관계성 모델의 비교. 한국사회학, 37(1), 91-115.
주거학연구회(2000). (더불어 사는 이웃) 세계의 코하우징. 서울: 교문사.
주은지(2010). 대학생의 낭만애착 유형과 사랑 유형 분석. 청소년학연구, 17(12), 155-186.
최규련(1988). 한국도시부부의 결혼만족도요인에 관한 연구. 고려대학교 대학원 박사학위논문.
최새은, 옥선화(2003). 30대 기혼남녀의 초혼연령 결정요인 연구. 한국가족학회지. 8(1). 53-73.
최선재(2011). 상실 경험의 의미 재구성과 심리적 적응의 관계. 이화여자대학교 대학원 석사학위논문.
최재석(1982). 한국가족연구. 서울: 일지사.
최혜경, 신수진, 강진경(2004). 사랑학. 서울: 교문사.
통계청(2011). 2010년 인구통계 결과.
통계청(2012). 2011년 인구통계 결과.
통계청(2018). 2017년 혼인통계 결과.
통계청(2020). 2019년 혼인통계 결과.
티브엔 끝장토론 대학토론배틀 제작팀 외(2012). 싸우지 않고 이기는 법: 백지연의 대학토론배틀, 토론이 쉬워진다. 파주: 알마.
한국성폭력상담소(2011). 성폭력 피해자를 위한 DIY 가이드. 서울: 이매진.
한국소비자보호원(1997). 우리나라 혼례 소비문화의 문제와 건전화 방안. 生活經濟;97-08. (한국소비자보호원)
한국소비자보호원(2001). 혼례소비문화의 문제점 및 개선방안 조사결과. 生活經濟;01-09. (한국소비자보호원)
한국여성개발원(2003). 2003 여성통계연보. 한국여성정책연구원.
한국여성의전화(2015). 데이트, 관계, 폭력을 말하다. 간행물.
한경혜(1991). 산업화와 결혼 연령 변화에 관한 이론적 고찰: "가족전략"의 관점에서. 한국사회학, 24(WIN), 103-120.

한경혜, 김주현, 김경민(2003). 중년기 남녀의 사회적 관계망과 정신건강. 한국노년학, 23(2), 155-170.

한남제(1985). 미국사회에서의 여성의 취업증가에 관한 연구. 경북대학교논문집. 39(2). 33-49.

한영석 외(2000). 일곱 가지 여성, 남성 콤플렉스에 관한 심리학적 조망: 대학생을 중심으로. 한국심리학회지: 여성, 5(1), 73-88.

한재희 외(2013). 부부 및 가족 상담. 서울: 학지사.

허혜경, 김혜수(2010). 청년발달. 서울: 학지사.

홍강의(1996). 청소년기의 성 문제. 대한의사협회지, 39(2), 1514-1518.

홍달아기(2003). 대학생 배우자 선택성향에 관한 연구. 한국가족관계학회지, 8(1), 75-97.

홍성묵(1999). (홍성묵 박사의) 아름다운 사랑과 성. 서울: 학지사.

홍승아, 최인희, 최진희, 유은경(2016). 가족형태 다양성 논의를 위한 사회적 기구 운영방안 연구. 한국여성정책연구원 연구보고서, 2016, 1-140.

황상민(2011). 짝, 사랑: 대한민국 심리학자 황상민의 짝과 결혼의 대중심리학. 파주: 들녘.

Adams, L. (1980). Women in Zaire: disparate status and roles. *Comparative Perspectives of Third World Women: the impact of race, sex and class*.

Allgeier, E. (1981). The influence of androgynous identification on heterosexual relations. *Sex Roles. 7*, 321-330.

Allgeier, E. & Allgeier, A. (1991). *Sexual Interactions (3rd ed.). Lexington*, Massachusetts: D. C. Heath.

Altman. I. & Taylor, D.. (1973). *Social penetration : The development of interpersonal relationships*. New York : Holt, Rinehart & Winston.

Amen, Daniel, G. (2007). 사랑할 때 당신의 뇌가 하는 일 : 사랑과 섹스를 지배하는 뇌의 원리. (김승환 역 2008). 서울: 웅진씽크빅: 크리에디트.

Akert, J. (2003). Hormone replacement therapy. RN,66(12),40-50.

APA (2015). DSM-5 정신질환의 진단 및 통계편람 제5판. (권준수 외 역). 서울: 학지사.

Arévalo, M., Jennings, V. & Sinai, I. (2002). Efficacy of a new method of family planning: *the Standard Days Method. Contraception, 65*(5), 333-338.

Atwater, E. (1992). *Adolescence*. Englewood Cliff, New Jersey: Prentice Hall.

Newman, B. & Newman, P. (1987). *Development Through Life*: A Psychosocial Approach, Chicago: Dorsey Press.

Barfield, R., Wilson, C., & Mcdonald, P. (1975). Sexual behavior: Extreme reduction of postejaculatory refractory period by midbrain lesions in male rats. *Science, 189*(4197), 147-149.

Barton, R, F. (1969). *Ifugao law.* Los Angeles: University of California Press.

Basoff, E. & Glass, G. (1982). The relationship between sex roles and mental health: A meta-analysis of twenty-six studies. Counseling *Psychologist, 10*(4), 105-112.

Beavers, W. & Voeller, M. (1983). Family models: Comparing and contrasting the Olson circumplex model with the Beavers systems model. *Family process, 22*(1), 85-97.

Becker, G. (1974). *"A Theory of Marriage." in Theodore W. Schultz. Economics of the Family: Marriage, Children, and Human Capital*. Chicago: University of Chicago Press. 299-344.

Becker, G. (1981). *A Treatise on the Family*. Cambridge: Harverd University Press.

Becker, J. (1988). Adolescent sex offenders. Behavior Therapist, 11, 185-187.

Beike, D., & Wirth-Beaumont, E. (2005). Psychological closure as a memory phenomenon. *Memory*, 13(6), 574-593.

Bem, S. (1974). The measurement of psychological androgyny. *Journal of Consulting and Clinical Psychology. 42*(2), 155-162.

Bem, S. (1975). Sex role adaptability: One consequence of psychological androgyny. *Journal of Personality and Social Psychology. 31*(4), 634.

Ben-David, S. & Schneider, O. (2005). Rape perceptions, gender role attitudes, and victim-perpetrator acquaintance. *Sex Roles, 53*(5), 385-399.

Berscheid, E. & Walster, E. (1974). *A little bit about love*. In T. L. Huston(Ed.)

Bethea-Jackson, G. & Brissett-Chapman, S. (1989). The juvenile sexual offender: Challenges to assessment for outpatient intervention. *Child and Adolescent Social Work Journal, 6*(2), 127-137.

Blau, P. & Schwartz, J. (1984). *Crosscutting Social Circles.* New Brunswick.

Bonner, B., Marx, B. & Thomson, B. (1998). Assessment of Adolescent Sexual Offenders. *Child Maltreatment. 3*(4). 312-313.

Bogaert, A. (2004) Asexuality: Prevalence and associated factors in a national probability sample. *Journal of Sex Research, 41*(3), 279-287.

Bowen, M. (1976). Theory in the practice of psychotherapy. *Family therapy: Theory and practice, 4*(1), 2-90.

Bowlby, J. (1988). *A secure base: parent-child attachment and healthy human development.* New York: Basic Books.

Brennan, K.., Clark, C. & Shaver, P. (1998). *Self-report measurement of adult attachment*: An integrative overview.

Bowman, H. & Spanier, G. (1978). *Modern marriage.* McGraw-Hill.

Broderick, C. (1984). *Marriage and the family.* Prentice-Hall.

Brooks, L. (2002). *Perceived barriers to treatment adherence among pregnant African American women with diabetes.* Case Western Reserve University (Health Sciences).

Bullough, V., & Bullough, B. (1995). *Sexual attitudes: Myths and realities.* Amherst, New York: Prometheus Books.

Bumpass L. & Lu, H. (1998). *Trends in cohabitation and implications for children's family contexts. Unpublished manuscript.* Center for Demography, University of Wisconsin, Madison.

Burgess, A. W., Hartman, C.., Ressler, R. Douglas, J. & McCormack, A. (1986). Sexual homicide: A motivational model. *Journal of Interpersonal Violence, 1*(3), 251-272.

Byer, C. & Shainberg, L (1994). Dimensions of human sexuality (4th ed.). Madison, Wisconsin: Brown & Benchmark.

Byers, E., & Demmons, S. (1999). Sexual satisfaction and sexual self-disclosure within dating relationships. *Journal of Sex Research, 36*(2), 180-189.

Calderoni, M. & Coupey, S. (2005). Combined hormonal contraception. *Adolescent Medicine Clinics, 16*(3), 517.

Carich, M., Newbauer, J. & Stone, M. (2001). Sexual offenders and comtemporary treatment. *Journal of Individual Psychology, 57*(1), 3-17.

Carter, E. A. & McGoldrick, M. (1980). *The Family Life Cycle: A Framework for Family Therapy*. New York: Gardner Press.

Chrisler, J. & Levy, K. (1990). The media construct a menstrual monster: A content analysis of PMS articles in the popular press. *Women Health, 16(*2), 89-104.

Chrisler, J.., Johnston, I.., Champagne, N.., & Preston, K. (1994). Menstrual joy: The construct and its consequences. *Psychology of Women Quarterly, 18*(3), 375-387.

Coleman, M. & Ganong, L. (1985). Love and sex role stereotypes: Do macho men and feminine women make better lovers?. *Journal of Personality and Social Psychology, 49*(1), 170.

Conger, R., Elder, G., Lorenz, F., Conger, K., Simons, R., Whitbeck, L., Huck, S. & Melby, J. (1990). Linking Economic Hardship to Marital Quality and Instability. *Journal of Marriage on Family Relations. 52*(3). 643-656.

Crooks, R. L. & Baur, K. (1996). **성 과학의 이해**. (김은수 외 역, 2010). 서울: 라이프사이언스. Our Sexuality. Laura (North Carolina State University).

Daring, (1991).

Davis, C., Brown, R., Bakeman, R. & Campbell, R. (1998). Psychological adaptation and adjustment of mothers of children with congenital heart disease: stress, coping, and family functioning. *Journal of Pediatric psychology, 23*(4), 219-228.

De Mello, A. (1986). *One minute wisdom*. Garden City, NY: Doubleday.

Dietz, P. E., Hazelwood, R. & Warren, J. (1990). The sexually sadistic criminal and his offenses. *Journal of the American Academy of Psychiatry and the Law Online, 18*(2), 163-178.

Downey, G., Silver, R. C & Wortman, C. (1990). Reconsidering the attributionadjustment relation following a major negative event: coping with the loss of a child. *Journal of Personality and Social Psychology, 59*(5), 925.

Durex, I. (2006). Global sex survey 2005.

Dworkin, S. & O' Sullivan, L. (2005). Actual versus desired initiation patterns among a sample of college men: Tapping disjuncture within traditional male sexual scripts. *Journal of Sex Research, 42*(2), 150-158.

Eliasson, R. & Lindholmer, C. (1976). Functions of Male Accessory Genital Organs in Human Semen and Fertility Regulation, The CV Mosby Co. St. *Louis*.

Fisher, S. & Fisher, S. (1973). The female orgasm: *Psychology, physiology, fantasy*. New York: Basic Books.

Fisher, H., Aron, A., Mashek, D., Strong,G. & Li, H. (2005). Reword, motivation, and emotion system associated with early stage intense romantic love. *Journal of Neurophysiology 94* : 327-337.

Fillmore, A. (1987). Treatment of the juvenile sex offender. *Health visitor, 60*(3), 97.

Ford, B. (1980). *Patterns of sex: The mating urge and our sexual future*. New York: St.

Forward, S. & Buck, C. (2002). **사랑과 집착사이**. 조윤중 역. 2011. 고양: 푸른 지팡이.

French, D. (1989). Distortion and lying as defense processes in the adolescent child molester. *Journal of Offender Counseling Services Rehabilitation, 13*(1), 27-37.

Fromm, E. (1989). **사랑의 기술**. (황문수 역 2000). 서울: 문예출판사.

Furstenberg, F. & Spanier, G. B . (1984). The Risk of Dissolution in Remarriage: An Examination of Cherlin's Hypothesis of Incomplete Institutionalization. *Family Relations, 33*(3), 433-441.

Gagnon, J. & Simon, W. (1987). The sexual scripting of oral genital contacts. *Archives of sexual behavior, 16*(1), 1-25.

Garcia, L. (1982). Sex-role orientation and stereotypes about male-female sexuality. *Sex Roles, 8*(8), 863-876.

Gilliam, M. (2006). Emergency contraception: Politics and science move forward. *Obstetrics & Gynecology, 108*(5), 1060-1061.

Gittins, D. (2017). *The family in question: Changing households and familiar ideologies*. Bloomsbury Publishing.

Glick, I. & Kessler, D. (1980). *Marital and Family Therapy*. New York: Grune and Stratton, Ins.

Goldenberg, L. & Goldenberg, H. (2000). *Family therapy: An overview*(5th ed.) New York: Brooks Cole.

Grady, W., Klepinger, D., Billy, J. & Cubbins, L. (2010). The role of relationship power in couple decisions about contraception in the US. *Journal of biosocial science, 42*(3), 307-323.

Graves, R., Openshaw, D., Ascione, F. & Ericksen, S. (1996). Demographic and parental characteristics of youthful sexual offenders. *International Journal of Offender Therapy and Comparative Criminology, 40*(4), 300-317.

Grubin, D. (1999). Actuarial and Clinical Assessment of Risk in Sex Offenders. *Journal of Interpersonal Violence, 14*(3), 331-344.

Hall, G. Barongan, C. (1997). Prevention of sexual aggression: sociocultural risk and protective factors. *American psychologist, 52*(1), 5-14.

Hamner, T. & Turner, P. (2001). *Parenting in contemporary society* (4th ed.) Boston: Allyn & Bacon.

Hatcher, R., Rinehart, W., Blackburn, R., Geller, J., Shelton, J. & World Health Organization. (2000). Eléments de la technologie de la contraception: manuel à l'intention du personnel clinique. In Eléments de la technologie de la contraception: manuel à l'intention du personnel clinique.

Hatfield, E. & Walster, G. (1978). *A new look at love*. Lantham, MA: University Press of America.

Hawkins, J., Weisberg, C. & Ray, D. (1993). Marital communication style and socail class. *Journal of Marriage and the Family, 39*, 479-490.

Hazan, C., & Shaver, P. (1994). Attachment as an organizational framework for research on close relationships. *Psychological inquiry, 5*(1), 1-22.

Herbst, J. (2002). Schon wieder ich!: Über die Opferrolle und wie wir uns davon befreien. **피해의식의 심리학**. (이노은 역. 2005). 서울 : 양문.

Hudson, S. Marshall, W., Wales, D., McDonald, E., Bakker, L. & McLean, A. (1993). Emotional recognition skills of sex offenders. *Annals of Sex Research, 6*(3), 199-211.

Hunter, J. & Becker, J. (1994). The role of deviant sexual arousal in juvenile sexual offending etiology, evaluation, and treatment. *Criminal justice and behavior, 21*(1). 132-149.

Jay, D. (2005). *Asexuality visibility and education network*. Retrieved February 20, 2006.

Jones, W., Chernovetz, M. & Hansson, R. (1978). The enigma of androgyny: Differential implications for males and females?. *Journal of Consulting and Clinical Psychology, 46*(2), 298.

Jung, C. (1961). Memories, dreams and reflections: New York: Vintage Books.

Kaplan, H. (1974). *The new sex therapy*. New York: Brunner/Mazel.

Kaplan, A. & Sedney, M. (1980). *Psychology and sex roles: An androgynous perspective*. Scott Foresman & Company.

Karney, B. & Bradbury, T. (1995). The longitudinal course of marital quality and stability: A review of theory, methods, and research. *Psychological bulletin, 118*(1), 3.

Katz, P. & Ksansnak, K. (1994). Developmental aspects of gender role flexibility and traditionality in middle childhood and adolescence. *Developmental psychology, 30*(2), 272.

Kaunitz, A. (1994). Long-acting injectable contraception with depotmedroxy progesterone acetate. *American journal of obstetrics and gynecology, 170*(5), 1543-1549.

Kelsberg, G., Bishop, R. & Morton, J. (2006). When should a child with an undescended testis be referred to a urologist?.

Kerchoff, A, & Davis, K, (1962). Value consensus and need complementarity in mate selection. *American Sociological Review, 27*, 295-303.

Kilmann, P., Boland, J., West, M., Jonet, C., & Ramsey, R. (1993). Sexual arousal of college students in relation to sex experiences. *Journal of Sex Education and Therapy, 19*(3), 157-164.

Kim, C. (2007). Micro-level analysis of international marriage between men in Korea and women from four major countries. In *PAK-IPAR Conference on International Marriage Migration in Asia. Seoul, Korea. September* (pp. 13-14).

Kim, D. (2004a). Le déficit de filles en Corée du Sud: évolution, niveaux et variations régionales. *Population, 59*(6), 983-997.

Kim, D. (2004b). Missing girls in South Korea: Trends, levels and regional variations. *Population, 59*(6), 865-878.

Kim, D. (2005b). Theoretical explanations of rapid fertility decline in Korea. *The Japanese Journal of Population, 3*(1), 2-25.

Kim, D, & Kim, C. (2004). Hanguk-ui ingu (The Population of Korea). *Daejeon: Korea National Statistical Office*.

Kimlicka, T., Cross, H., & Tarnai, J. (1983). A comparison of androgynous, feminine, masculine, and undifferentiated women on self-esteem, body satisfaction, and sexual satisfaction. *Psychology of Women Quarterly, 7*(3), 291-294.

Kirchmeyer, C. (1996). Gender roles and decision-making in demographically diverse groups: A case for reviving androgyny. *Sex Roles, 34*(9-10), 649-663.

Kollin, C., Hesser, U., Martin Ritzén, E. & Karpe, B. (2006). Testicular growth from birth to two years of age, and the effect of orchidopexy at age nine months: a randomized, controlled study. *Acta paediatrica, 95*(3), 318-324.

Knight, R., & Prentky, R. (1993). *Exploring characteristics for classifying juvenile sex offenders*. The juvenile sex offender. New York, NY, US: Guilford Press.

Kruger, T., Haake, P., Chereath, D., Knapp, W., Janssen, O., Exton, M. & Hartmann, U. (2003). Specificity of the neuroendocrine response to orgasm during sexual arousal in men. *Journal of Endocrinology, 177*(1), 57.

Lasswell, M. & N. M. Lobsenz. (1980). *Styles of Loveing*, New York: Doubleday.

Lee, A. G., & Scheurer, V. L. (1983). Psychological androgyny and aspects of self-image in women and men. *Sex Roles, 9*(3), 289-306.

Lee, J. (1970). A typology of love. Unpublished thesis, *University of Sussex*, 514-528.

- (1973). Colours of love: An exploration of the ways of loving. New Press.

- (1976). Forbidden colors of love: Patterns of gay love and gay liberation. *Journal of Homosexuality, 1*(4), 401-418.

- (1976a). Colours of love. Toronto: General.

- (1977). A typology of styles of loving. *Personality and Social Psychology Bulletin, 3*(2), 173-182.

- (1988). Love-Styles, In R. Sternberg & M. Barnes (Eds.). The psychology of love. New Haven, CT: Yale University Press.

Lee, N. & Lee, S. (2007) The Marriage Book: Alpha Books. **결혼코스**. (이장렬, 이선영 공역 2007). 서울: 서로사랑.

Levant, M. & Bass, B. (1991). Parental identification of rapists and pedophiles. *Psychological reports, 69*(2), 463-466.

Levi-Strauss, C. (1956). The Family. In H..L. Sapiro(Ed), *Man, culture and society*. New York: Oxford University Press.

Levin, R. (2004). An orgasm is… who defines what an orgasm is?. *Sexual and Relationship Therapy*, 19(1), 101-107.

Lewis, R. & Spanier, G. (1979). *Theorizing about the quality and stability of marriage. Contemporary theories about the family: research-based theories*. edited by Wesley R. et al.

Lippa, R. A. (2006). Is high sex drive associated with increased sexual attraction to both sexes? It depends on whether you are male or female. *Psychological Science, 17*(1), 46-52.

Malamuth, N. & Brown, L. (1994). Sexually aggressive men's perceptions of women's communications: Testing three explanations. *Journal of personality and social psychology, 67*(4), 699.

Manecke, R. & Mulhall, J. (1999). Medical treatment of erectile dysfunction.

Annals of medicine, 31(6), 388-398.

Marshall, W. (1992). The social value of treatment for sexual offenders. *Canadian Journal of Human Sexuality, 1*, 109-114.

Marshall, W.., Marshall, I., Serran, G., & O'Brien, M. (2011). Sexual offender treatment: A positive approach, New York: Routledge.

Masters, W. & Johnson, V. (1970). *Human sexual inadequacy*, Boston: Little, Brown & Company.

Matteo, S. & Rissman, E. (1984). Increased sexual activity during the midcycle portion of the human menstrual cycle. *Hormones and Behavior, 18*(3), 249-255.

Maccoby, E. (1999). The two sexes: *Growing up apart, coming together* (Vol. 4). Harvard University Press.

Macklin, E. (1986). Nonmarital heterosexual cohabitation. *Family in transition: rethinking marriage, sexuality, child rearing, and family organization* [compilers] Arlene S. Skolnick, Jerome H. Skolnick.

Markman, H., Stanley, S. & Blumberg, S. (1994). Fighting for your marriage: *Positive steps for a loving and lasting relationship*. San Francisco, CA: Jossey Bass.

McCord, J. (1983). A forty year perspective on effects of child abuse and neglect. *Child abuse & neglect, 7*(3), 265-270.

McDonald, P. (2000). Gender equity in theories of fertility transition. Population and *development review, 26*(3), 427-439.

McDonald, Jr, A. (1981). Bisexuality: Some comments on research and theory. *Journal of Homosexuality, 6*(3), 21-36.

McFarlane, J., Martin, C. & Williams, T. (1988). Mood fluctuations: Women versus men and menstrual versus other cycles. *Psychology of Women Quarterly, 12*(2), 201-223.

McIntosh, D., Silver, R. & Wortman, C. (1993). Religion's role in adjustment to a negative life event: coping with the loss of a child. *Journal of personality and social psychology, 65*(4), 812.

Menvielle, E. (2009). "You Have to Give Them a Place Wherw They Feel Protected and Safe and Loved." The Views of Parents Who Have Gender-Variant Children and Adolscents. *Journal LGBT Youth, 6*(2-3), 243-271.

Markle, E., & Richardson, R. (2000). Digital dating and virtual relating: Conceptualizing computer mediated romantic relationships. *Family Relations, 49*(2), 187-192.

Michael, N. & Bentler, P. (1983). Dimension of subjective female orgasmic responsiveness. *Journal of personality and social psychology. 44*(4).

Miller, N. (1994). *Nobody's perfect: living and growing with children who have special needs*. Baitimore: P.H. Brookes Pub. Co.

Mills, A. & BarcOlay, L. (2006). None of them were satisfactory: women's experiences with contraception. *Health care for women international, 27*(5), 379-398.

Murdock, G. (1949). Social Structure. **사회구조:친족 인류학의 이해**. 조승연 역. 2004, 서경출판사.

Murstein, B. (1970). Stimulus. Value. Role: A theory of marital choice. *Journal of Marriage and the Family*, 465-481.

Myers, D. (1994). Exploring Social Psychology. New York Mcgraw-Hi Inc.

Newman, B.& Newman, P. (1987). *Development through life: A psychosocial approach*. Dorsey.

Norton, R. (1978) Foundation of a Communicator Style Construct. *Human Communication Research*, 4, 99-112.

Olson, D., Russell, C. & Sprenkle, D. (1983). Circumplex model of marital and family systems: Vl. Theoretical update. *Family process, 22*(1), 69-83.

Olson, David, H. & DeFrain, J. (1994). Marriage and the Family; Diversity and Strengths. Mountain View, CA: Mayfield Publishing Company, Parrott, L. **결혼: 남편과 아내 이렇게 사랑하라**. (정동섭 역 1999). 요단.

Owen, M, (2006). Genes and behavior: nature-nurture interplay explained by Michael Rutter. Oxford: Blackwell. *The British Journal of Psychiatry, 189*(2), 192-193.

Pajares, F. & Miller, M. (1994). Role of self-efficacy and self-concept beliefs in mathematical problem solving: A path analysis. *Journal of Educational Psychology, 86*(2), 193-203.

Palace, E. (1995). A cognitive-physiological process model of sexual arousal and response. Clinical Psychology: *Science and Practice, 2*(4), 370.

Park, C., Cohen, L. & Murch, R. (1996). Assessment and prediction of stress-related growth. *Journal of personality, 64*(1), 71-105.

Park, C. (2005). Religion as a meaning-making framework in coping with life stress. *Journal of social issues, 61*(4), 707-729.

Parrott, & Parrott (2011).

Parsons, T. (1967). *The Major Exposition of the Author's Conceptual Scheme for the Analysis of the Dynamics of the Social System*. McMillan.

Peabody, S. (1994). **사랑 중독: 너무 지나치게 사랑하는 병**. (류가미 역 2010). 서울: 북북서.

Piaget, J. (1983). Piaget's theory. *Handbook of child psychology, 1*(4).

Petersen, R., Payne, P., Albright, J., Holland, H., Cabral, R. & Curtis, K. M. (2004). Applying motivational interviewing to contraceptive counseling: *ESP for clinicians. Contraception, 69*(3), 213-217.

Plant, E., Hyde, J., Keltner, D. & Devine, P. (2000). The gender stereotyping of emotions. *Psychology of women quarterly, 24*(1), 81-92.

PMG 지식엔진연구소 (2008). **시사 상식 바이블: 미래를 읽는 가장 빠른 길**. 서울: 박문각.

Porter, T. (2016). **맨박스 : 남자다움에 갇힌 남자들**. (김영진 역 2016). 서울: 한빛비즈.

Prentky, R., & Burgess, A. (1990). Rehabilitation of child molesters: A cost-benefit analysis. *American Journal of Orthopsychiatry, 60*(1), 108-117.

Radlove, S. (1983). Sexual response and gender roles. Changing boundaries: *Gender roles and sexual behavior*, 87-105.

Robb-Nicholson, C. (2006). By the way, doctor. I'm 48 years old, and 26 years ago I had a cone biopsy after an abnormal Pap test. Since then, all my Pap tests have been normal. But for the past three years, scar tissue has made it difficult for my gynecologist to get adequate cells. What do I do about

Pap smears now?. *Harvard Women's Health Watch, 13*(12), 8-8.

Robertiello, R. (1970). The "clitoral versus vaginal orgasm" controversy and some of its ramifications. *Journal of Sex Research, 6*(4), 307-311.

Rosen, R. & Leiblum, S. (Eds.). (1995). *Case studies in sex therapy*. Guilford Press.

Rosenzweig, J. & Dailey, D. (1989). Dyadic adjustment/sexual satisfaction in women and men as a function of psychological sex role self-perception. *Journal of Sex & Marital Therapy, 15*(1), 42-56.

Rotheram, M. & Weiner, N. (1983). Androgyny, stress, and satisfaction: Dual-career and traditional relationships. *Sex Roles, 9*(2), 151-158.

Rhyne, D. (1981). Bases of marital satisfaction among men and women. *Journal of Marriage and the Family, 43*(4). 941-955.

Sampson, E. (1985). The decentralization of identity: Toward a revised concept of personal and social order. *American psychologist, 40*(11), 1203.

Schlegel, A. (1995). A cross-cultural approach to adolescence. Etbos, 23, 15-32.

Schlegel, A, & Barry Iii, H. (1991). *Adolescence: An anthropological inquiry*. Free Press.

Singer, J. & Singer, I. (1972). Types of female orgasm. *Journal of Sex Research, 8*(4), 255-267.

Sinnott, J. (1986). *Sex roles and aging: Theory and research from a systems perspective*. Karger Medical and Scientific Publishers.

Spanier, G. (1979). *Human sexuality in a changing society*. Burgess Publishing Company.

Spence, J. & Helmreich, R. (1978). *Masculinity and femininity*. Austin, TX: Univer.

Sprecher, S. & Hatfield, E. (1996). Premarital sexual standards among US college students: Comparison with Russian and Japanese students. *Archives of Sexual Behavior, 25*(3), 261-288.

Speroff, L., & Fritz, M. (Eds.). (2005). *Clinical gynecologic endocrinology and infertility*. lippincott Williams & wilkins.

Spring-Mills, E, & Hafez, E. (1980). Male accessory sexual organs. In E. Hafez (Ed.), Human Reproduction, New York: Harper& Row.

Stephen, T. & Harrison, T. (1985). A longitudinal comparison of couples with sex-typical and non-sex-typical orientations to intimacy. *Sex roles, 12*(1-2), 195-206.

Sternberg, R. (1986). A triangular theory of love. *Psychological review, 93*(2), 119.

Sternberg, R. (1988). 사랑의 심리학. (최연실 역 2001). 서울: 하우.

Straus, M. (1991). Discipline and deviance: Physical punishment of children and violence and other crime in adulthood. *Social problems, 38(*2), 133-154.

Stroebe, M. & Stroebe, W. (1983). Who suffers more? Sex diffrences in health risks of the widowed. *Psychological bulletin, 93*(2), 279-301.

Tennov, D. (1979). *Love and limerence*. Chelsea: Scarborough House Publishers.

Tingle, D., Barnard, G. W., Robbins, L., Newman, G., & Hutchinson, D. (1986). Childhood and adolescent characteristics of pedophiles and rapists. *International Journal of law and Psychiatry, 9*(1), 103-116.

Toffler, A. (1980). The third wave. NY:Bantam Books.

Toffler, A., & Alvin, T. (1980). The third wave (Vol. 484). New York: Bantam books.

Trussell, J., Vaughan, B. & Stanford, J. (1999). Are all contraceptive failures unintended pregnancies? Evidence from the 1995 National Survey of Family Growth. *Family planning perspectives, 31*(5), 246-260.

Udry, J. (1971). *The social context of marriage*. Lippincott.

Unger, R. & Crawford, M. (1992). *Women and gender: A feminist psychology*. Temple University Press.

U.S. Bureau of the Census. (2001). *Statistical abstract of the United States: 2001*. Washington, DC : U. S. Government Printing Office.

Van den Bossche, F. & Rubinson, L. (1997). Contraceptive self- efficacy on adolescents: A comparative study of male and female contraceptive practices. *Journal of Sex Education and Therapy, 22*(2), 23-29.

Vaillant, C. & Vaillant, G. (1993). Is the U-curve of marital satisfaction an illusion? A 40-year study of marriage. *Journal of Marriage and the Family, 55*(1). 230-239.

Vautrin, J. (1984). **사랑과 결혼 그리고 섹슈얼리티의 역사**. (이선희 역 1996). 서울: 새로운사람들.

Walfish, S., & Myerson, M. (1980). Sex role identity and attitudes toward sexuality. *Archives of Sexual Behavior, 9*(3), 199-203.

Warren, W. (1992). *Be determined*. Wheaton: Victor Books.

Widom, C. (1989). The cycle of violence. *Science, 244*(4901), 160-166.

Wilmot, W. (1987). Dynamic communication. Random house. 김명혜 역(1996). **인간커뮤니케이션의 이해**. 서울: 나남.

Winch, R. (1958). Mate selection: A study of complementary needs. NY: Harper and Brothers.

Yakush, J. (2005). Emergency contraception: The science and politics driving the debate. *SIECUS Report, 33*(3), 16.

Zilbergeld, B, & Ullman, J. (1978). *Male Sexuality; A Guide to Fulfillment*. Little.

木木(2012). **사랑을 배우다: 인생에서 가장 따뜻한 순간을 놓치지 않기 위하여**. (양성희 역). 서울: 책읽는 수요일: 한국물가정보.

杉山由美子(2014). 졸혼시대: 낡은 결혼을 졸업할 시간. (장은주 역 2017). 서울: 더퀘스트: 길벗.

片山洋次郎(2017). 여자와 골반. (정윤아 역 2018). 서울: 이덴슬리벨.

[국가법령정보센터] 성범죄

[네이버국어사전] (2018. 5. 26.). '졸혼'. http://krdic.naver.com/search.nhn?query=

[네이버 지식백과] 데이트 폭력 (시사상식사전, 박문각)

[네이버 지식백과] 쇼윈도 부부 (시사상식사전, 박문각)

[네이버 지식백과] 피임법 [contraception] (서울대학교병원 의학정보, 서울대학교병원)

동아일보(2003. 10. 1.) [웨딩&허니문] '성공 결혼준비' 웨딩플레너 3人.

매일경제(2014.9.24.). 각방 쓰는 쇼위도 부부, 이혼사유 될까? (http://mk.co.kr/news/culture/view/2014/09/1232570)

중앙일보(1999.10.19.) [기획취재] 재혼가정 아이들도 멍든다.

셰어하우스 주거백서. 히츠지 부동산 2008 (http://www.hituji-report.jp)

[스마트 서울경찰] http://smartsmpa.tistory.com/4317

스포츠조선 (2017.2.22.). '살림남2' 백일섭, 74세 졸혼 선언 심정 최초 공개. http://sports.chosun.com

[법무부 블로그] http://blog.daum.net/mojjustice/8708033

[선우결혼정보회사] http://www.Couple,net/K-매칭 서비스

[한국성폭력상담소] http://www.sisters.or.kr/load.asp?subPage=221

[한국여성의전화] http://hotline.or.kr/page_avlM75

[행복출발](2013.12.28.). 돌싱들 70% 이혼 전 경험한 이것은? http://theonestory.tistory.com/643

Daily mail UK(2012.11.10.). Crazy in love What happens in your brain when you really do have chemistry.

저자소개

김희수
한세대학교 대학원 상담학과 교수

저자 김희수는 서강대학교 국문학과를 졸업하고, 덕성여자중학교 국어과 교사로 재직하면서 결혼하여 두 아이를 출산하였다. 진로에 대한 심각한 고민 끝에 심리학으로 전공을 바꾸어 서강대학교에서 상담심리학 석사 학위를, 건국대학교에서 교육심리학 박사 학위를 취득했다. 건국대학교 학생상담실장으로 일했고, 2003년부터 한세대학교 대학원 교수로 재직하면서, 한세대 대학원 상담학과장, 학생상담 센터장을 역임하였으며, 현재는 한세대 교육혁신원장, 한국상담학회장, 한국진로교육학회장으로 활동 중이다.

가족과 일의 조화를 중요시하는 **'좋은 가정 만들기'**의 기획자라는 신념과 **'변화와 성장의 존재'**를 믿는 긍정심리학자의 마인드로 이 책을 썼다.

- 대표 저서: 「중년이 묻고 심리학이 답하다」, 「자기 이해와 직업탐색」 외 다수
- 대표 역서: 「왜 자신을 남과 비교하는가 (공역)」, 「우울증 스스로 극복하기(공역)」 외 다수

결혼과 성의 이해

초판발행 2022년 8월 31일

지은이 김희수
펴낸이 노 현

편 집 이아름
기획/마케팅 허승훈
표지디자인 BEN STORY
제 작 고철민·조영환

펴낸곳 (주) 피와이메이트
서울특별시 금천구 가산디지털2로 53 한라시그마밸리 210호(가산동)
등록 2014. 2. 12. 제2018-000080호
전 화 02)733-6771
f a x 02)736-4818
e-mail pys@pybook.co.kr
homepage www.pybook.co.kr
ISBN 979-11-6519-339-3 93180

정 가 19,000원